城市轨道交通系列产品标准应用实施指南

——车辆和通信信号

住房和城乡建设部标准定额研究所　编著

中国建筑工业出版社

图书在版编目（CIP）数据

城市轨道交通系列产品标准应用实施指南. 车辆和通信信号 / 住房和城乡建设部标准定额研究所编著.
北京 : 中国建筑工业出版社，2025. 9. -- ISBN 978-7
-112-31335-8

Ⅰ. U239.5-62

中国国家版本馆 CIP 数据核字第 2025H4X929 号

责任编辑：王雨滢
文字编辑：卢泓旭
责任校对：张惠雯

城市轨道交通系列产品标准应用实施指南——车辆和通信信号

住房和城乡建设部标准定额研究所　编著

*

中国建筑工业出版社出版、发行（北京海淀三里河路 9 号）

各地新华书店、建筑书店经销

北京科地亚盟排版公司制版

建工社（河北）印刷有限公司印刷

*

开本：787 毫米×1092 毫米　1/16　印张：14½　字数：357 千字
2025 年 8 月第一版　　2025 年 8 月第一次印刷
定价：**190.00** 元
ISBN 978-7-112-31335-8
（45359）

前　言

历经将近 20 年的快速发展，我国目前已经成为世界上的城市轨道第一大国。城市轨道交通的运营里程、运送旅客量两个指标均为世界第一。在如此体量的市场支持下，城市轨道交通领域形成了相当大的市场规模，也为标准化工作的开展提供了丰富的实践土壤。

城市轨道交通系统的功能韧性和安全运行保障需要产品质量与施工工艺密切配合。但在实际执行过程中，受各种因素影响，往往存在因产品标准和工程建设标准不能密切配合导致论证流程加长、工期延后、造价提升和系统能耗增加等问题。城市轨道交通涉及的专业较多，标准体系庞大、复杂，同时与其他领域也存在较多的交叉内容。《城市轨道交通系列产品标准应用实施指南——车辆和通信信号》包含城市轨道交通领域的车辆以及通信、信号门类标准的应用实施介绍，以下《指南》指代本书。

《指南》结合工程建设标准和工程实践，对城市轨道交通工程的相关产品标准的内容和使用进行解析，期望能解决产品标准和工程建设标准脱节的问题，搭建好产品与工程实践应用的桥梁，提高城市轨道交通工程的建设水平和质量，助力城市轨道交通领域高质量发展、绿色发展。

《指南》由住房和城乡建设部标准定额研究所组织编写，内容以住房和城乡建设部归口管理的产品国家标准和行业标准为主，相关工程建设国家标准和其他行业标准为辅。

《指南》共分 3 篇，分别是概述篇、车辆篇和通信信号篇。特别说明的是，虽然通信和信号是两个不同的专业，考虑到通信与信号关联密切，且目前通信门类的标准数量较少，故将通信和信号放在同一个篇目下。

概述篇分为两章：分别是我国城市轨道交通概况和我国城市轨道交通标准概况。

车辆篇分为五章，分别是：车辆通用要求、钢轮钢轨车辆、磁浮车辆、胶轮导轨车辆以及车辆专业展望与标准需求。

通信信号篇分为四章，分别是：通信信号系统基本要求、通信信号系统标准实施、典型工程应用案例分析以及通信信号专业展望与标准需求。

对《指南》的应用有以下事项进行说明：

（1）《指南》以目前颁布的城市轨道交通的产品标准为立足点，以满足相关工程技术规程的需求为目的进行编写。

（2）《指南》对标准本身的内容仅做简要说明，详细内容可参阅标准原文，《指南》不能代替标准条文。

（3）《指南》中凡是注日期的引用文件，仅注日期的版本适用于本指南。不注日期的引用文件，其最新版本（包括所有修改单）适用于本指南。

（4）《指南》参考了部分即将颁布的标准，相关内容仅作参考，使用中仍以最终发布的标准版本为准。

（5）《指南》的编写目的是通过分析，指导《指南》使用人员在实际工作中运用正确的概念和技术，做到科学选择车型、合理设计施工和验收。

（6）《指南》中的案例不能作为任何单位的产品宣传内容。

（7）《指南》内容不能作为使用者规避或免除相关义务和责任的依据。

由于城市轨道交通产品涵盖内容广泛，书中论述遗漏在所难免，望广大读者批评指正，并及时联系编者加以修正，以期在后续出版工作中不断完善。

住房和城乡建设部标准定额研究所

2024 年 12 月

目　录

第三篇　通信信号篇

第一篇

概述篇

　　本篇介绍了我国城市轨道交通的发展和技术现状，梳理了城市轨道交通的产品及工程建设标准体系，并对两个标准体系进行总结分析。

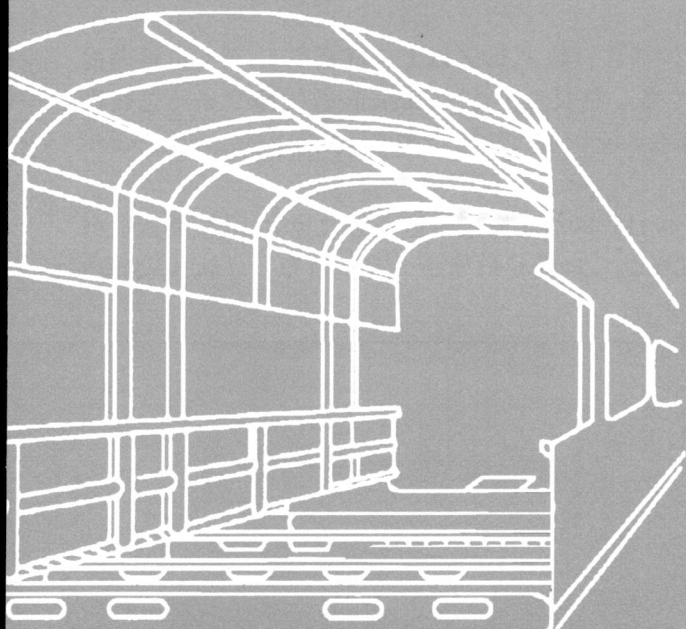

第1章 我国城市轨道交通概况

1.1 发展规模

我国的城市轨道交通系统始建于 20 世纪 50 年代，历经 70 多年的发展，已成为世界城市轨道交通第一大国。据统计，截至 2023 年底，全国已有 55 个城市（大陆地区）开通运营城市轨道交通线路 308 条，运营线路总长度 10158.6km（图 1.1-1）。[❶]

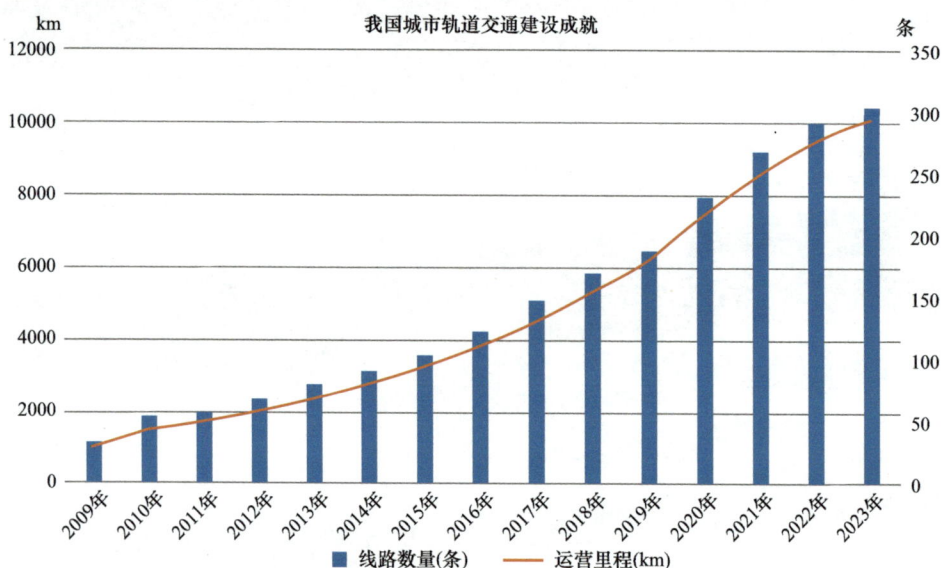

图 1.1-1 我国城市轨道交通建设里程增长情况[❷]

所有开通的城市轨道交通线路中，地铁和轻轨占 90% 以上。截至 2023 年底，运营的城市轨道交通线路中有：地铁线路 256 条，总长度 9042.3km；轻轨线路 7 条，总长度 267.5km。据不完全统计，截至 2023 年底，全国城市轨道交通累计配车 6.67 万辆。全年累计客运量 293.89 亿人次。

根据《城市轨道交通分类》GB/T 44413-2024，城市轨道交通共包含 10 种制式。分别是地铁、轻轨、跨座式单轨、悬挂式单轨、自动导向轨道、有轨电车、导轨式胶轮电车、中低速磁浮、市域快速轨道和高速磁浮。

---

❶ 数据来源：《2023 年交通运输行业发展统计公报》。
❷ 数据来源：历年交通运输行业发展统计公报。

1.2　技术发展

城市轨道交通是一项复杂的系统工程，涉及车辆、供电、通信、信号、机电设备、基础设施等多个专业，在党中央科技创新和自主创新战略指引下，经过几代科技工作者的不懈努力，我国的城市轨道交通技术水平已处于世界先进水平。

1.2.1　车辆

（1）车辆装备

城市轨道交通车辆经过多年发展，从单一的地铁车辆，逐渐发展为 A 型地铁车辆、B 型地铁车辆、C 型轻轨车辆、跨坐式单轨车辆、悬挂式单轨车辆、有轨电车车辆、市域快速轨道车辆、磁浮车辆、导轨式胶轮车辆等多种制式全面发展的盛况。

（2）车体材料

城市轨道交通车辆车体经历了普通的耐候钢车体、铝合金车体、不锈钢车体的发展历程，现在最新型的是碳纤维车体。2019 年 7 月 25 日，中国中车发布的碳纤维地铁列车首次亮相，该列车车体采用碳纤维复合材料。与采用传统金属材料的列车相比，采用碳纤维复合材料的地铁列车整车减重 11%，更轻盈、更节能，在多项节能新技术的配合下，平均能耗下降 15%。

（3）车辆牵引

城市轨道交通车辆主要采用直流受电。按牵引电机的电气驱动方式，牵引电传动经历了直流传动和交流传动两个阶段。早期城市轨道交通主要采用直流传动，但直流牵引电机存在需要换向器、体积大、故障多、制造及维护成本高等缺点，已经逐步被交流牵引电机取代。目前城市轨道交通车辆基本采用基于交流电机的交流传动方式。交流传动是通过绝缘栅双极晶体管（IGBT）等电子元件将直流电源逆变为电压、频率可调的三相交流电供交流电机使用。而永磁牵引系统因其具有高效率、高功率密度等特点，成为轨道交通牵引系统的重要发展方向之一。

（4）车辆制动

城市轨道交通车辆制动系统由最初的空气制动系统发展到微机控制的模拟式电空制动系统；由单车独立控制的制动系统发展到动拖车协调配合、整列车进行电空混合的制动系统；由硬线控制的制动系统发展到以网络控制为主、硬线控制作为备份的冗余设计制动系统。电驱机械制动是车辆制动新的研究方向，通过电机—丝杠传动调整闸瓦（闸片）与踏面（轮盘或轴盘）的间隙，从而实现制动力的精准控制。

（5）转向架

转向架是轨道交通车辆的重要组成部件之一，主要由构架、轮对、一系悬挂、二系悬挂、抗侧滚扭杆、基础制动系统、中央牵引单元、轮缘润滑系统及辅助装置等组成。1969 年第一代国产转向架由中车长客生产，随着技术变迁，目前国内已拥有适应不同速度、不同环境、多种复杂运用工况的系列化产品。弓系转向架、轴箱内置转向架因其轻量化、低能耗成为转向架技术发展的新亮点。

1.2.2 通信信号

(1) 通信系统

现阶段，国内城市轨道交通通信系统逐渐实现了自动化和智能化。实时监控系统、自动化调度系统等先进技术的引入，使轨道交通系统的安全性和运行效率得到了极大提高。国内城市轨道交通通信系统，主要包含传输系统、专用电话、公务电话、无线通信、视频监视、广播、时钟、乘客信息、办公自动化、电源系统等。

1) 传输技术

随着传输技术的发展，目前国内轨道交通的传输技术有分组增强型光传送网（光传送网，Optical Transport Network，简称 OTN）、切片分组网（Slicing Packet Network，简称 SPN）等。

分组增强型 OTN 是在 OTN 基础上融合了同步数字体系（Synchronous Digital Hierarchy，SDH）和分组传送网（Packet Transport Network，PTN）技术形成的综合传送技术。

加密虚拟网络（Secret Private Network，简称 SPN）是面向 5G 及综合业务所提出的新一代承载网，以满足 5G、云平台对承载网提出的更为严苛的大带宽、低时延、网络分片、灵活连接、高精度时间同步的需求，具有低成本、大容量、低时延、灵活管控的特点。SPN 在满足超低时延业务和网络切片需求上适应性更好，国产化和自主可控程度高。

2) 电话交换技术

目前国内轨道交通的公务/专用电话系统主要采用软交换技术。

软交换技术独立于传送网络，主要完成呼叫控制、资源分配、协议处理、路由、认证、计费等主要功能，同时可以向用户提供现有电路交换机所能提供的所有业务，并向第三方提供可编程能力，是下一代网络（NGN）的核心技术之一。

3) 无线通信技术

从集群无线通信技术来看，目前国内城市轨道交通专用无线通信主要采用 TETRA 和 LTE 技术。

TETRA 具有调度功能完善、产品选择余地大、技术先进的特点，使之非常适合于专业调度通信网。

LTE-M 宽带集群实现了语音、数据、视频功能，不仅使调度通信"听得到"，还实现了调度通信"看得见"，实现了现场图像上传、视频通话、视频回传、视频监控等。系统具有上下行工作带宽，可灵活配比。

(2) 信号系统

我国城市轨道交通信号系统经历了大规模引进、国产化和自主化发展三大阶段。早期我国城市轨道交通信号系统主要依靠国外的技术和系统设备，由于没有掌握核心技术，完全依赖进口，导致城市轨道交通信号系统工程造价较高，运营维护困难。为促进国内城市轨道交通信号系统的自主化发展，推进系统核心技术研发，政府鼓励国内线路信号系统采用自主化信号系统。

我国的城市轨道交通信号系统从技术上历经了机械化、电气化、自动化等阶段，并正在迈入智能化阶段。在技术发展过程中，信号系统始终以提升可靠性、安全性、可用性和运行效率为发展目标，不断探索技术突破并工程化应用。其中比较典型的包括：

1）从行车调度指挥技术方面来说，信号系统从最初的人工调度，经过了自动监视、自动监控等阶段，逐步进入到智能动态调度阶段，以减轻行车组织和调度指挥人员的工作压力。

2）从列车间隔控制技术方面来说，信号系统经历了固定闭塞、准移动闭塞、移动闭塞的发展，使得轨道交通列车运行在保证安全的情况下不断降低运行间隔，提升运行效率。

3）从列车驾驶方式技术方面来说，已从最初的人工驾驶，经过了列车自动防护系统防护下的人工驾驶、半自动驾驶、有人值守的全自动运行和无人值守的全自动运行阶段，逐步降低司机的工作压力。

2010 年，北京地铁亦庄线作为响应国家"首台套"政策实施的第一条完全自主知识产权 CBTC 系统的示范工程正式开通，首次实现了信号系统核心技术装备的自主化，是国内第一条应用我国自主掌握 CBTC 核心技术并开通运营的线路。历经十多年的推广应用，目前，在国内城市轨道交通已开通运营线路，以及新一轮更新改造线路中，使用自主化CBTC 信号系统技术的线路已占绝大多数，自主化 CBTC 信号系统技术已占主导地位。

全自动运行系统采用现代信息及自动化技术，实现了运营服务水平提升，系统装备的功能和性能增强，进一步提升了轨道交通安全与效率。2017 年底，中国首条完全自主研发的全自动运行系统在北京地铁燕房线正式投入使用，随后在我国新建线路中进行推广与应用。截至 2023 年底，内地共有北京、上海、深圳、广州、武汉、苏州、济南、南宁、天津、宁波、芜湖、重庆、南京、太原、成都、长沙、西安、绍兴、福州、郑州、许昌 21个城市开通全自动运行城市轨道交通线路 40 条，形成了约 1051.81km 的全自动运行线路规模。

1.2.3　机电设备

我国城市轨道交通的机电设备现阶段基本实现了自主化的设计和生产，很多方面已达到世界先进水平。城市轨道机电设备包括自动售检票系统、电梯系统、屏蔽门系统、环控系统、给水排水系统等。

（1）自动售检票系统

现在我国大部分地区的城市轨道交通自动售检票系统支持手机 NFC 支付、二维码支付、面部识别支付等多种新型支付方式。

（2）站台屏蔽门

站台屏蔽门在列车未进站时，能够以玻璃幕墙的方式包围地铁站台与列车的上落客空间，保护乘客避免跌落站台，列车进站时则开启供乘客上下车。站台屏蔽门可以降低车站空调通风系统的运行能耗，减少列车运行噪声和活塞风对车站的影响，为乘客提供安全、舒适的候车环境，避免因站台事故而延误运营，提高城市轨道交通的服务水平，为城市轨道交通系统实现全自动运行创造必要条件。

（3）通风空调系统

城市轨道交通由于大量工程在地下，通风要求较高，通风空调设备的能源消耗巨大，因此通风空调系统的节能是城市轨道交通绿色低碳发展的关键一环。目前我国各地的城市轨道交通系统正致力于通风空调系统的节能低碳发展，例如通过智能化的手段根据客流量调节设备通风量。

1.2.4 供电

城市轨道交通供电系统是为城市轨道交通运营提供电能的系统，不仅为城市轨道交通车辆提供牵引、制动用电，也为城市轨道交通运营服务的其他设施提供电能，如通信、信号、照明、通风、空调、给水排水、电扶梯等。

目前，供电系统的新技术研发和应用主要集中在城市轨道交通整体能耗管理系统、光伏等绿电在车站和车辆基地的应用，飞轮储能系统、能馈系统、蓄电池等方式对列车制动能量的回收利用等新技术，力求节约能源使用，并降低对城市电网的冲击。

1.2.5 基础设施

在城市轨道交通的基础设施施工技术上，我国现在所掌握的大孔径盾构技术、高架桥梁的拼装施工技术、深基坑施工技术等，都取得了傲人成就。

城市轨道交通的基础设施施工技术近年开始聚焦于绿色建造施工技术，从环境保护、节材与材料资源利用、节水与水资源利用、能源节约与利用、节地与土地资源利用、职业健康安全、人力资源节约等方面出发，涵盖场界空气质量控制、噪声控制、建筑垃圾控制、有毒有害废弃物控制、烟气控制、污废水控制、节材控制、节能控制、节水控制、节地控制等方面。

第2章 我国城市轨道交通标准概况

2.1 发展概况

在我国城市轨道交通建设初期（1980 年之前），我国城市轨道交通相关标准基本处于空白状态，建设过程中需要参考国外标准，导致北京、上海、广州等城市建设城市轨道交通时，参考的标准不同，经常出现相同设备采用不同规格的情况，提高了后期运营维护的成本和难度，技术人员逐渐认识到，城市轨道交通工程及其使用的设备系统（产品）是一套复杂的技术体系，为了长远的发展，标准化成为必然的选择。

1986 年，我国颁布了第一个城市轨道交通的国家标准《城市公共交通标志 地下铁道标志》GB/T 5845.5-86，到 20 世纪 90 年代末，我国共颁布了《地下铁道车辆通用技术条件》GB/T 7928-87 等 14 项产品标准和《地下铁道设计规范》GB 50157-92 等 7 项工程建设标准，制定的标准数量少、涉及的内容分散，尚未形成标准体系。

1998 年，我国开始推动城市轨道交通设备国产化，而标准的制定是国产化的基础，城市轨道交通标准编制工作随之快速展开。城市轨道交通标准化工作发展迅速，标准从单一走向体系化。但早期标准的编制工作往往跟随技术的发展且略滞后于技术发展。现阶段，城市轨道交通产品的相关技术越来越成熟，标准的发展在指导生产建设工作的同时也开始引领技术的进步和应用。

需要特别说明的是，2000 年以前，城市轨道交通从属于公共交通，作为城市公共交通的一部分来管理，在标准技术管理上，城市轨道交通也从属于公共交通行业。但是城市轨道交通标准化工作的技术支撑机构是在建设部（现住房城乡建设部），因此，城市轨道交通标准化工作在 2004 年之前进展缓慢。

2004 年以后，由于机构改革、职能调整，城市轨道交通标准化的技术支持和管理工作由建设部标准定额研究所负责，中国城市规划设计研究院协助承担一些具体工作。这一时期，城市轨道交通的建设工作大规模开展，行业对标准的需求逐渐凸显。同时，国家出台了一系列的标准化战略、法律法规和政策文件，对我国标准的制定和管理不断提出新的要求，城市轨道交通在国家标准管理体系中开始作为独立的专业存在。城市轨道交通标准化工作开始快速发展，并相继颁布了《地铁客运服务标志》GB/T 18574-2001、《地铁设计规范》GB 50157-2003 等 5 项国家和行业标准。

2006 年，经国家标准化管理委员会批准，成立了全国城市轨道交通标准化技术委员会，技术委员会由建设部（现住房和城乡建设部）负责日常管理和业务指导，秘书处设在中国城市规划设计研究院，技术委员会负责城市轨道交通领域产品国家标准的制修订管理工作。城市轨道交通标准技术支撑和管理体制基本成形。

面对强劲的市场需求，城市轨道交通的行业主管部门加快了领域内相关标准的制修订工作。同时，参与城市轨道交通建设运营的各方主体也认识到了标准的重要性，积极参与标准的制修订工作。至 2011 年底，城市轨道交通领域已颁布实施国家和行业标准共计 50 项，其中产品标准 31 项。标准的制修订工作紧紧围绕城市轨道交通的工程建设需要，以安全和公共利益为重点，首先制订行业发展亟需的关键标准，并在标准的制修订过程中，结合国情和应用，积极引用或参考国际标准或国外先进标准，有力地支撑了城市轨道交通的发展。

2015 年，国务院印发《深化标准化工作改革方案》，明确指出"标准化工作改革，要紧紧围绕使市场在资源配置中起决定性作用和更好发挥政府作用，着力解决标准体系不完善、管理体制不顺畅、与社会主义市场经济发展不适应问题"。

2018 年 1 月 1 日起，新的《中华人民共和国标准化法》开始施行，进一步明确了标准的类别和性质，标准包括国家标准、行业标准、地方标准和团体标准、企业标准。国家标准分为强制性标准、推荐性标准，行业标准、地方标准是推荐性标准。同时强调，标准化工作的任务是制定标准、组织实施标准以及对标准的制定、实施进行监督。

2021 年 10 月 10 日中共中央、国务院印发的《国家标准化发展纲要》，从国家战略的层次提出了持续优化标准制定流程，强化标准支撑的要求。标准对于科技进步的引领和支撑作用再次被强化。近年来，随着新产品新技术的应用，城市轨道交通标准的制修订工作继续向纵深发展，在城市轨道交通新技术的应用中力争做到标准先行。

从第一个城市轨道交通领域的标准颁布实施到现在，可以看出，2000 年之后，随着行业的蓬勃发展，标准的需求逐步增加，标准从单体编制转变为快速而有序的体系化发展（图 2.1-1）。

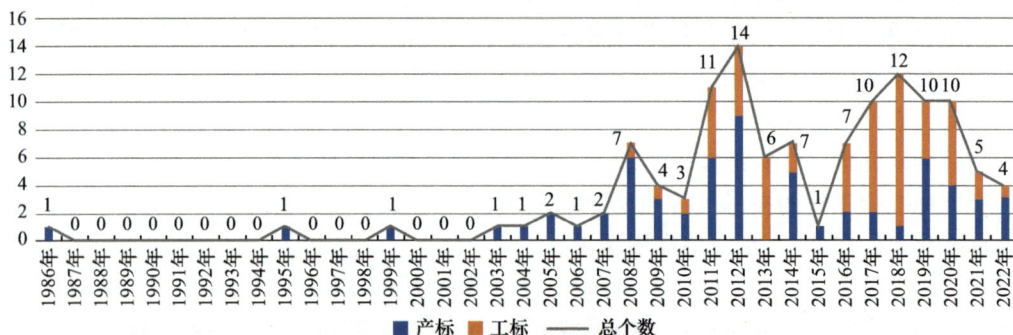

图 2.1-1　城市轨道交通领域历年国家以及行业标准立项数量

2.2　现行标准体系

2.2.1　产品标准

我国现行城市轨道交通领域产品标准体系成形于 2010 年，之后随着技术的发展每年也在不断更新。现行城市轨道交通领域产品标准体系自上而下分为三个层次：基础标准、通用标准、专用标准，通用标准又细分为行业通用标准和门类通用标准。通用标准和专用标准在横向上细分为 6 个门类，分别是：车辆门类、供电门类、通信门类、信号门类、机电设备门类和基础设施门类（图 2.2-1）。

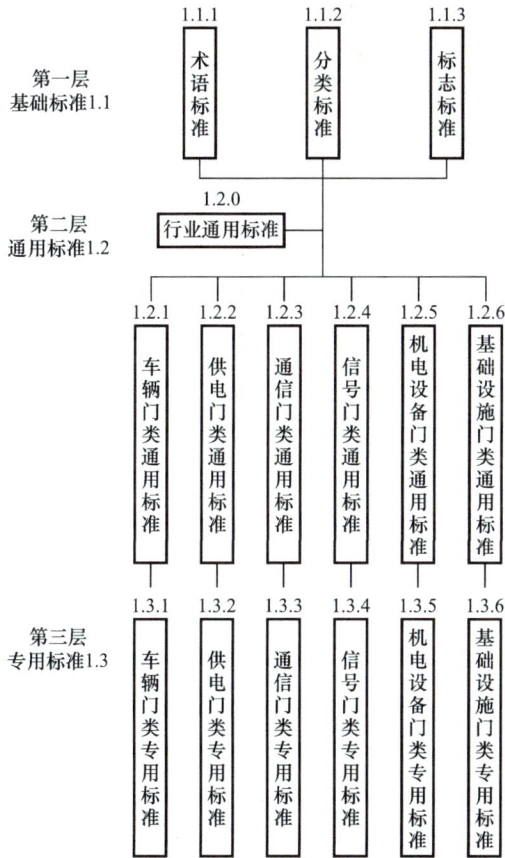

图 2.2-1　现行城市轨道交通领域产品标准体系

现行产品标准体系中，共有 11 项基础标准、13 项行业通用标准。其中各门类通用标准和专用标准合计 300 多项，涉及城市轨道交通线路和车站的规划、建设、维修等各个阶段以及车辆和其他设施设备的设计、生产、安装等各个方面。

截至 2024 年 11 月，城市轨道交通领域共归口管理产品标准 67 项，其中国家标准 32 项，行业标准 35 项，具体见附表 1。

现行的 67 项产品标准仅占标准体系内 300 多项标准的不足 20％，城市轨道交通领域产品标准的制修订工作仍需持续大力推进。同时，随着新产品的出现以及新技术的应用，标准体系也将不断地扩展和完善，为城市轨道交通领域的标准化工作注入新的活力。

67 项产品标准中，有 14 项车辆通用标准、12 项车辆专用标准、2 项通信专用标准、3 项信号通用标准，是《指南》的主要介绍对象。

2.2.2　工程建设标准

现行工程建设标准体系同样成形于 2010 年，并不断更新，与产品标准互相配合，共同为我国城市轨道交通建设提供技术支撑。工程建设标准体系自上而下分为综合标准、基础标准、通用标准和专用标准四个层次，较产品标准多一个层次——综合标准。综合标准为《城市轨道交通工程项目规范》GB 55033-2022，是强制性国家标准，也是产品标准和工程建设标准共同的上位标准。下面三个层次和产品标准体系相同。

基础标准层，工程建设标准相较于产品标准，除了术语、分类和标志标准，又多了限界标准以及工程制图标准，这些都是工程建设过程中涉及的必要工程阶段，而不涉及具体产品。在通用标准层上，按建设阶段划分为规划、设计、施工及质量验收、安全四个门类。在专用标准层次上，工程建设标准分为轨道专用标准、车站建筑专用标准、结构工程专用标准、供电系统专用标准、通信系统专用标准、信号系统专用标准、通风空调与供暖系统专用标准、给水与排水系统专用标准、自动售检票系统专用标准、屏蔽门系统专用标准、防灾与报警系统专用标准、环境与设备监控系统专用标准、控制中心专用标准、综合自动化系统专用标准、车辆基地专用标准等十五个门类（图 2.2-2）。

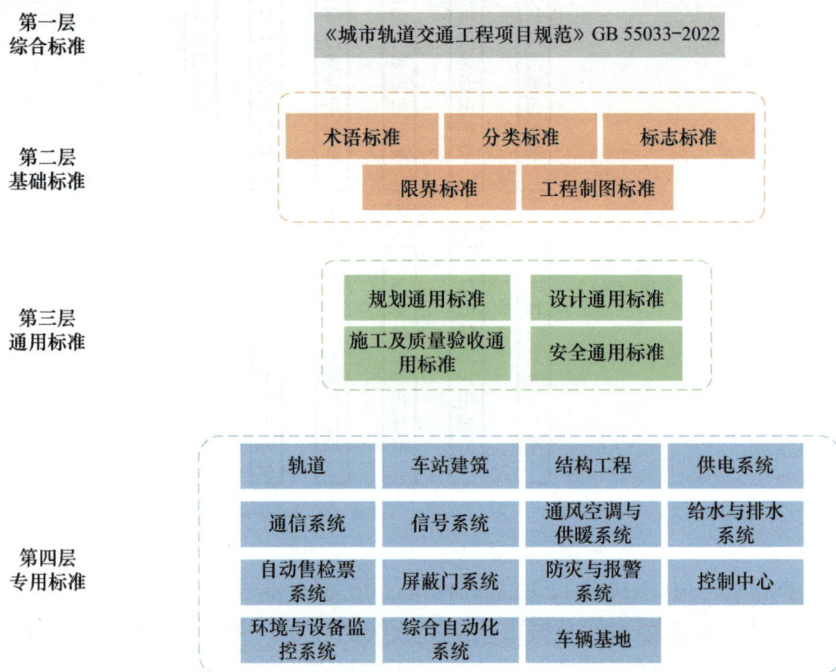

图 2.2-2　现行城市轨道交通领域工程建设标准体系

城市轨道交通领域目前共计归口工程建设标准 58 项，其中国家标准 26 项，行业标准 32 项，详见附表 2。

产品标准和工程建设标准相辅相成，共同为城市轨道交通的建设提供技术支撑。《指南》的编制也是为了产品标准和工程建设标准之间能够更紧密地衔接，指导工程实践，支持行业发展。

2.2.3　联系与区别

产品标准体系和工程建设标准体系，两个标准体系既存在相似之处，又存在差别。

在基础标准层，分类、术语以及符号（标志）标准是两个标准体系共有的，这些是所有城市轨道交通项目都需要遵守的一些行业规则，但是工程建设标准中的符号是计量符号，侧重于专业技术人员在工程中的应用，产品标准中的标志标准侧重于乘客的使用。

在通用和专用标准两个层次，两个标准体系存在显著差异。产品标准是按照专业，或者说产品的应用领域进行划分，工程建设标准则主要依据建设工作的阶段进行划分。

在通用层次上，两个标准体系在内容上存在差别。工程建设标准体系的通用层是根据建设阶段进行划分的，这些工程建设阶段不涉及具体产品，而是一些工艺工法的选择。

在专用层次上，两个标准体系存在一定相关性，供电、通信和信号基本是一一对应的关系，但是基础设施和机电设备存在一定的交叉。通风空调与供暖系统、给水与排水系统、屏蔽门系统、防灾与报警系统、环境与设备监控系统、控制中心、综合自动化系统这些可以与产品标准中的机电设备门类对应；轨道、车站建筑以及结构工程、车辆基地可以与基础设施门类对应（图 2.2-3）。

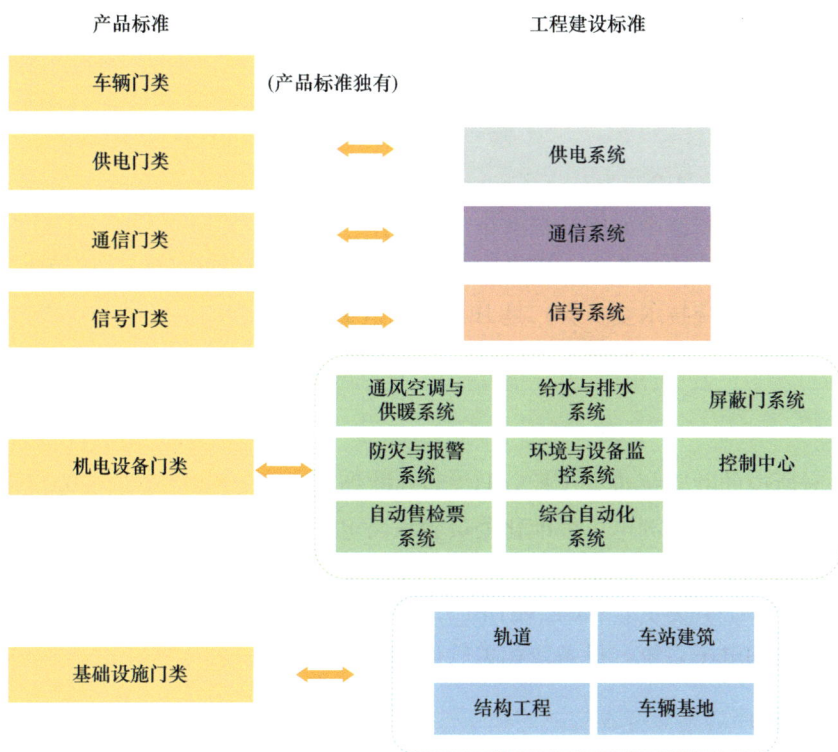

图 2.2-3　城市轨道交通产品标准体系和工程建设标准体系门类关系

2.3　部分国际和国外标准简介

2.3.1　ISO 标准

ISO（国际标准化组织，International Organization for Standardization）是全球最大最权威的国际标准组织之一，ISO/TC269（国际标准化组织铁路应用技术委员会）是 ISO 在轨道交通领域设立的唯一技术委员会，成立于 2012 年。2016 年，ISO/TC269 设立 3 个分技术委员会 SC1、SC2 和 SC3，分别负责基础设施、机车车辆、运营和服务三个领域的工作。中国铁道科学研究院集团有限公司为 ISO/TC269 在国内的技术对口单位。

ISO 的三个分技术委员会下面又设立了 22 个工作组，管理领域内不同专业的标准化工作。工作组的设置主要以专业为依据。

2.3.2　UIC 标准

UIC（国际铁路联盟，International Union of Railways）成立的目的是促进国际范围内铁路的发展，提高世界范围内铁路的建设质量并带动技术进步，实现标准化。

UIC 制定了一系列标准，旨在规范铁路设计、施工、运营及维保等方面。这些标准涵盖了轨道交通的基础设施设计、通信信号、机车车辆、轨道运维等多个领域。

UIC 早期制定的标准称为 UIC 活页，按照专业划分。2012 年，UIC 成立了标准化工作平台，以后制定的标准分为通用和专用部分，通用部分规定了适用于所有 UIC 成员单位的条款，而专用标准则规定了某些特定铁路设施或某个成员单位的特殊技术要求。

2.3.3　IEC 标准

IEC（国际电工委员会，International Electro Technical Commission）主要负责制定电气工程和电子工程领域中的国际标准化工作。IEC 的宗旨是，促进电气、电子工程领域中标准化及有关问题的国际合作，增进国际间的相互了解。IEC/TC9（国际电工委员会轨道交通电气设备与系统技术委员会）是 IEC 在轨道交通领域设立的唯一技术委员会，主要制定轨道电气化相关的国际标准。

2.3.4　欧盟标准

我们平时所说的欧盟标准是 CEN/TC256（欧洲标准化委员会铁路设施技术委员会）和 CENELEC/TC9X（欧洲电工标准化委员会铁路电气电子应用技术委员会）所制定的标准。其中，CEN/TC256 负责的是轨道交通全领域的标准化工作，按照专业划分，下设 11 个直属工作组和 3 个分委员会；CENELEC/TC9X 负责的是所有轨道（包括城市轨道）系统中使用的电气和电子系统、设备及相关软件的标准化工作。

2.3.5　我国常引用的国际标准

在我国现阶段的城市轨道交通建设过程中，经常会用到表 2.3-1 所列国际和国外标准。

我国城市轨道交通建设中经常会用到的国际和国外标准　　　　　　表 2.3-1

序号	标准编号	标准名称
1	ISO 3095	《声学　轨道机车车辆发射噪声测量》
2	ISO 3381	《声学　轨道车辆内部噪声测量》
3	ISO 22752	《铁路应用　机车车辆车体侧窗》
4	ISO 24221	《铁路应用　制动系统通用要求》
5	UIC 518	《铁道车辆的动力性能　安全性　线路疲劳　乘坐质量试验和认证方法》
6	UIC 515-4	《客运车辆　从轮转向架　走行装置　转向架构架的结构强度试验》
7	UIC 615-4	《动力车　转向架和走行装置　转向架构架结构强度试验》
8	UIC 660	《确保高速列车技术兼容性的措施》

序号	标准编号	标准名称
9	IEC 60077	《铁路应用　铁路车辆上的电气设备》
10	IEC 60494-2	《铁路应用　机车车辆　受电弓　特性和测试　第 2 部分：地铁和轻轨车辆用受电弓》
11	IEC 60571	《铁路应用　全部车辆用电子设备》
12	IEC 61133	《铁路应用　铁道车辆　车辆组装后和运行前的整车试验》
13	IEC 61287	《铁路应用　安装在铁路机车上的电力变流器》
14	IEC 61373	《铁路应用　机车车辆设备　振动和冲击试验》
15	IEC 62485-2	《蓄电池组和蓄电池装置安全性要求　第 2 部分：稳流蓄电池》
16	IEC 62290	《铁路应用　城市轨道交通管理和指挥控制》
17	EN 12663	《铁路应用　铁道车辆车体结构要求》
18	EN 15227	《铁路应用　铁路车辆的防撞性要求》
19	EN 45545	《铁路应用　铁路车辆的防火保护》
20	EN 50272-3	《二次蓄电池和电池设备安全性要求　第 3 部分：牵引蓄电池》
21	EN 50367	《铁路应用　受流系统　受电弓与接触网之间相互作用技术准则》

其中《声学　轨道机车车辆发射噪声测量》ISO 3095、《声学　轨道车辆内部噪声测量》ISO 3381 已经完成转化工作，分别是《声学　轨道机车车辆发射噪声测量》GB/T 5111-2024、《声学　轨道车辆内部噪声测量》GB/T 3449-2011。

2.4　小结

从城市轨道交通及标准的发展历程来看，标准的制定经常略滞后于技术的发展。尤其对于产品而言，需要等技术成熟之后才会投入市场进行大规模生产和应用，当产品生产和使用达到一定规模后，才会开始标准的编制工作。但随着社会经济的进步，标准应该不再仅仅是技术的跟随者，还应该成为技术的先行者，未来应通过标准的编制和研究引领技术的发展和进步。

现行城市轨道交通领域的产品和工程建设标准共计 120 多项，对城市轨道交通装备、设施以及建设工作的各个方面和环节提出了要求，同时对施工和监测验收等工作也作出了规定，保证了我国城市轨道交通建设的质量。但是现行产品标准体系的完成度仅为 20% 左右，大量标准仍处于待编状态，亟需尽快开展研究和编制工作。《指南》在指导相关标准在工程中实施应用的同时，将提出城市轨道交通在发展中对于标准的需求，助力于我国城市轨道交通高质量发展。

通过国内外标准的对比分析，可以看出国内外对于城市轨道交通标准都是按照专业进行细分和管理的，尽管划分的颗粒度不同，但是思路是一致的。

前面提到过，车辆不同于一般的产品，安装和测试都在出厂前完成，出厂后即可直接使用，本书第二篇将对车辆产品标准的应用实施进行解析，以便于车辆的研究、设计、生产和使用方能对车辆产品标准有更清晰的认识，使产品能更好地服务于城市轨道交通。

通信和信号的产品标准，将在本书第三篇对其要求进行说明，并根据国内的应用案例对标准的应用进行解析，便于工程人员更好地使用相关标准。

第二篇
车辆篇

　　本篇介绍了城市轨道交通车辆产品的技术特点和性能要求，在介绍车辆通用要求的基础上，对各个车型特殊的技术特点和性能要求也分别进行了介绍，包括钢轮钢轨车辆、磁浮车辆、胶轮导轨车辆，并对车辆行业发展和相关标准提出展望。

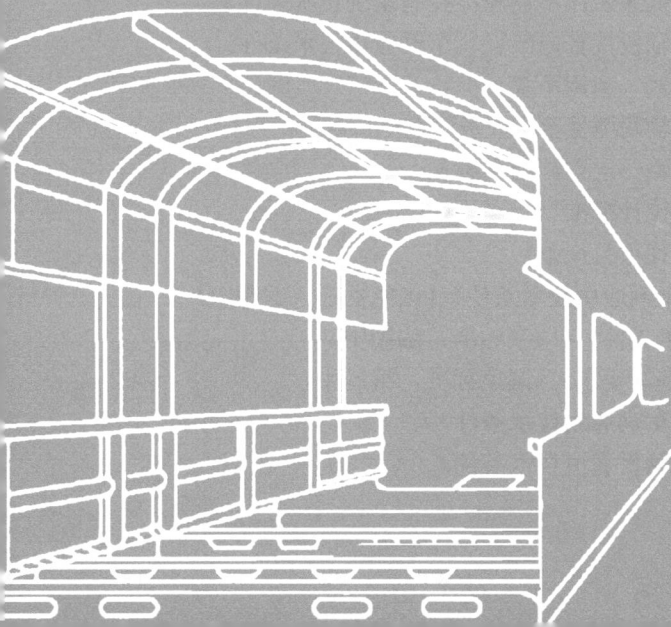

第3章 车辆通用要求

　　根据住房城乡建设部于 2012 年发布并实施的《城市轨道交通工程基本术语标准》GB/T 50833-2012 中的定义，城市轨道交通为采用专用轨道导向运行的城市公共客运交通系统。

　　根据《城市轨道交通分类》GB/T 44413-2024，城市轨道交通的系统制式包括地铁系统、轻轨系统、跨座式单轨系统、悬挂式单轨系统、自动导向轨道系统、有轨电车系统、导轨式胶轮电车系统、中低速磁浮系统、市域快速轨道系统、高速磁浮系统。

　　城市轨道交通车辆虽类型不同，技术参数不一样，但其结构基本相同。一般城市轨道交通车辆的组成为：车体、转向架、牵引系统、辅助供电系统、制动系统、列车控制和管理系统、乘客信息系统、车门、车钩及缓冲装置、空调及供暖系统、照明系统、贯通道等。本章基于通用要求的角度解释城市轨道交通车辆的产品要求。

3.1　相关标准

GB/T 7928　　　《地铁车辆通用技术条件》（正在修订）

GB/T 14894　　《城市轨道交通车辆组装后的检查与试验规则》（正在修订）

GB/T 23431　　《城市轻轨交通铰接车辆通用技术条件》

GB/T 26718　　《城市轨道交通安全防范系统技术要求》

GB/T 30489　　《城市轨道车辆客室侧门》

GB/T 32383　　《城市轨道交通直线电机车辆通用技术条件》

GB/T 37532　　《城市轨道交通市域快线 120km/h～160km/h 车辆通用技术条件》

GB/T 38311　　《城市轨道交通安全防范通信协议与接口》

GB/T 39426　　《城市轨道交通永磁直驱车辆通用技术条件》

GB/T 39902　　《城市轨道交通中低速磁浮车辆悬浮控制系统技术条件》

GB/T 40075　　《城市轨道交通六轴铰接转向架轻轨车辆通用技术条件》

GB/T 44288　　《城市轨道交通车辆　空调系统》

GB/T 44511　　《城市轨道交通车辆耐撞性要求及验证》

GB/T 44853　　《城市轨道交通车辆　电空制动系统》

GB/T 50458　　《跨座式单轨交通设计标准》

GB 55033　　　《城市轨道交通工程项目规范》

《城市轨道交通　中低速磁浮交通车辆通用技术条件》（国家标准，编制中）

《城市轨道交通车辆转向架通用技术条件》（国家标准，编制中）

《城市轨道交通网络信息系统安全基本要求》（国家标准，编制中）

CJ/T 287　　　《跨座式单轨交通车辆通用技术条件》

CJ/T 353　　　《城市轨道交通车辆贯通道技术条件》

CJ/T 354　　　　《城市轨道交通车辆空调、采暖及通风装置技术条件》
CJ/T 366　　　　《自导向轮胎式车辆通用技术条件》（正在修订）
CJ/T 411　　　　《中低速磁浮交通车辆电气系统技术条件》
CJ/T 416　　　　《城市轨道交通车辆防火要求》
CJ/T 417　　　　《低地板有轨电车车辆通用技术条件》
CJ/T 533　　　　《城市轨道交通车辆车体技术条件》
CJJ/T 277　　　《自动导向轨道交通设计标准》
CJJ/T 320　　　《悬挂式单轨交通技术标准》

3.2　技术要求

3.2.1　车辆整车通用要求

3.2.1.1　车辆整车要求

目前，针对城市轨道交通几种制式的车辆已经制定了以下整车标准：

（1）地铁和轻轨车辆整车应符合现行国家标准《地铁车辆通用技术条件》GB/T 7928 的相关规定，轻轨车辆还应符合现行国家标准《城市轻轨交通铰接车辆通用技术条件》GB/T 23431 的相关规定。

（2）直线电机车辆整车应符合现行国家标准《城市轨道交通直线电机车辆通用技术条件》GB/T 32383 的相关规定。

（3）市域快线车辆整车应符合现行国家标准《城市轨道交通市域快线 120km/h～160km/h 车辆通用技术条件》GB/T 37532 的相关规定。

（4）永磁直驱车辆整车应符合现行国家标准《城市轨道交通永磁直驱车辆通用技术条件》GB/T 39426 的相关规定。

（5）六轴铰接轻轨车辆整车应符合现行国家标准《城市轨道交通六轴铰接转向架轻轨车辆通用技术条件》GB/T 40075 的相关规定。

（6）有轨电车车辆整车应符合现行行业标准《低地板有轨电车车辆通用技术条件》CJ/T 417 的相关规定。

（7）中低速磁浮车辆整车应符合《城市轨道交通　中低速磁浮交通车辆通用技术条件》（国家标准，编制中）的相关规定。

（8）跨座式单轨车辆整车应符合现行行业标准《跨座式单轨交通车辆通用技术条件》CJ/T 287 的相关规定。

（9）悬挂式单轨车辆整车应符合现行行业标准《悬挂式单轨交通技术标准》CJJ/T 320 的相关规定。

（10）自导向轨道交通车辆整车应符合现行行业标准《自导向轮胎式车辆通用技术条件》CJ/T 366 的相关规定。

上述标准，基本满足国内城市轨道交通车辆的规范性使用要求。

3.2.1.2　车辆防火要求

车辆防火设计、材料阻燃性和烟密度指标应符合现行欧盟标准《铁路应用　铁路车辆的防火保护》EN 45545、现行行业标准《城市轨道交通车辆防火要求》CJ/T 416 的相关规定。

目前，国内城市轨道交通车辆的防火要求主要采用现行欧盟标准《铁路应用　铁路车辆的防火保护》EN 45545，为更好地适应国内城市轨道交通发展的需要，急需制定同级别的国内标准以替代 EN 45545。

3.2.1.3　车辆环保要求

车辆内装材料及室内空气有害物质限量应符合现行行业标准《机车车辆非金属材料及室内空气有害物质限量》TB/T 3139 的相关规定。

3.2.1.4　车辆 RAMS 要求

车辆可靠性、可用性、可维护性和安全性（RAMS）应满足现行国家标准《轨道交通可靠性、可用性、可维修性和安全性规范及示例》GB/T 21562 的相关规定。

3.2.1.5　车辆安全防范要求

车辆安全防范应符合现行国家标准《城市轨道交通安全防范通信协议与接口》GB/T 38311、《城市轨道交通安全防范系统技术要求》GB/T 26718 的相关规定。两个标准都是针对整个城市轨道交通工程的安防要求，车辆专业的安全防范可参照执行。

3.2.1.6　车辆信息安全

车辆网络信息安全应符合《城市轨道交通网络信息系统安全基本要求》（国家标准，编制中）的相关规定。该标准针对的是城市轨道交通网络信息安全，车辆的信息安全可参照执行。

3.2.1.7　车辆组装后的检查与试验

城市轨道交通车辆组装后的检查与试验应符合现行国家标准《城市轨道交通车辆组装后的检查与试验规则》GB/T 14894（修订中）的相关规定。

目前，GB/T 14894 能基本满足城市轨道交通车辆通用的试验要求。对于个别制式车辆的个性化试验要求，车辆供应商可以结合各制式的整车标准中试验章节的相关规定参照该标准执行。

3.2.2　车辆各子系统技术要求

3.2.2.1　车体

（1）车体相关标准

城市轨道交通车辆车体应符合国家现行标准《城市轨道交通车辆耐撞性要求及验证》GB/T 44511、《城市轨道交通车辆车体技术条件》CJ/T 533 的相关规定。

（2）车体的功能及作用

车体是车辆的主体结构，车体一方面是容纳乘客和司机驾驶室的场所，又是安装其他车辆部件和系统的基础。因而，车体的材料、结构都关系到城市轨道交通车辆运行的安全性、可靠性、乘车舒适性（图 3.2-1）。

（3）车体的分类

1）按使用主要材料可分为普通碳素钢车体、铝合金车体和不锈钢车体三种。早期城市轨道交通车辆车体材料一般使用碳素钢（普通低碳钢和耐候钢），目前城市轨道交通车辆车体主要使用铝合金，也有部分使用不锈钢。另外，随着碳纤维材料的广泛应用，还出现了碳纤维车体（图 3.2-2）。

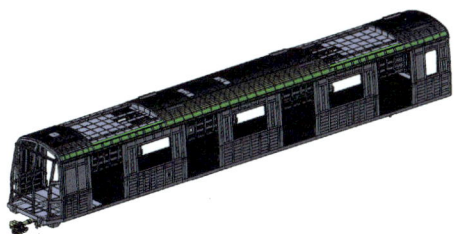

图 3.2-1　城市轨道交通车辆车体三维图　　图 3.2-2　国内首个城市轨道交通车辆碳纤维车体

2）按照车体结构有无驾驶室，可分为带驾驶室车体和无驾驶室车体两种。

3）按照车辆制式，可分为地铁车辆车体、轻轨车辆车体、市域快速轨道交通车辆车体、跨座式单轨车辆车体、悬挂式单轨车辆车体、有轨电车车辆车体、自动导向轨道交通车辆车体、磁浮车辆车体等。每种车辆制式车体又可以按照尺寸分类，如地铁车辆车体可分为 A 型车车体、B 型车车体和 C 型车车体，极少数还包括 As 型车车体、Ah 型车车体等。

4）我国城市轨道车辆车体承受载荷方式为整体承载结构（图 3.2-3）。

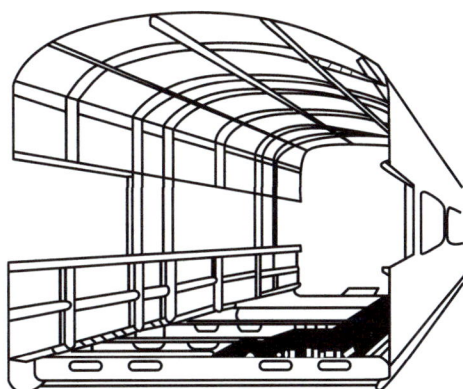

（4）车体的结构和组成

图 3.2-3　整体承载结构车体示意

1）车体结构

以目前应用较为广泛的城市轨道交通车辆模块化铝合金车体结构为例进行介绍。

模块化车体设计是将整个车体分为若干个模块（主要包含底架、侧墙、端墙、车顶，图 3.2-4）。各模块制造完成后即可进行车体总成。每一模块的结构本身采用焊接，模块之间的总成采用焊接或机械连接。

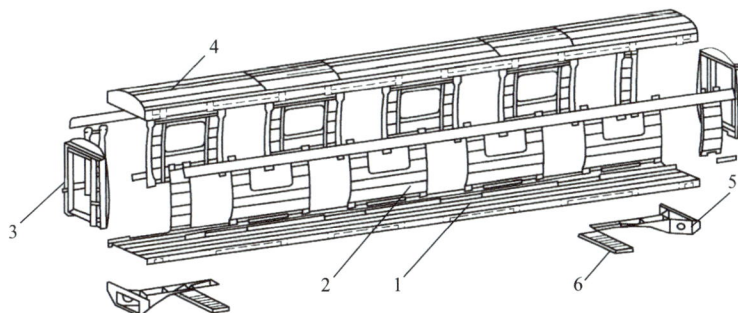

1—底架模块；2—侧墙模块；3—端墙模块；
4—车顶模块；5—牵引梁模块；6—枕梁模块
注：其中5、6一般包含在底架模块中

图 3.2-4　模块化车体模块组成

2）车体的组成

① 底架

底架是车体的基础结构，底架结构模块采用大断面铝合金挤压型材焊接结构，由地板、边梁、牵枕缓、端梁等组成。

底架的作用主要是：

➢ 承受车体上部载荷以及因各种原因而引起的横向力和走行部传递来的各种振动和冲击，并传递列车的牵引力和制动力；

➢ 底架上的枕梁用于走行部的连接并传递其载荷；

➢ 牵引梁用于安装车辆的车钩缓冲器，用来传递车辆间的牵引力和制动力。

② 侧墙

侧墙是决定车体高度的重要部件。侧墙根据组焊情况，可分为一体式侧墙和单片式侧墙。

③ 端墙

端墙位于车体两端。常用来安装贯通道等部件。

④ 车顶

车顶是车体顶部的组成部分。主要承担受电弓、空调（安装于车下的除外）等部件的承载作用。

⑤ 驾驶室骨架及头罩

驾驶室骨架是支撑头罩的承载结构。头罩一般采用玻璃钢或铝结构制成。

3.2.2.2 转向架

（1）转向架相关标准

钢轮钢轨制式的城市轨道交通车辆转向架应符合《城市轨道交通车辆转向架通用技术条件》（国家标准，编制中）的相关规定。该标准的适用范围：最高运行速度不大于160km/h新设计、制造的城市轨道交通车辆转向架，包括：1）A、B、LB型地铁车辆转向架；2）C-I、LC型轻轨车辆转向架；3）市域快线车辆转向架。其他钢轮钢轨制式的城市轨道交通车辆转向架可参照执行。

其他非钢轮钢轨制式的车辆转向架可参考自身制式车辆通用技术条件中转向架章节的相关规定。

（2）转向架的分类、功能及作用

转向架是城市轨道交通车辆走行的关键部件。城市轨道交通车辆转向架一般按有无动力分为动力转向架、非动力转向架（图3.2-5、图3.2-6）。

不同制式城市轨道交通车辆转向架的结构不完全一致。但承载主体——构架、牵引传动装置、制动装置、减振装置等部件的功能要求大体相同。

转向架的主要作用包括：1）承载：承受转向架以上各部分的重量，并使轴重均匀分配。2）牵引（动力转向架）：将动力传递给车轮（钢轮、胶轮），驱动列车前进。3）缓冲：缓和线路对车辆的冲击，保证车辆具有良好的运行平稳性和稳定性。4）导向：保证车辆顺利通过曲线。5）制动：按照指令产生所需的制动力，确保车辆在规定距离内减速或停车。

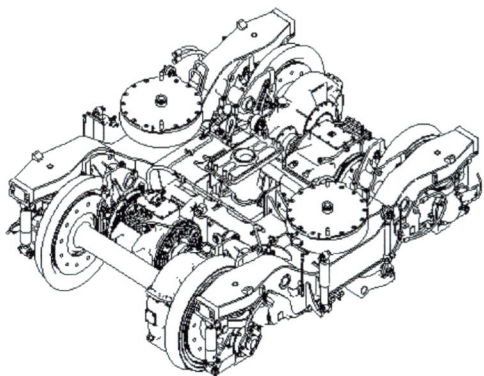

图 3.2-5　城市轨道交通车辆动力转向架
（地铁 100km/h 车辆用）

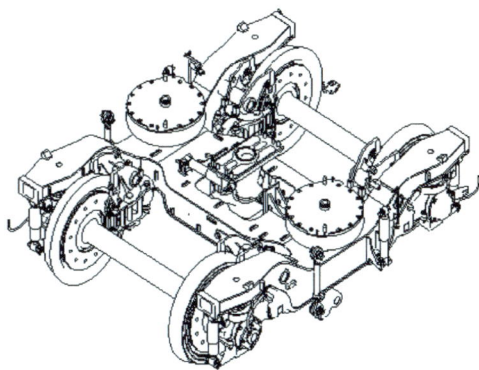

图 3.2-6　城市轨道交通车辆非动力转向架
（地铁 100km/h 车辆用）

3.2.2.3　牵引系统

（1）牵引系统相关标准

城市轨道交通车辆牵引系统应符合现行国家标准《轨道交通　牵引电传动系统　第 1 部分：城轨车辆》GB/T 37863.1 的相关规定。

交流牵引电机分为鼠笼式三相异步牵引电机和三相永磁牵引电机，其中鼠笼式三相异步牵引电机应符合现行国家标准《电力牵引　轨道机车车辆和公路车辆用旋转电机　第 2 部分：电子变流器供电的交流电动机》GB/T 25123.2 的相关规定，三相永磁牵引电机应符合现行国家标准《电力牵引　轨道机车车辆和公路车辆用旋转电机　第 4 部分：与电子变流器相连的永磁同步电机》GB/T 25123.4 的相关规定。

直线电机应符合现行行业标准《城市轨道交通直线感应牵引电机技术条件》CJ/T 311 的相关规定（图 3.2-7）。

中低速磁浮车辆牵引系统采用变频调速的直线电机传动系统，应符合现行行业标准《中低速磁浮交通车辆电气系统技术条件》CJ/T 411 的相关规定。

（2）牵引系统的功能及作用

牵引系统是为城市轨道交通车辆提供运行动力、电制动力的关键系统。

（3）牵引系统的组成

以地铁车辆 6 辆编组四动两拖接触网供电

图 3.2-7　城市轨道交通车辆直线
牵引电机转向架

牵引系统为例进行介绍，如表 3.2-1 所示。其他车辆根据项目特点、动力性能等因素进行配置。

（4）牵引系统的分类

根据牵引系统的不同特点，可从以下几个方面进行分类。

1）根据城市轨道交通车辆使用的牵引电机类型，城市轨道交通车辆牵引系统有直流

地铁车辆 6 辆编组四动两拖牵引系统配置　　　　　　　表 3.2-1

序号	设备名称	车型						每列数量	备注
		Tc	Mp	M	M	Mp	Tc		
1	受电弓	—	1	—	—	1	—	2个	如采用三轨受电则在转向架设置适当数量的集电靴
2	避雷器	—	1			1	—	2个	
3	主熔断器箱	—	1			1	—	2个	可与高压箱合并设置或不设置
4	高压箱	—	1			1	—	2个	
5	牵引逆变器箱		1	1	1	1		4个	
6	辅助逆变器箱		1	1	1	1		4个	并网供电设置4个（或2个）；扩展供电设置2个
7	制动电阻箱		1	1	1	1		4个	如采用地面能馈系统，则车辆上需设置过压保护电阻
8	牵引电机		4	4	4	4		16个	
9	接地装置	2	4	4	4	4	2	20个	

传动牵引系统和交流传动牵引系统之分。

这两种传动方式各有优缺点。交流传动系统较之直流传动系统具有较高的传动效率、控制精度、可靠性以及成本低等优点，使得该系统已成为目前城市轨道交通车辆主要的牵引传动方式。

2）根据供电控制方式，牵引系统有 1C4M 和 1C2M 两种形式。

1C4M 牵引系统的一台牵引逆变器向同一动车上的四台牵引电机供电；1C2M 牵引系统的一台逆变器向同一转向架上的两台牵引电机供电。有些地铁列车牵引逆变器分成两个相同的模块，每个模块给一个转向架上的两台牵引电机供电，牵引逆变器采用此种供电模式的牵引系统也称为 1C4M 牵引系统。

3）根据控制单元控制原理的不同，牵引系统可以分为直接转矩控制型和矢量控制型两种（图 3.2-8、图 3.2-9）。

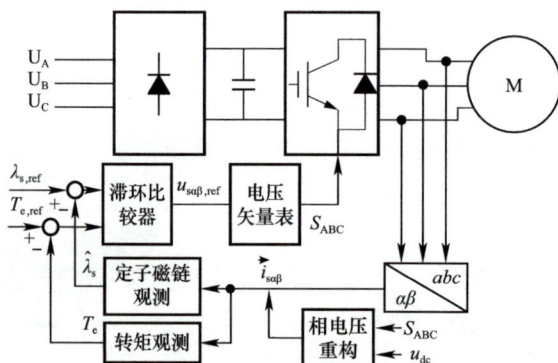

图 3.2-8　三相交流异步电机直接转矩控制原理图

（5）牵引系统的部件及功能

牵引系统主要由受流装置、避雷器、高速断路器、牵引逆变器、牵引控制单元、PWM 编码器、牵引电机、制动电阻、接地回流装置等组成。

1）受流装置

受流装置主要有受电弓和集电靴，它是列车将电网电源平稳地引入车辆电源，为列车的牵引设备和辅助设备提供电能的重要电器（图 3.2-10、图 3.2-11）。

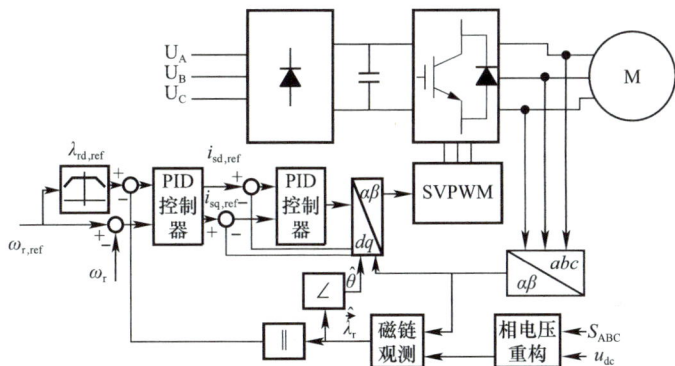

图 3.2-9　三相交流异步矢量控制原理图

图 3.2-10　受流装置之受电弓

图 3.2-11　受流装置之集电靴

2）避雷器

避雷器也称浪涌吸收器，主要用来防止来自城市轨道交通车辆外部和内部过电压对车辆电气设备的破坏（图 3.2-12）。

3）高速断路器

高速断路器简称 HSCB，是牵引系统最重要的保护性器件。其主要作用：在正常情况下，根据需要接通或断开接触网与牵引主回路之间的高压回路；在发生故障时，如主回路短路、过载等，快速切断主回路，防止事故扩大，保护车辆和人身安全。

4）牵引逆变器

牵引逆变器是牵引系统的核心部件（图 3.2-13）。它的主体结构是电压型三相桥式逆变电路，主要功率元件为

图 3.2-12　城市轨道交通
车辆避雷器

IGBT（或 IPM 模块），一端与电网相连，另一端与牵引电机相连。牵引逆变器的作用：牵引工况时，牵引逆变器将电网提供的直流电转换为三相可调压调频的交流电供牵引电机使用；电制动时，牵引电机工作在发电机状态，牵引逆变器将牵引电机产生的交流电整流成直流电回馈给电网，实现再生制动；若电网不能吸收，则消耗在制动电阻上，实现电阻

制动。牵引逆变器须满足 IEC 61287-1、IEC 60077、IEC 60571、IEC 61373 和其他相关国际标准的要求。

图 3.2-13　城市轨道交通车辆牵引逆变器

5）牵引控制单元（DCU）

牵引控制单元是牵引系统的微机控制单元，与牵引逆变器共同安装于牵引逆变器箱内，主要功能有：

① 对牵引电机进行矢量控制或直接转矩控制；

② 将车辆控制单元通过总线传输的给定值和控制指令转换成 VVVF 逆变器用的控制信号；

③ 对 VVVF 逆变器和牵引电机进行保护；

④ 对电制动进行调整和保护；

⑤ 空转/滑行保护控制；

⑥ 列车加减速冲击率的限制；

⑦ 通过列车总线实现 DCU 与其他控制单元的通信功能；

⑧ 当列车总线出现故障时，可用硬连线实现紧急牵引；

⑨ 故障诊断功能。

6）PWM 编码器

PWM 编码器的主要作用是将主控制手柄或 ATO 设备给出的模拟牵引/制动指令信号转化为 500Hz/24V 的 PWM 信号。此 PWM 信号通过 PWM 硬线传输给牵引控制单元和微机制动控制单元。

7）牵引电机

牵引电机安装于动车转向架上，用来驱动列车运行。目前城市轨道交通车辆应用最广泛的牵引电机是三相鼠笼式异步电动机（图 3.2-14）。随着城轨绿色节能的要求不断提高，永磁牵引电机正逐步推广应用（图 3.2-15）。

图 3.2-14　城市轨道交通车辆三相
交流鼠笼式异步电动机

图 3.2-15　城市轨道交通车辆
永磁同步牵引电机

8）制动电阻

制动电阻用于电阻制动。在列车进行电制动时，如果供电线路不能吸收电制动产生的能量，制动能量将在制动电阻上转化成热能并消散于大气。制动电阻一般安装于带动力车车底，需要进行强迫通风冷却（图 3.2-16）。如采用地面能馈系统，则车辆可仅设置过压保护电阻。

9）接地回流装置

接地回流装置的主要作用是为牵引主回路提供回流通路，使电流经轮对到达钢轨，再通过供电馈线到牵引变电所，构成完整回路。

10）司机控制器

司机控制器是用来操纵地铁车辆运行的主令控制器，是利用控制电路的低压电器间接控制主电路的电气设备（图 3.2-17）。

图 3.2-16　城市轨道交通车辆制动电阻

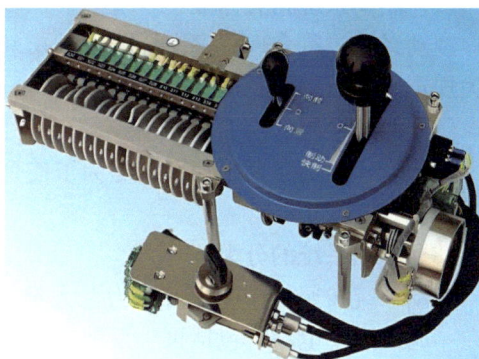

图 3.2-17　城市轨道交通车辆司机控制器

3.2.2.4　辅助供电系统

（1）辅助供电系统相关标准

辅助供电系统应符合现行国家标准《轨道交通　机车车辆辅助供电系统》GB/T 36286 的相关规定。

（2）辅助供电系统的功能和作用

辅助供电系统是指为城市轨道交通车辆及其设备提供电源的供电系统。它主要由辅助电源装置、配电装置、电缆及保护装置等组成，可为车辆控制、照明、空调、通风等设备提供稳定可靠的电力来源，确保列车在各种复杂条件下能够安全可靠地运行。

（3）辅助供电系统的分类

辅助供电系统主要有三种类型：扩展供电、交叉供电和并网供电。

1）扩展供电

扩展供电方式一般在每半列车设置一个辅助变流器，每个辅助变流器为相近的半列车提供交流电源；一旦一个辅助逆变器故障，另一个辅助逆变器将为整列车提供交流电源，同时负载减半运行（图 3.2-18）。扩展供电属于早期车辆采用的辅助供电方式。

2）交叉供电

交叉供电方式一般为每半列车设置一个辅助变流器，每个辅助变流器为整列车的一半负

图 3.2-18　城市轨道交通车辆辅助逆变器

载供电，一旦一个辅助逆变器故障，此辅助逆变器所带的负载将全部丧失电源，仅另一个辅助逆变器所带的负载能够正常运行。交叉供电和扩展供电一样，为早期辅助供电方式。交叉供电方式基本与扩展供电一样，区别就是扩展供电中每个辅助逆变器给半列车的所有负载供电，而交叉供电方式是每个辅助逆变器给整列车一半的负载供电。

3）并网供电

并网供电则是将列车上多个辅助变流器同时挂在交流母线上，所有交流用电设备从交流母线上取电。并网供电是目前城市轨道交通车辆辅助供电系统较为普遍的供电方式。

3.2.2.5　制动系统

（1）制动系统相关标准

制动系统应符合现行国家标准《城市轨道交通车辆　电空制动系统》GB/T 44853 的相关规定。

（2）制动系统的功能和作用

城市轨道交通车辆制动系统是为了使列车能够施行制动或缓解而安装于列车上的一整套设备。

（3）制动系统的分类

制动系统按照工作原理可分为三大类：1）动力制动系统。该系统一般与牵引系统关联在一起形成主电路，包括再生反馈电路和制动电阻器，将动力制动产生的电能反馈给供电接触网或消耗在制动电阻器上。2）空气制动系统。由供气部分、控制部分和执行部分（基础制动装置）等组成。供气部分有空气压缩机组、空气干燥机和风缸等，控制部分有电-空（EP）转换阀、紧急阀、称重阀和中继阀等，执行部分就是闸瓦制动装置或盘式制动装置等（图 3.2-19）。3）电磁制动系统。通过产生的电磁力使列车实现制动的系统。可分为磁轨制动、电磁涡流制动等，其中电磁涡流制动又可分为盘形涡流制动、轨道直线涡流制动（图 3.2-20）。

(a) 基础制动单元(踏面制动)　　　(b) 基础制动单元(盘形制动)　　　(c) 空气压缩机

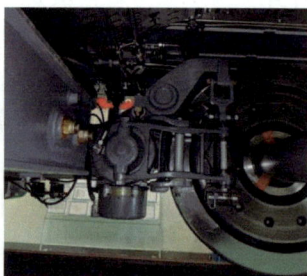

图 3.2-19　城市轨道交通车辆空气制动系统

目前，城市轨道交通车辆制动系统主要以空气制动为主，后续重点以空气制动含风源系统为主进行介绍。

（4）空气制动和风源系统

1）空气制动系统原理

目前，常用的空气制动系统主要是采用直通式的空气制动方式，包括空气制动控制系统、基础制动装置和风源系统。空气制动控制系统直接控制空气制动力的缓解和施加，当接到制动指令后，制动控制单元通过控制电流大小的方式来调节转换阀的电磁力，进而实现对空气压力的调节。空气压力进入增压后，通过推动活塞的运动来使压力传输到基础制动装置上，实现对城市轨道交通车辆的制动。

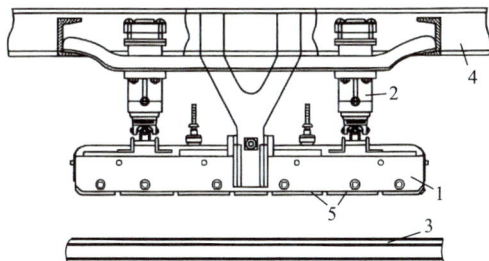

1—电磁铁；2—升降风缸；3—钢轨；4—构架侧梁；5—磨耗板

图 3.2-20　城市轨道交通车辆电磁制动系统

2）空气制动含风源系统组成

系统包括但不限于以下装置：制动微机控制单元（包括电-空制动装置）、风源系统、基础制动装置（含停放制动及其手动缓解装置）、滑行检测及控制装置（防滑装置）、监控装置（或功能）、车辆回送装置（或功能）。

3.2.2.6　列车控制和管理系统

（1）列车控制和管理系统相关标准

列车控制和管理系统应符合以下现行国家标准的相关规定：

《轨道交通电子设备　列车通信网络（TCN）　第 1 部分：基本结构》GB/T 28029.1；

《轨道交通电子设备　列车通信网络（TCN）　第 2-1 部分：绞线式列车总线（WTB）》GB/T 28029.2；

《轨道交通电子设备　列车通信网络（TCN）　第 2-3 部分：TCN 通信规约》GB/T 28029.4；

《轨道交通电子设备　列车通信网络（TCN）　第 2-4 部分：TCN 应用规约》GB/T 28029.5；

《轨道交通电子设备　列车通信网络（TCN）　第 3-1 部分：多功能车辆总线（MVB）》GB/T 28029.9；

《轨道交通电子设备　列车通信网络（TCN）　第 3-2 部分：多功能车辆总线（MVB）一致性测试》GB/T 28029.10；

《轨道交通电子设备　列车通信网络（TCN）　第 3-4 部分：以太网编组网（ECN）》GB/T 28029.12。

（2）列车控制和管理系统的功能和作用

列车控制和管理系统至少包括以下两部分：列车网络控制系统和维护信息网络。

1）列车控制网络

列车控制网络通过连接子系统微机控制单元，以实现列车控制、状态监控、故障管理等功能；列车网络控制系统应能独立与相关系统车载交换机进行数据交换，并考虑物理隔离。

2）列车维护网络

列车维护网络通过连接子系统维护端口，以实现远程访问、调试、维护、数据下载等功能，列车维护信息网络应能独立与相关系统车载交换机进行数据交换，并考虑物理隔离。

（3）列车控制和管理系统的类型

列车控制和管理系统主要采用以太网（控制＋维护）或 MVB 网＋维护以太网两种形式（图 3.2-21、图 3.2-22）。

3.2.2.7　乘客信息系统

（1）乘客信息系统相关标准

乘客信息系统（PIS）应符合现行国家标准《地铁车辆通用技术条件》GB/T 7928 中关于乘客信息系统的相关规定。

（2）乘客信息系统的功能和作用

乘客信息系统（PIS）主要功能是提供语音通信与语音广播，为乘客提供高质量的音视频和文本信息，以及为运营控制中心（OCC）提供视频监视和火灾报警等功能。

为增加车载通信和乘客信息系统的可靠性，车载通信和乘客信息系统应具备双机热备自动切换功能。

（3）乘客信息系统的结构和组成

乘客信息系统主要包括但不限于以下部分：1）车载广播系统；2）司机对讲、乘客紧急对讲装置；3）车载多媒体信息播放系统；4）车载视频监视系统；5）车载专用无线通信设备；6）车载火灾报警装置（客室、电气柜、侧顶板或风道进风口、牵引、辅助等关键设备箱均应设置相应的传感器）；7）乘客安全标志等（图 3.2-23）。

3.2.2.8　车门

（1）车门相关标准

城市轨道车辆客室侧门应符合现行国家标准《城市轨道车辆客室侧门》GB/T 30489 的相关规定。其他类型的城市轨道交通车辆车门尚无对应标准。

（2）车门的功能和作用

车门按用途可分为客室侧门、司机室侧门、紧急逃生门、司机室和客室之间的隔间门。其中，客室侧门和司机室侧门的使用频率最高，隔间门和紧急逃生门的使用频率较低（图 3.2-24）。

（3）车门的分类和技术要求

1）客室侧门

① 基本要求

根据城市轨道交通车辆的特点，车辆的客室侧门应满足以下要求：

➤ 有足够的有效宽度，客室侧门的有效开度≥1.3m，方便乘客上下车。

➤ 数量足够，且每侧均匀分布。

➤ 车门附近有足够的空间，确保乘客上下车时周转方便。

➤ 有较高的可靠性，确保乘客的乘车安全。

② 客室侧门的分类

➤ 按车门运动轨迹和安装方式分类，客室侧门有内藏嵌入式移门、外挂式移门、塞拉门等。

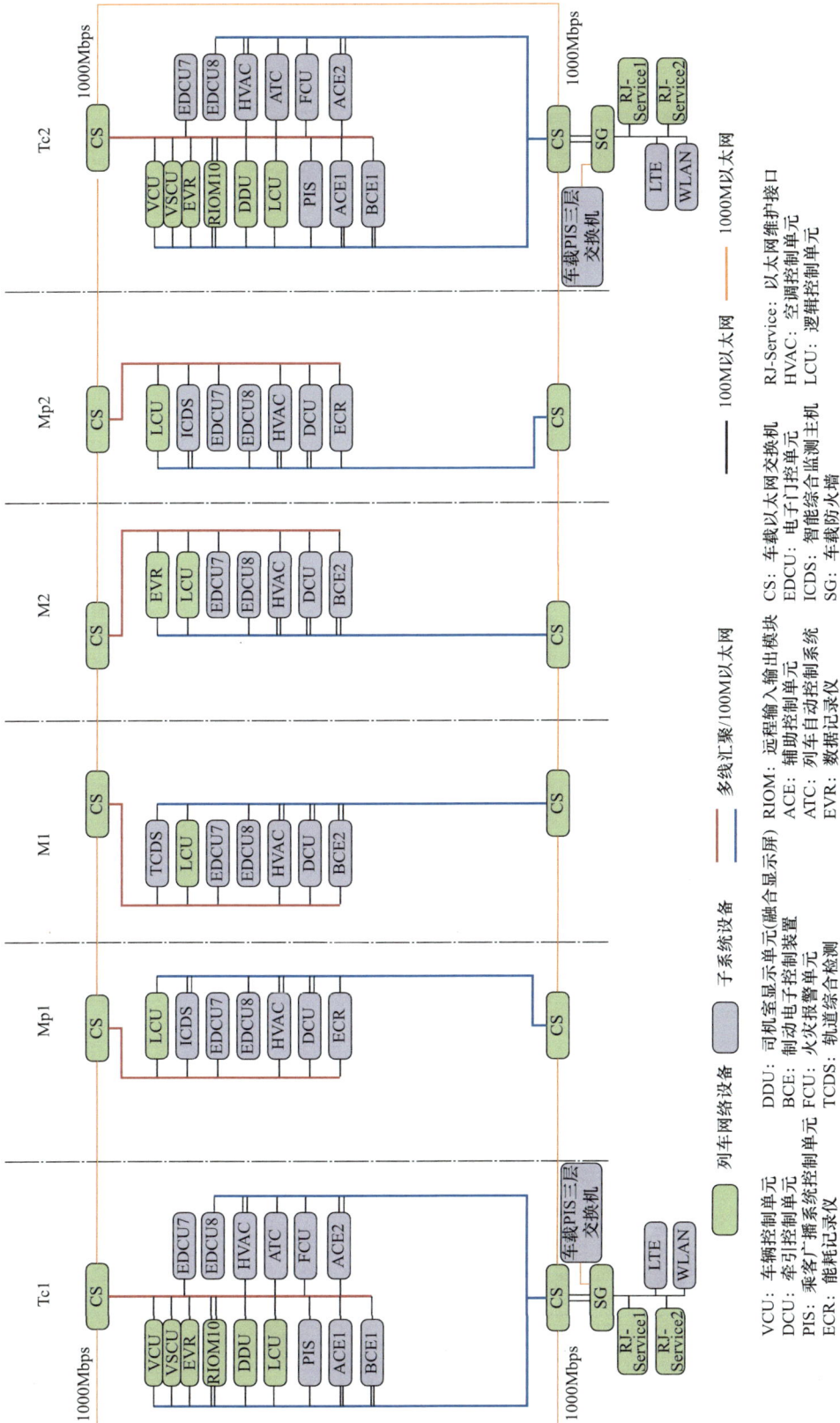

VCU: 车辆控制单元
DCU: 牵引控制单元
PIS: 乘客广播系统控制系统
ECR: 能耗记录仪

DDU: 司机室显示单元(融合显示屏)
BCE: 制动电子控制装置
FCU: 火灾报警单元
TCDS: 轨道综合检测

RIOM: 远程输入输出模块
ACE: 辅助控制单元
ATC: 列车自动控制系统
EVR: 数据记录仪

CS: 车载以太网交换机
EDCU: 电子门控单元
ICDS: 智能综合监测主机
SG: 车载防火墙

RJ-Service: 以太网接口
HVAC: 空调控制单元
LCU: 逻辑控制单元

━━ 100M以太网　　━━ 1000M以太网维护接口

━━ 多线汇聚/100M以太网

◻ 列车网络设备　◼ 子系统设备

图 3.2-21　城市轨道交通 车辆整车控制网络拓扑图（以太网）

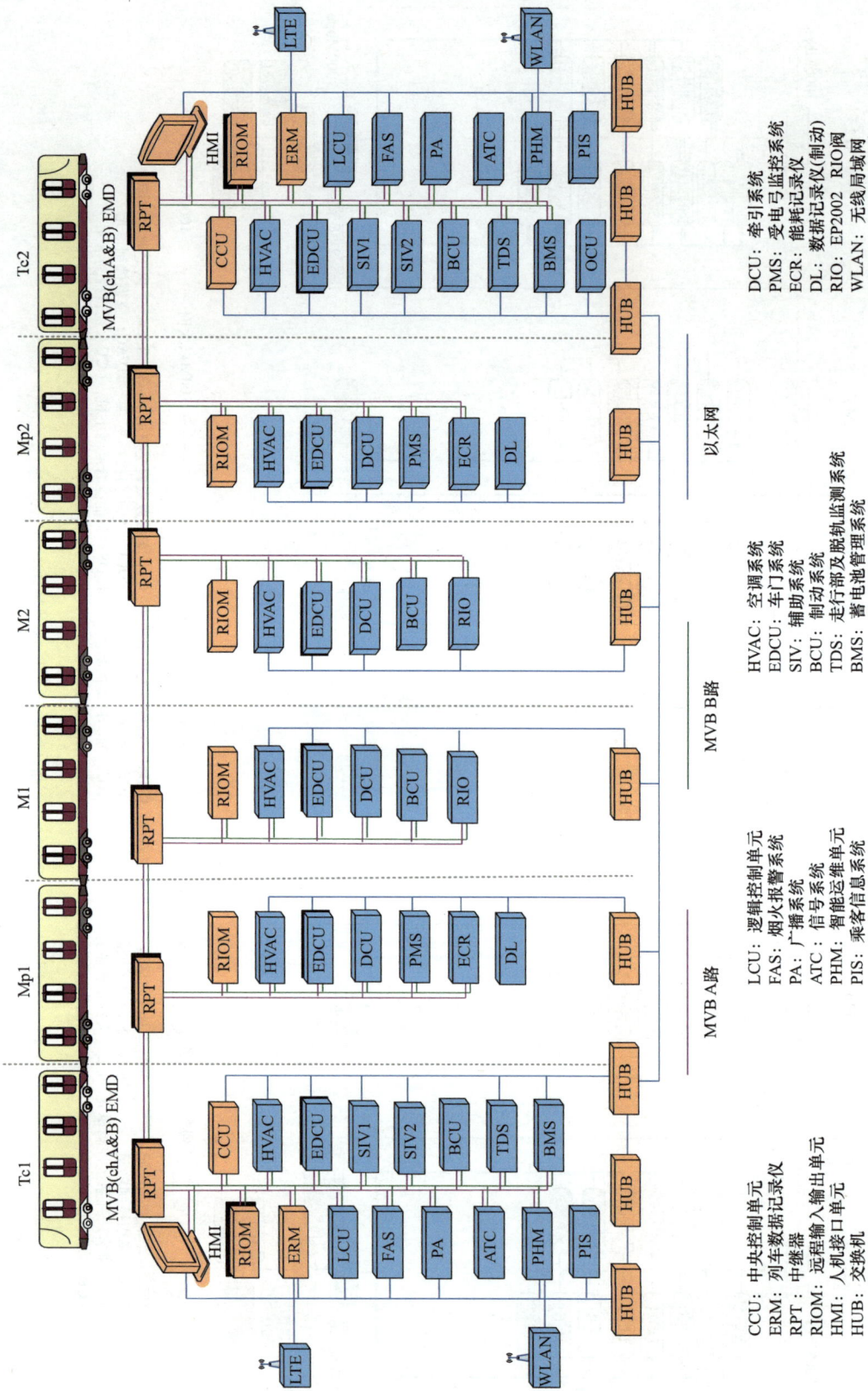

图 3.2-22 城市轨道交通车辆整车控制网络网络拓扑图（MVB 网络＋维护以太网）

CCU：中央控制单元
ERM：列车数据记录仪
RPT：中继器
RIOM：远程输入输出单元
HMI：人机接口单元
HUB：交换机

LCU：逻辑控制单元
FAS：烟火报警系统
PA：广播系统
ATC：信号系统
PHM：智能运维单元
PIS：乘客信息系统

HVAC：空调系统
EDCU：车门系统
SIV：辅助系统
BCU：制动系统
TDS：走行部及脱轨监测系统
BMS：蓄电池管理系统

DCU：牵引系统
PMS：受电弓监控系统
ECR：能耗记录仪
DL：数据记录仪（制动）
RIO：EP2002 RIO阀
WLAN：无线局域网

30

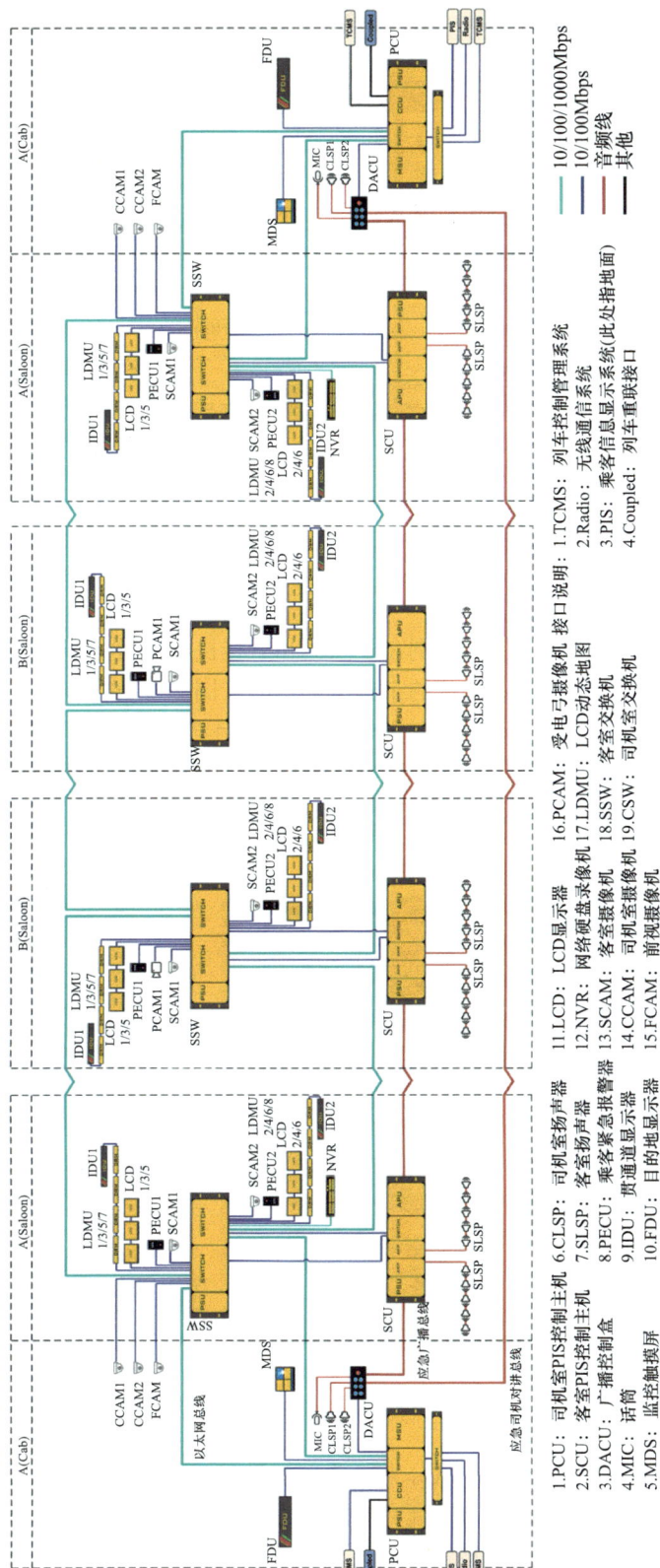

图 3.2-23 列车乘客信息系统总系统拓扑图

1.PCU: 司机室PIS控制主机 6.CLSP: 司机室扬声器 11.LCD: LCD显示器 16.PCAM: 受电弓摄像机 接口说明: 1.TCMS: 列车控制管理系统
2.SCU: 客室PIS控制主机 7.SLSP: 客室扬声器 12.NVR: 网络硬盘硬录像机 17.LDMU: LCD动态地图 2.Radio: 无线通信系统
3.DACU: 广播控制盒 8.PECU: 乘客紧急报警器 13.SCAM: 客室摄像机 18.SSW: 客室交换机 3.PIS: 乘客信息显示系统(此处指地面)
4.MIC: 话筒 9.IDU: 贯通道显示器 14.CCAM: 司机室摄像机 19.CSW: 司机室交换机 4.Coupled: 列车重联接口
5.MDS: 监控触摸屏 10.FDU: 目的地显示器 15.FCAM: 前视摄像机

—— 10/100/1000Mbps
—— 10/100Mbps
—— 音频线
—— 其他

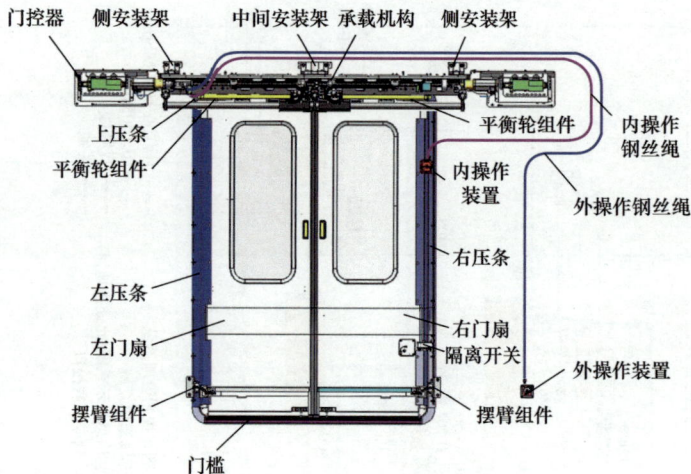

图 3.2-24　城市轨道交通车辆车门结构及组成

内藏嵌入式移门简称内藏门，在开关车门时，门页在侧墙墙板与内饰板之间的夹层里移动（图 3.2-25）。

外挂式移门与内藏式移门的主要区别在于门页和悬挂机构始终位于侧墙的外侧，车门传动机构的工作原理与内藏嵌入式移门的工作原理相同（图 3.2-26）。

塞拉门借助于车门上端的传动机构和导轨，车门开启状态时门页贴靠在侧墙的外侧；车门在关闭状态时，门页外表面与车体外墙成一平面。该型式车门不仅外表美观，而且也有利于在高速行驶时减少空气阻力，车门不会因空气涡流产生噪声，也便于自动洗车装置对车体的清洗（图 3.2-27）。

| 图 3.2-25　城市轨道交通车辆内藏嵌入式移门 | 图 3.2-26　城市轨道交通车辆外挂式移门 | 图 3.2-27　城市轨道交通车辆塞拉门 |

➤ 按驱动方式不同，客室侧门可以分为风动式车门和电动式车门。

风动式车门由压缩空气驱动传动气缸，再通过机械传动系统和电气控制系统完成车门的开关动作。机械传动系统的作用是将传动气缸活塞杆的运动传递至车门，使车门动作。电气控制系统的作用是为了保证车门动作可靠和行车安全。

电气驱动车门由电动机、传动装置、控制器、闭锁装置和紧急开门装置等组成。一种方式是齿带传动：通过位于机构中央部位的直流电机与一组行星齿轮减速机相结合把转动传递给齿带轮。齿带轮带动齿带平动，齿带通过一组连接部件与门页相连接，即四连杆机构，从而实现门页的开关动作（图 3.2-28）。另一种是丝杆传动：电机驱动丝杆转动，丝杆与滚珠螺母相配合，将丝杆的转动转化成滚珠螺母的直线移动，从而实现相对固定的滚珠螺母、携门架与门页的开关动作（图 3.2-29）。目前，丝杆传动方式因其较高的可靠性、故障率低等特点，应用较为广泛。

图 3.2-28　城市轨道交通车辆电动式车门
（齿带传动）

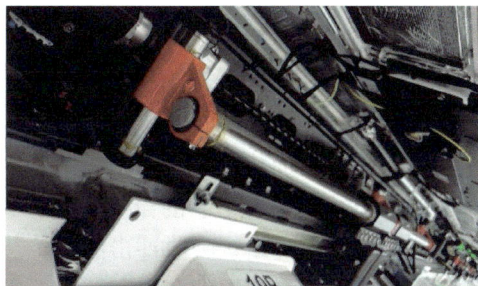

图 3.2-29　城市轨道交通车辆电动式车门
（丝杆传动）

2）司机室侧门

司机室侧门一般采用折页门、手动塞拉门或电动塞拉门。折页门具有成本低、原理简单、故障率低的特点，但是密封性和安全性不高。塞拉门具有良好的密封性、隔热性和隔声性。塞拉门分为内塞拉门和外塞拉门。城市轨道交通车辆一般采用外塞拉门，即车门由外塞入车门口处，使之关闭密封（图 3.2-30）。

3）隔间门

司机室和客室之间的隔间门，其主要用于分隔驾驶室和客室，紧急情况下，乘客可以通过该门进入驾驶室，再通过紧急逃生门从逃生梯进入隧道，离开列车；也可用于运维人员在列车换端或处理突发情况时，由司机室通过隔间门进入客室（图 3.2-31）。

4）紧急逃生门

为满足应急疏散要求，城市轨道交通车辆一般在车头、车尾端设置紧急逃生门。A 型车在驾驶室的中间位置设置紧急逃生门，B 型车在驾驶室偏左侧位置设置紧急逃生门（也有极少项目设置在中间位置）。遇到紧急情况时，相关人员打开紧急逃生门，安全离开列车（图 3.2-32）。

图 3.2-30　城市轨道交通
车辆司机室侧门

3.2.2.9　车钩及缓冲装置

（1）车钩及缓冲装置相关标准

目前，城市轨道交通车辆车钩及缓冲装置尚无对应标准，可按照现行国家标准《地铁车辆通用技术条件》GB/T 7928 的相关规定执行。

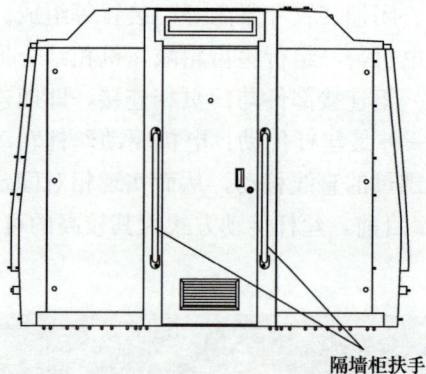

図 3.2-31 城市轨道交通车辆隔间门

图 3.2-32 城市轨道交通车辆紧急逃生门

（2）车钩及缓冲装置的功能和作用

车钩及缓冲装置用于连接各个车辆，从而使车辆形成一个整体，用来缓和车辆运行及调车作业时的纵向冲击，吸收冲击能量，从而提高车辆的运行舒适性和平稳性。

（3）车钩及缓冲装置的分类和技术要求

1）车钩分类

城市轨道交通车辆的车钩按照车辆牵引连挂装置的连接方法不同，可分为全自动车钩、半自动车钩和半永久牵引杆。

① 全自动车钩

位于列车端部，电气、风路都组装在车钩上。车辆连挂时，机械、电路、风路自动接通。解钩可在司机室控制自动操作，或手动操作。车钩处于待挂状态时，电路断开盖板自动关闭，风路自动关闭断开（图 3.2-33）。

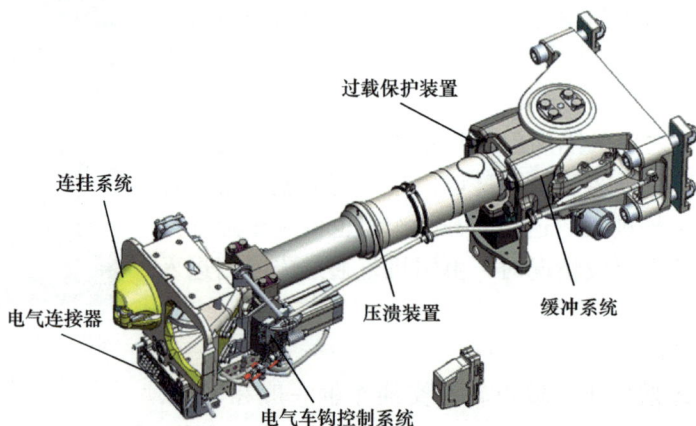

图 3.2-33 城市轨道交通车辆全自动车钩

② 半自动车钩

半自动车钩一般设置在列车两单元之间，主要用于两单元之间的连挂，有时也设置在列车端部。可以实现机械、气路的自动连接和分离，但电路的连接和分离需要人工进行，以便检修作业（图 3.2-34）。目前，部分项目考虑到列车两单元分离的情况极少，已逐步取消半自动车钩。整列车只采用全自动车钩和半永久牵引杆两种车钩。

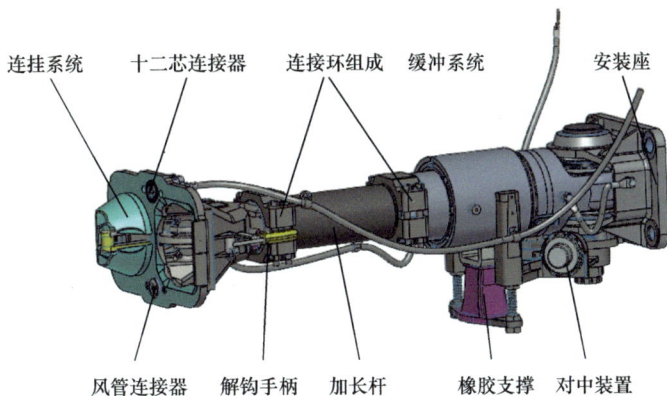

连挂系统　十二芯连接器　连接环组成　缓冲系统　安装座

风管连接器　解钩手柄　加长杆　橡胶支撑　对中装置

图 3.2-34　城市轨道交通车辆半自动车钩

③ 半永久牵引杆

半永久牵引杆用于相邻车辆之间的连接，主要为了实现车辆能组成一固定的单元，确保机械连接和车辆主风管的连贯性（图 3.2-35）。其机械、气路和电路的连接和解车钩都需要人工操作。在列车运行期间，一般无须分解，只在维修时分解。

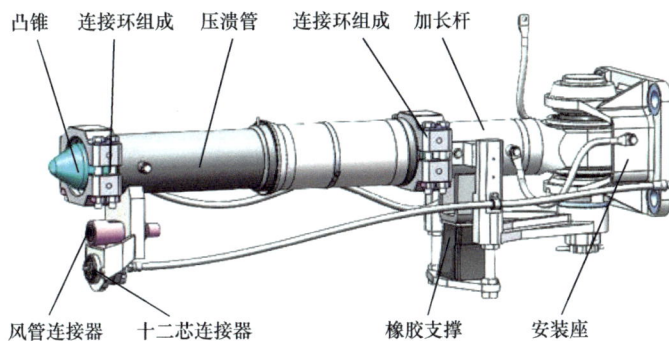

凸锥　连接环组成　压溃管　连接环组成　加长杆

风管连接器　十二芯连接器　橡胶支撑　安装座

图 3.2-35　城市轨道交通车辆半永久牵引杆

2）缓冲装置分类

根据缓冲器的结构特征和工作原理，在城市轨道交通车辆上运用较多的为橡胶缓冲器、液压缓冲器及气-液缓冲装置、粘弹性胶泥缓冲器等。

① 橡胶缓冲器

橡胶缓冲器主要是利用橡胶良好的缓冲减振性能，橡胶缓冲器根据其作用原理不同，又分为平面拉压型缓冲器和剪切型缓冲器（图 3.2-36）。

② 液压缓冲器及气-液缓冲装置

液压缓冲器一般多采用钢弹簧作为复原弹簧，而由于城市轨道交通车辆的使用环境和运行特点，经常出现往复性冲击，钢弹簧的疲劳寿命问题极大地限制了液压缓冲器的应用，气-液缓冲器正是为克服这一缺陷，采用压缩气体作为复位弹簧，不仅消除了钢弹簧的疲劳现象，且实现了无磨耗工作，可大大

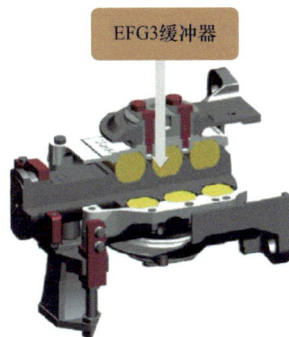

EFG3缓冲器

图 3.2-36　城市轨道交通车辆车钩橡胶缓冲器

提高其使用寿命,并减少维修(图3.2-37)。

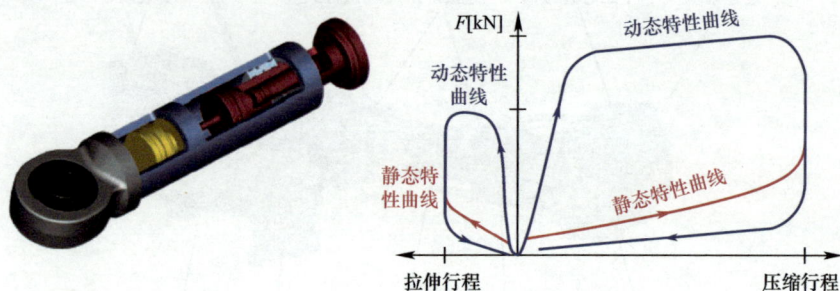

图 3.2-37　城市轨道交通车辆车钩气-液缓冲装置

③ 粘弹性胶泥缓冲器

缓冲器取用一种未经硫化的有机硅化合物——弹性胶泥作为介质,它具有弹性、可压缩性和可流动性,其物理化学性能在－50～＋250℃范围内具有较高的稳定性,抗老化、无臭、无毒,对环境无污染(图3.2-38)。

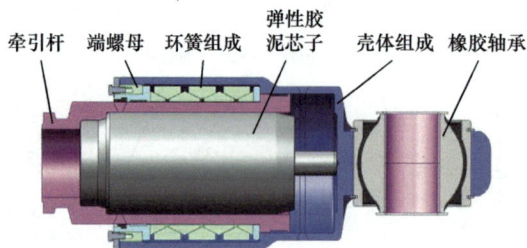

图 3.2-38　城市轨道交通车辆车钩粘弹性胶泥缓冲器

3.2.2.10　空调及供暖系统

(1)空调及供暖系统相关标准

空调及供暖系统应符合国家现行标准《城市轨道交通车辆　空调系统》GB/T 44288、《城市轨道交通车辆空调、采暖及通风装置技术条件》CJ/T 354 的相关规定。

(2)空调及供暖系统的功能和作用

城市轨道交通车辆运行时处于全封闭状态,其内部空气环境对乘客的健康和列车的舒适性有重要影响。车辆空调系统将一定量的车外新鲜空气和车内循环空气进行混合,经过过滤、冷却或加热、除湿等处理后,以一定的流速送入车内,并将车内的污浊空气排出车外,从而控制车辆客室内的温度、湿度、风速以及清洁度,并使其达到规定标准,以提高车内的舒适性,改善乘客的乘车环境。

(3)空调及供暖系统的组成

空调系统由客室和空气调节系统所需的必要元器件组成,其中包含了空调机组(图3.2-39)、供暖装置(如有)、控制盘(图3.2-40)、送风系统(图3.2-41)、回风系统及司机室通风装置(如有)等。

(4)空调系统的分类

1)根据机组安装方式不同,分为分装式和单元式 2 种。

图 3.2-39　城市轨道交通车辆空调机组　　　图 3.2-40　城市轨道交通车辆空调控制盘

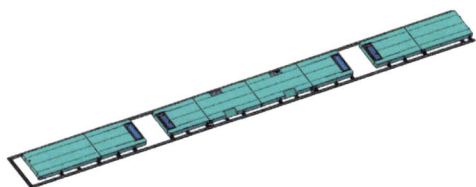

图 3.2-41　城市轨道交通车辆空调风道

　　分装式空调机组是将制冷压缩机、冷凝器、冷凝风机等集中安置在一个箱体中，悬挂于车体底架下，而将蒸发器、通风机、膨胀阀等安置在车顶内部，各设备间以铜管连接，从而构成完整的密闭循环系统。所谓单元式空调机组则是把压缩机、冷凝器、节流装置、蒸发器、通风机、冷凝风机等部件封装于同一箱体单元中，安装于车体顶部。安装于车内顶棚中部的送风道设有规则排列的送风口，以保障送风均匀。

　　2）按制冷剂的种类来分，有 R22、R134A、R410A 和 R407C 等多种制冷剂。

　　目前，城市轨道交通车辆空调系统主要以 R407C 制冷剂为主。R22 由于对大气臭氧层有破坏作用，按照《蒙特利尔议定书》的要求，已被禁止使用。R134A 是单一组分制冷剂，但由于其比容较大，为获取同样的制冷能力需要使用较大排气量的压缩机，使空调机组的重量明显增大，会对空调机组的可靠性产生一定的影响。R407C 为 3 种非共沸点混合冷媒，具有环保作用，目前城市轨道交通空调系统主要以 R407C 制冷剂为主。随着环保要求的不断提高，二氧化碳制冷剂空调逐渐应用在城市轨道交通车辆上。

　　3）按压缩机控制方式分，有变频空调和定频空调。

　　早期城市轨道交通车辆空调系统多采用定频空调技术，其缺点是单制冷无制暖，启动时冲击电流大从而易损伤电路及电器，制冷能力无法实时调节导致空调耗能大，电力资源浪费严重，同时客室内温度波动范围大，舒适性较差；而变频机组具有冷暖两用，启动电流小，冷热量随负荷实时调节客室温度，控制精确、舒适性高等特点。随着变频空调技术的逐渐成熟，变频空调技术逐步广泛应用于城市轨道交通车辆中。

　　4）按功能可分为电热型空调和热泵型空调。

　　电热型空调是在冷风型空调器的基础上增加了采用电热原理制热的加热器，电加热器可以是金属丝、合金丝等电阻发热器件，也可以是陶瓷发热元件。热泵型空调是在单冷型空调器的基础上，增加了利用热泵制热原理而获得制热功能的空调器，在系统中至少增加了1个电磁四通换向阀。

3.2.2.11 照明系统

（1）照明系统相关标准

照明系统的灯具应符合现行国家标准《灯具 第1部分：一般要求与试验》GB/T 7000.1的相关规定。

（2）照明系统的功能和作用

城市轨道交通车辆照明系统是指列车完成正常运行全过程所必需的车辆照明系统。该系统包括列车运行所必需的外部照明系统和内部照明系统（含客室照明系统、操作列车运行所必需的工作照明系统）。该系统应具备列车运行及检修过程所需的所有照明功能。

（3）照明系统的组成和技术要求

1）外部照明系统

外部照明系统由前照灯、模式指示灯（针对全自动运行城市轨道交通车辆）和标志灯等构成，它们是保证列车安全、正点运行至关重要的照明用具。

① 前照灯

前照灯分为远光灯、近光灯。其中，远光灯和近光灯安装在头车司机室前端两侧下部，为列车提供远距离及近范围的运行照明。

② 模式指示灯

针对城市轨道交通全自动运行车辆，须单独设置用来显示列车运行模式的灯具。通过不同的灯光显示表明列车处于全自动和非全自动运行状态。

③ 标志灯

标志灯的作用是显示列车尾部所在位置，一般为红色，照度要求在最大紧急制动距离内能清晰看见点亮的标志灯。标志灯的主要组成部件有面罩总成、大壳体、LED灯光组总成等。

2）内部照明系统

① 客室照明系统

客室照明系统用于在列车运营过程中为乘客提供舒适的视觉照明。客室照明系统应具有正常照明和应急照明两种功能。目前应急照明一般通过采取降低正常照明照度的方式实现（图3.2-42）。

② 工作照明系统

列车配备司机及维修人员作业时所必需的工作照明系统。该系统包括司机室顶灯、司机室阅读灯、电气柜内照明等。

➤ 司机室顶灯

在正常运营时，司机室内的照度在中央地板处应为3～5lx，在驾驶台表面应为5～10lx。为方便维修，司机室中央距地板面800mm处的照度应不小于200lx。

图3.2-42 城市轨道交通车辆客室内照明

➤ 司机室阅读灯

司机室阅读灯位于司机室驾驶台上，一般用于列车运行中司机对驾驶台面板的观察及在特殊情况下填写各类报表。

➤ 电气柜内照明

电气柜内照明位于客室内电气柜顶部。一般用于客室内电气柜检修时提供照明，便于检修人员作业。

3.2.2.12　贯通道

（1）贯通道相关标准

贯通道应符合现行行业标准《城市轨道交通车辆贯通道技术条件》CJ/T 353 的相关规定。

（2）贯通道的组成及功能

贯通道由踏板、渡板、折棚、棚板、侧护板、端墙框等组成，是实现乘客安全、舒适、快速地从一辆车去到其他车辆的通道（图 3.2-43）。作为列车上的柔性部件，还可以允许每节车辆的相对运动，便于列车通过曲线线路。

图 3.2-43　城市轨道交通车辆贯通道结构图

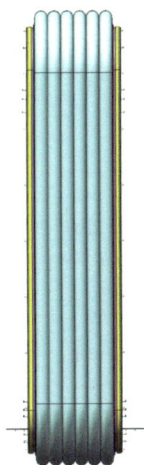

（3）贯通道的分类

1）根据连挂方式的不同，可分为整体式（图 3.2-44）和分体式（图 3.2-45）。

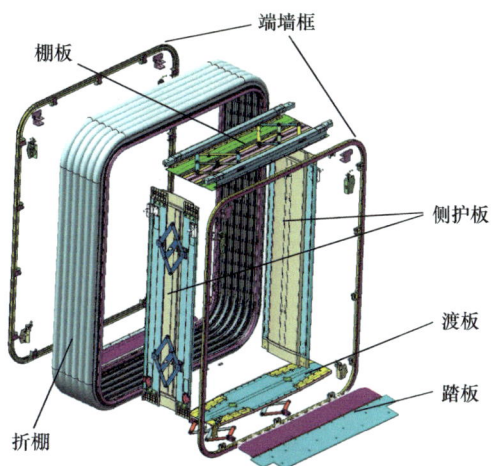

图 3.2-44　城市轨道交通车辆整体式贯通道　　图 3.2-45　城市轨道交通车辆分体式贯通道

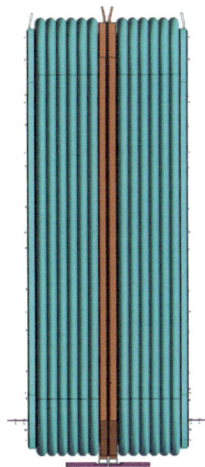

2）根据内部侧护板的结构不同，可分为一片式侧护板结构（图 3.2-46）和三片式侧护板结构（图 3.2-47）。

3）根据踏板和渡板搭接方式的不同，可分为两片式搭接（图 3.2-48）和三片式搭接（图 3.2-49）。

图 3.2-46　城市轨道交通车辆一片式
侧护板贯通道

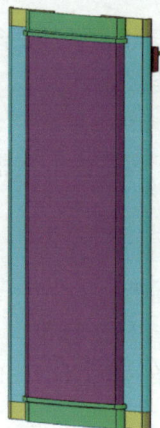

图 3.2-47　城市轨道交通车辆三片式
侧护板贯通道

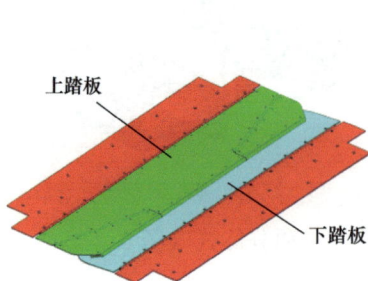

图 3.2-48　城市轨道交通车辆两片式搭接贯通道　　图 3.2-49　城市轨道交通车辆三片式搭接贯通道

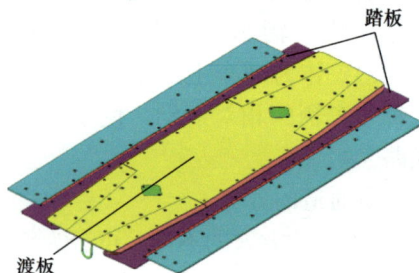

3.3　实践思考与建议

目前，由住房城乡建设部颁布的涉及城市轨道交通车辆相关标准共计 23 个，含国家标准 15 个、行业标准 8 个。其中，整车通用标准 15 个，涉及整车（10 个）、防火、安全防范（2 个）、网络信息安全、组装后的检查与试验；子系统标准 8 个，涉及客室侧门、车体、车体结构耐撞性、贯通道、空调、供暖及通风装置和空调系统、转向架、电空制动系统。

整车通用标准部分：15 个标准，基本满足现有城市轨道交通车辆整车通用标准的使用需求，个别项目的通用标准需要制定专门针对车辆专业的相关标准。其中，（1）整车标准目前已制定 10 项，基本满足国内城市轨道交通车辆的规范性使用要求。（2）防火标准为《城市轨道交通车辆防火要求》CJ/T 416-2012，目前为行业标准，建议升级为国家标准，取代目前使用较多的 EN 45545 标准。（3）安全防范标准为《城市轨道交通安全防范通信协议与接口》GB/T 38311-2019 和《城市轨道交通安全防范系统技术要求》GB/T 26718-2024，两个标准都是针对整个工程的安防要求，车辆专业的安全防范可参照执行。（4）网络信息安全标准为《城市轨道交通网络信息系统安全基本要求》（国家标准，编制中），该标准是针对整个工程网络信息安全，车辆专业的网络信息安全可参照执行。（5）组装后的检查与试验标准为《城市轨道交通车辆组装后的检查与试验规则》GB/T 14894-2005（修订中），通用性较高且基本满足城市轨道交通车辆试验的使用需求。

子系统标准部分：8 个标准，其中 5 个为国家标准，3 个为行业标准，涉及客室侧门、车体、车体结构耐撞性、贯通道、空调、供暖及通风装置和空调系统、转向架、电空制动系统。5 个国家标准分别是：《城市轨道车辆客室侧门》GB/T 30489-2024、《城市轨道交通车辆耐撞性要求及验证》GB/T 44511-2024、《城市轨道交通车辆　空调系统》GB/T 44288-2024、《城市轨道交通车辆　电空制动系统》GB/T 44853-2024、《城市轨道交通车辆转向架通用技术条件》（国家标准，编制中）；3 个行业标准分别是：《城市轨道交通车辆贯通道技术条件》CJ/T 353-2010、《城市轨道交通车辆空调、采暖及通风装置技术条件》CJ/T 354-2010、《城市轨道交通车辆车体技术条件》CJ/T 533-2018。

综上所述，目前住房城乡建设部颁布的城市轨道交通车辆产品标准还未能完全覆盖城市轨道交通车辆整车通用以及各子系统的范围，如整车通用标准缺少对车辆环保、振动、动力学等方面的要求；部分子系统标准未能完全覆盖对应子系统的技术要求，如《城市轨道交通车辆　电空制动系统》GB/T 44853-2024，仅针对城市轨道交通车辆电空制动系统，未涉及其他形式的制动系统。针对上述情况，提出以下建议：（1）尽快对未涉及的城市轨道交通车辆整车通用及子系统标准开展制定工作；（2）对已编制的子系统标准进行修订或新编以扩大覆盖范围；（3）针对部分业内已经普遍采用的国外标准制定对应的中国标准，如 EN45545；（4）将部分行业标准升级为国家标准；（5）可考虑开展对新出现的城市轨道交通车辆技术、产品的标准制定工作。

第4章 钢轮钢轨车辆

城市轨道交通钢轮钢轨车辆包括地铁车辆、轻轨车辆、有轨电车车辆、市域快线车辆及其他车辆。

车辆组成主要包括车体、转向架、牵引系统、辅助供电系统、制动系统、列车控制和管理系统、乘客信息系统、车门、车钩及缓冲装置、空调系统、照明系统、贯通道等。不同车辆型式及配置需根据其技术特点和使用条件的不同进行选择。

4.1 相关标准

GB/T 7928   《地铁车辆通用技术条件》
GB/T 23431   《城市轻轨交通铰接车辆通用技术条件》
GB/T 32383   《城市轨道交通直线电机车辆通用技术条件》
GB/T 37532   《城市轨道交通市域快线 120km/h～160km/h 车辆通用技术条件》
GB/T 39426   《城市轨道交通永磁直驱车辆通用技术条件》
GB/T 40075   《城市轨道交通六轴铰接转向架轻轨车辆通用技术条件》
CJ/T 417   《低地板有轨电车车辆通用技术条件》

4.2 地铁车辆产品性能及技术要求

4.2.1 技术特点

地铁车辆是在全封闭线路上运行的大运量或高运量城市轨道交通方式，线路通常设于地下结构内，也可以延伸至地面或高架桥上。地铁系统在完全隔离和封闭的通道里独立运行，容量大、快速、准时是其突出的优点。地铁可以在地面、高架和地下线路上运行。地铁车辆分为 A 型和 B 型两种车型，两种车型车辆的尺寸、载客量和轴重等不相同，可采用 DC1500V 和 DC750V 两种供电电压，受流方式可以有受电弓受电和集电受电靴两种形式。

4.2.2 车辆类型

车辆一般分为 A 型车和 B 型车两种典型车型，其根本差异在于载客量不同，需根据具体线路相关设计单位的设计方案进行选择。两种车型主要技术规格应符合表 4.2-1 的规定。

4.2.3 总体要求

车辆限界应符合现行行业标准《地铁限界标准》CJJ/T 96 的规定。如线路有特殊限界要求，车辆应符合相关要求。当车辆需经过铁路进行回送时，应同时符合现行国家标准《标准轨距铁路限界　第 1 部分：机车车辆限界》GB 146.1 的规定。

两种车型主要技术规格　　　　　　　　　　　　　　　　　表 4.2-1

序号	名称		A 型车		B 型车	
			A_1 型车（带集电靴的 A 型车）	A_2 型车（带受电弓的 A 型车）	B_1 型车（带集电靴的 B 型车）	B_2 型车（带受电弓的 B 型车）
1	车辆轴数		4		4	
2	车体基本长度（mm）	无司机室车辆	21880		19000	
		带司机室车辆	21880＋Δ[a]		19000＋Δ[b]	
3	车体地板面处基本宽度（mm）		3000		2800	
4	车钩连接面间距离（mm）	无司机室车辆	22800		19520	
		带司机室车辆	24400		20600	
5	车辆最大高度（mm）	车辆高度（含空调机组）	≤3850		≤3850	
		落弓高度	—[c]	≤3850	—[c]	≤3850
		受电弓工作高度	—[c]	3980～5800	—[c]	3980～5800
6	车内净高（mm）	地板面到天花板中心高度	≥2100		≥2100	
		客室内乘客站立区最小高度（门区和侧顶板区域除外）	1900		1900	
7	地板面高（mm）		1130		1100	
8	轴重（t）		≤16.5		≤14	
9	车辆定距（mm）		15700		12600	
10	固定轴距（mm）		2200～2500		2000～2300	
11	车辆端部车钩中心线距轨面高度（mm）		720		（660 或 720）[d]	
12	每侧车门数（对）		5		4	
13	载员（人）	座席	无司机室车辆	48[e]	42	
			带司机室车辆	48[e]	36	
		定员	无司机室车辆	305	246	
			带司机室车辆	290	226	
		超员	无司机室车辆	432	348	
			带司机室车辆	410	320	
14	车辆最高运行速度（km/h）		80、100、120 三种速度等级			

注：[a] Δ 取值宜 1710mm，可根据造型适当调整。
　　[b] Δ 取值宜 990mm，可根据造型适当调整。
　　[c] 无本项规定。
　　[d] 同一城市地铁车辆宜采取统一尺寸。
　　[e] 设轮椅区的车辆座席数量不少于 42 人。

同一动车的每根动轴上所测得的轴重与该车各动轴实际平均轴重之差应为该车各动轴实际平均轴重的±2%。目前地铁车辆存在带司机室的动车型式，此车型受司机室影响，轴重差无法控制在±2%以内，建议明确前提条件。

当在定员情况下、平直干燥轨道上、车轮为半磨耗状态、额定供电电压时，列车平均加速度应符合下列规定：

（1）当最高运行速度为 80km/h 时，列车速度从 0 达到 40km/h 的平均加速度，当动拖比为 2∶1 时，不应低于 1.0m/s²，当动拖比为 1∶1 时，不应低于 0.83m/s²；列车速度从 0 达到 80km/h 的平均加速度，当动拖比为 2∶1 时，不应低于 0.6m/s²，当动拖比为 1∶1 时，不应低于 0.5m/s²。

（2）当最高运行速度为 100km/h 时，列车速度从 0 达到 45km/h 的平均加速度不应低于 1.0m/s²；列车速度从 0 达到 100km/h 的平均加速度不应低于 0.6m/s²。

（3）当最高运行速度为 120km/h 时，列车速度从 0 达到 50km/h 的平均加速度不应低于 1.0m/s²；列车速度从 0 达到 120km/h 的平均加速度不应低于 0.5m/s²。

制动平均减速度在《地铁车辆通用技术条件》GB/T 7928-2003 中是基于定员载荷、车轮半磨耗工况，在实际项目中，载荷是按照从空车到超员工况的要求，车轮是按照从新轮到全磨耗的要求。制动平均减速度的技术指标，是基于最高运行速度和平直干燥轨道进行规定的，在规定具体的平均减速度数值时，需要规定速度的数值并基于平直干燥轨道。

车辆的动力学指标受线路条件影响，《地铁车辆通用技术条件》GB/T 7928-2003 规定，车辆运行于新建地铁线路上的平稳性指标不应大于 2.5，脱轨系数不应大于 0.8。当车辆运行于既有线路时，平稳性指标和脱轨系数应不做要求。

在粘着允许范围内，列车应具备下列故障运行及救援能力：

（1）在超员载荷（AW3）工况下，当丧失 1/4 及以下动力时，动拖比大于 1∶1 的列车应能维持全天运行，动拖比 1∶1 的列车应能维持运行到终点。

（2）在超员载荷（AW3）工况下，当丧失 1/3 动力时，列车应能在正线最大坡道上启动，并维持运行到终点。

（3）在超员载荷（AW3）工况下，当丧失 1/2 动力时，列车应能在正线最大坡道上启动，并维持运行至下一车站清客后回库。

（4）一列空载列车应能将另一列停在正线最大坡道上的同编组、无动力、超员载荷（AW3）工况的列车救援（推送或拖拽）到下一车站清客并回库。

4.2.4 车辆型式与列车编组

地铁车辆型式可分为下列三种：

（1）动车，包括带司机室动车（Mc）和无司机室动车（M）；

（2）半动车，包括带司机室半动车（TMc），尚无不带司机室的半动车，不建议采用；

（3）拖车，包括带司机室拖车（Tc）和无司机室拖车（T）。

列车编组可有多种形式，动车、半动车、拖车可按一定比例进行配置，动拖比配置应根据列车加速要求、故障运行能力以及救援能力等需求确定。

列车中固定编组的各车辆间可设半永久性牵引杆或密接式半自动车钩，司机室前端宜设密接式自动车钩或密接式半自动车钩；列车重联运行时，车钩应具备机械、电气等接口。

4.2.5 车体

车体的结构形式、载荷能力和设计寿命等需符合国家现行标准《城市轨道交通车辆车体技术条件》CJ/T 533 和《地铁车辆通用技术条件》GB/T 7928 的规定。

车体材料目前主要使用不锈钢和铝合金，其中不锈钢车体在端部底架等区域采用碳钢材料，两者优缺点见表 4.2-2。

车体材料对比 　　　　　　　　　　　　　　　　　　　　表 4.2-2

车体类型	优点	缺点
不锈钢车体	免油漆；耐腐蚀性强；强度高、安全性好；有金属质感	材料成本高；噪声较大；容易划伤，划痕不易修复
铝合金车体	表面形成致密氧化膜，耐腐蚀性好；重量轻，节能；气密性好，噪声小	焊接性能差

地铁车辆两端车体多采用带司机室车体，中间车体多为无司机室车体。在先进的无人驾驶车辆中，列车没有设置传统的驾驶室，为减轻运行中的空气阻力，两端车体头部设置流线外形。

4.2.6　转向架

转向架车轮直径、轮对内侧距、车轮踏面形状、轴箱温升限值等需符合现行国家标准《地铁车辆通用技术条件》GB/T 7928 的规定。其中，踏面形状具体要求按照现行行业标准《机车车辆车轮轮缘踏面外形》TB/T 449 的规定执行，该标准规定了多种踏面以及薄轮缘踏面，具体使用哪种踏面根据用户需要选择确定。

转向架的性能、主要尺寸应与轨道相互协调，并保证其相关部件在允许磨损限度内，能使列车以最高允许速度安全平稳运行。最高允许速度一般由运营方根据项目设计方、车辆设计制造方、轨道建设维护方的建议以及试验结果综合确定，可采用比正常运营速度低的限速值。转向架在悬挂或减振系统损坏时，也应能确保车辆在轨道上安全地运行到终点，此时不限制速度。

转向架构架结构强度试验可按照现行行业标准《机车车辆强度设计及试验鉴定规范 转向架　第 1 部分：转向架构架》TB/T 3549.1 的要求执行。

转向架构架应做改善内应力处理。不限制改善内应力的具体措施，可采用常用的退火等方式，也可通过焊缝布置、焊接工艺等改善。

地铁车辆转向架一般采用两系悬挂系统，目前标准未规定必须采用两系悬挂，而是采用引导性建议。转向架的悬挂系统推荐采用的结构形式如下：

（1）一系悬挂为金属橡胶弹簧或金属圆弹簧。在一系阻尼不足时，尤其是采用钢弹簧时一系阻尼往往较低，此时可配置垂向减振器来提供必要的一系垂向阻尼。

（2）二系悬挂为空气弹簧，并应设置高度自动调整装置作为与空气弹簧的匹配装置共同使用。

（3）转向架构架和车体之间安装横向减振器及横向止挡。

除以上推荐性结构外，二系悬挂也可根据空气弹簧的形式确定是否匹配垂向油压减振器。空气弹簧内置阻尼孔时可提供垂向阻尼，代替独立的垂向油压减振器，使结构更简洁，降低维修成本，也是可选择的结构形式。

如二系悬挂采用钢弹簧，则往往需要同时匹配二系垂向减振器。

动车转向架牵引电机的安装应采用架悬式，即牵引电机直接在构架上安装的模式。架悬式之下又包括刚性架悬和弹性架悬方式，目前常规地铁车辆采用刚性架悬方式居多。

车轮的形式包括整体辗钢车轮和弹性车轮，均可采用。目前地铁车辆多采用整体辗钢车轮，该种车轮在国内运用多年，具有技术成熟、用量大、结构简洁等特点（图 4.2-1）。

弹性车轮在国外地铁车辆运用较多，国内近年来在主型地铁车辆上逐渐开始推广运用，因增加了橡胶环节，结构上相对整体辗钢车轮更为复杂，但其减振、降噪等优势相对也较为明显，适用于对振动噪声、环境和舒适度有更高要求的地铁项目（图4.2-2）。

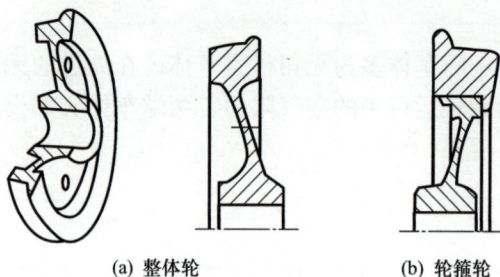

(a) 整体轮　　　　(b) 轮箍轮

图 4.2-1　整体辗钢车轮

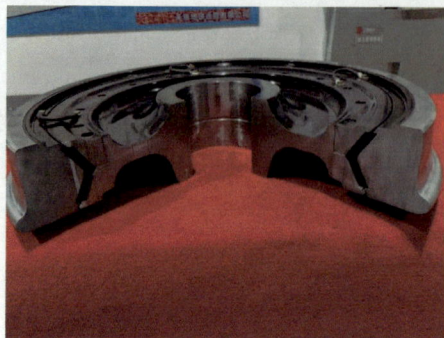

图 4.2-2　弹性车轮

接地装置可安装于转向架的轴箱或齿轮传动装置处。接地装置应保证列车接地电路及车体接地良好，接地装置的通流能力与主回路参数应匹配，且不得造成车辆轴承的电蚀。构架宜做改善内应力处理。不限制改善内应力的具体措施，可采用常用的退火等方式，也可通过焊缝布置、焊接工艺等改善。

车体底架与转向架之间可设置抗侧滚扭杆、抗蛇行装置，也可不设置。具体根据其动力学性能确定。

动车转向架的齿轮传动装置的一端应通过轴承安装于车轴上，箱体的另一端应弹性地吊装于构架的横梁上；齿轮传动装置也可采用全架悬结构。齿轮箱应有良好的润滑系统，润滑油不得泄漏。

4.2.7　牵引系统

牵引系统的组成、技术要求、性能指标等需符合现行国家标准《地铁车辆通用技术条件》GB/T 7928 的规定。

牵引系统应有良好的绝缘保护。各电路应能承受耐受电压试验，试验电压值和耐受时间应满足现行国家标准《轨道交通　绝缘配合》GB/T 32350（所有部分）的规定。试验时应将电子器件和电气仪表加以保护或隔离，使其不承受电路耐受电压。

主电路、辅助电路、控制电路应分别有可靠的保护。各种保护的整定值、作用时间、动作程序应正确无误。主电路可以采用高速断路器用于过流保护，主电路的过电流保护优先动作，并与牵引变电站的过流保护相协调。高速断路器技术参数应根据牵引逆变器在各种工况下的功率需求确定，在各种短路状态下都能够可靠地进行分断，并在显示器上应有故障显示和设置切除操作装置，以维持列车故障运行；辅助电路的过流保护可以采用熔断器，熔断器参数根据辅助负载工况和持续时间计算确定；控制电路通常情况下选用微型空气断路器进行保护，其参数的选择也根据负载大小和持续时间确定，确保电路工作稳定和保护可靠。

各电气设备保护性接地应可靠，接地线截面面积和各电路接地阻值应符合现行行业标准《铁道车辆金属部件的接地保护》TB/T 2977 的规定。各车轴上的接地装置应可靠地保

46

护轴承不受接地电流的影响。应确保车辆中可能因故障带电的金属部件及所有可触及的导电体的等电位联结，并实现可靠接地。因此，可接触到的所有金属部件均应可靠地与车体连接，以实现永久接地。

各车轴上的接地装置一般有两种设置方式：轴端接地和齿轮箱接地，两种方式的选择是根据所在位置是否具有足够的安装空间来决定的，接地装置的技术参数选择必须有足够的容量冗余，单台动车即使有两个接地装置失效的情况下，剩余的接地装置也能满足整车接地回流的功能需求。

牵引系统应能充分利用轮轨粘着条件，能够按照车辆载重量自动调整牵引力或电制动力的大小，并应具有反应及时的防空转、防滑行控制和防冲动控制。牵引力的大小是牵引系统根据司控器指令和车辆载荷大小计算后确定的，并依据实际的轮轨粘着条件限制进行发挥；当牵引力的大小超过粘着条件限制时，将启动空转保护功能调节牵引力适当减小，防止车轮空转；电制动力的大小也是牵引系统根据司控器指令和车辆载荷大小计算后确定的，并依据实际的轮轨粘着条件限制进行发挥，当电制动力大小超过粘着条件限制时，将启动防滑控制功能，调节电制动力适当减小，防止车轮滑行。

根据供电控制方式，牵引系统有 1C4M 和 1C2M 两种形式。1C4M 牵引系统的一台牵引逆变器向同一动车上的 4 台牵引电机供电（图 4.2-3）；1C2M 牵引系统的一台逆变器向同一转向架上的 2 台牵引电机供电（图 4.2-4）。

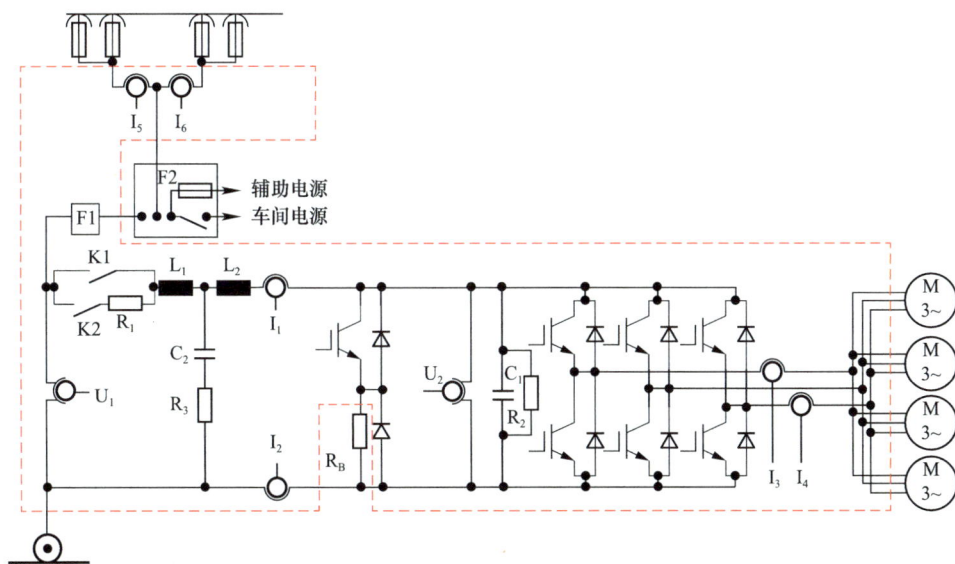

图 4.2-3　1C4M 原理示意图

当多台牵引电机由 1 台牵引逆变器并联供电时（1C2M），其定额功率应考虑轮径差与电动机特性差异引起的负载不均以及在高粘着系数下运行时轴重转移的影响。车辆制造商应将允许的最大轮径差通知用户，以便用户在轮对检修时加以控制。由于车轮轮径大小相互之间存在偏差，且每台牵引电机自身也存在性能差异，在高粘着系数下，列车运行过程中将存在轴重转移，每台牵引电机负载存在差异，因此，牵引逆变器应能兼容上述差异，并给出合理的控制策略，防止出现牵引逆变器过载。在每次检修镟轮时，用户必须根据系统允许的轮径差进行控制，并将结果人工输入到列车网络系统中，以便牵引逆变器实现可靠控车。

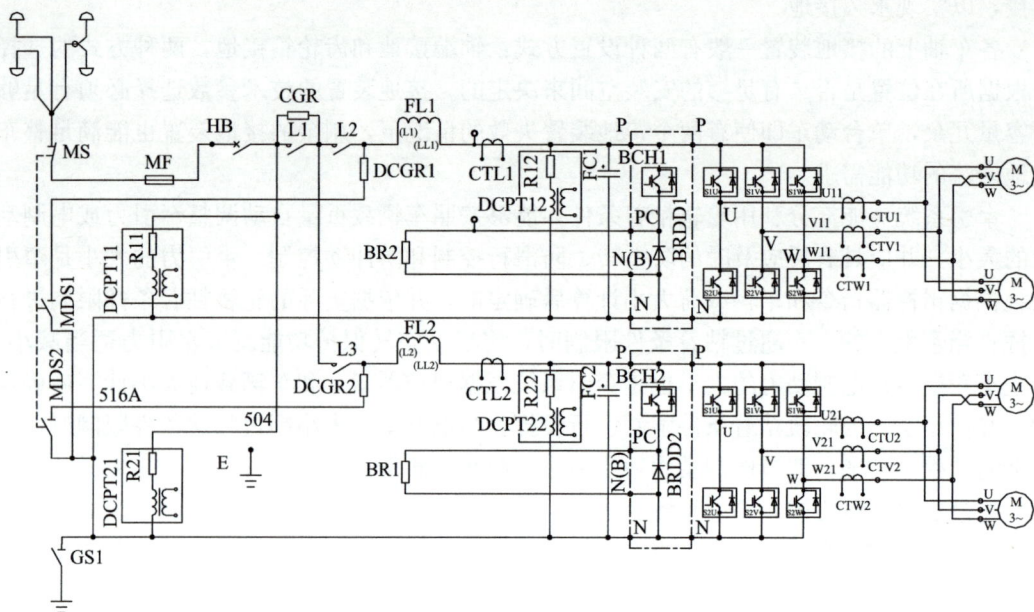

图 4.2-4　1C2M 原理示意图

如果牵引逆变器采用 1C4M 控制方式，每台牵引逆变器控制 1 台转向架上的 2 台电机，牵引电机性能和运行过程中的轴重转移影响较小，可以忽略，但是需要根据系统允许的轮径差，在检修镟轮时进行控制，并将结果人工输入到列车网络系统中，以便牵引逆变器实现可靠控车。

4.2.8　辅助供电系统

辅助电源系统应由辅助逆变器和蓄电池等组成。辅助逆变器应符合现行国家标准《轨道交通　机车车辆用电力变流器　第 1 部分：特性和试验方法》GB/T 25122.1 的规定，并应具备应急启动功能，其容量应满足整列车在正常情况下的用电需求（冬夏季），以及当 1 台辅助逆变器故障时，剩余辅助逆变器的容量应满足整列车辅助用电需求，此时，空调制冷能力可以减半（冬季）。

辅助逆变器的应急启动功能是指当蓄电池处于亏电状态无法输出低压电源，且高压工作电源存在时，可以通过设在辅助逆变器内部的 DC/DC 电源变换模块，变换出辅助逆变器所需的控制电源，以便启动辅助逆变器，使充电机进入工作状态，实现蓄电池充电和列车启动。

蓄电池的型号规格和性能要求应符合现行国家标准《地铁车辆通用技术条件》GB/T 7928 的规定，可以选用酸性蓄电池或碱性蓄电池，主要差异见表 4.2-3。蓄电池容量应符合司机室内照明、车内应急照明、前照灯、位置灯、无线通信、广播等安全设备用电 45min 以上的规定，蓄电池箱体应具有安全防护功能、良好的内部和外部通风环境。

蓄电池技术差异　　　　　　　　　　　　　表 4.2-3

序号	项目	铅酸蓄电池	镍铬碱性蓄电池	备注
1	工作温度	−20～+45℃。温度过高会热失控，温度过低则容量放不出	−40～+55℃。有很好的温度适应性	
2	大电流性能	一般	良好	
3	过充性能	差	优异	
4	存储性能	最多半年需补充电，否则易硫酸盐化	不低于 5 年	
5	寿命	5～8 年	10～12 年	
6	重量	偏重	偏轻	相同容量比较
7	全寿命成本	高	低	

4.2.9　制动系统

制动减速度、纵向冲击率、制动方式、制动功能、停放制动能力、储风缸容积、气密性要求等需符合现行国家标准《地铁车辆通用技术条件》GB/T 7928 的规定。

制动系统主要由制动控制系统、基础制动装置、主供风单元等组成（图 4.2-5），控制方式分为架控和车控。

制动系统包含电制动和空气制动两种方式。制动系统具有常用制动、紧急制动、停放制动功能。常用制动采用电空混合的制动方式，紧急制动采用纯空气的制动方式。

基础制动有踏面制动和盘形制动两种方式，对于速度 80km/h 的列车一般采用踏面制动，对于速度 100km/h 及以上的列车一般采用盘形制动。

对于 6 辆及以下编组的列车，每列车配置 2 台空压机，对于 8 辆及以上编组的列车，可根据空压机工作率和初充风时间进行空压机的配置。对于灵活编组的项目，若是单独的编组列车需要独立在正线上运行，则需要

图 4.2-5　制动系统组成

在单独的编组列车上配置 2 台空压机，诸如 3+3 灵活编组的项目，3 编组列车需要独立在正线上运行，则 3 编组列车需要配置 2 台空压机，同时考虑到编组情况，可以配置小排量的空压机。

压缩空气管路一般采用不锈钢管路，铜材料的管路基本不使用。

对于空气制动系统的基础制动热容量，无论是踏面制动还是盘形制动，受实际项目的线路条件影响很大，诸如线路的坡道、长度等，应根据线路实际条件进行热容量计算，提出纯空气运行的限速条件。

对于采用盘形制动的列车且高架桥或者地面线路较多的运营线路，列车运行时轨面容易受到天气条件以及轨面状态不良介质的影响，轮轨间粘着力会大幅降低，粘着系数具有随机性和不确定性，影响制动力的发挥，建议配置撒砂系统。

4.2.10 列车控制和管理系统

列车控制和管理系统的基本功能、信息显示、冗余设计等需符合现行国家标准《地铁车辆通用技术条件》GB/T 7928 的规定。

列车宜通过列车通信网络进行控制，与运行及安全有关的控制除由列车通信网络进行外，如有必要还应有其他形式的冗余措施，如网络故障空开下紧急牵引模式的硬线控车等。

列车控制管理系统应具备以下功能以及特性：

（1）列车控制管理系统应具备数据通信的如下基本功能：

1）列车控制、诊断系统与列车子系统通过列车通信网络和智能终端进行通信；

2）通过列车通信网络上的标准服务接口，对联网子系统的故障信息进行下载；

3）主要微机控制子系统能通过列车通信网络上的标准服务接口进行在线测试。

注：上述功能应在列车的设计联络阶段，使用待装车的实际设备进行接口测试，试验验证通过后才可进行后续功能调试，试验环境应与车辆实际状态尽可能保持一致，不可使用虚拟机等模拟设备信号进行试验，试验后出具相关报告，详细记录试验时间、设备、地点、人员等信息。

（2）列车控制和管理系统接收列车子系统（包括微机控制与非微机控制系统）的状态信息、故障信息，并能够进行评估、储存，在司机室的显示屏上进行显示。显示方式需符合车辆安全以及实际需求。

（3）列车网络控制系统中关键部件的功能应有冗余，如 IO 采集设备、控制器等。

4.2.11 乘客信息系统

乘客信息系统的基本功能、信息设施、紧急报警等需符合现行国家标准《地铁车辆通用技术条件》GB/T 7928 的规定。

列车应具有司机与行车控制调度中心进行双向通信、首尾司机室之间的通信等功能。这里的通信指的是司机与行车控制调度中心之间的语音通话功能和首尾司机室之间的语音通话功能，通话方式可以是半双工或全双工。

客室内应设置乘客紧急报警装置，乘客紧急报警装置应具有双向通信功能，通常采用半双工方式。乘客手动触发报警按钮，报警信息通过通信系统在司机室控制器上显示报警器的具体位置信息（所在车厢号和报警器编号），司机在乘客报警时应能立即准确识别报警者所在的车辆位置。通常，乘客触发报警信息后，还将与视频监控系统联动，将乘客所处位置的视频信息直接显示在司机室的监控显示屏上，供司机及时查看。

列车宜设置用于显示线路、站点、车站导向标志等信息的乘客服务设施。列车通信系统会及时播报列车运行线路、前方到站、下一站等语音信息，同时与乘客信息系统联动采用信息显示方式显示终点站、当前运行线路信息、站点、下一站、当前站以及车站导向等方便乘客的服务信息。这些服务设置包括 LCD 显示器（图 4.2-6）、LED 显示器、门区电子地图（图 4.2-7）以及所有换乘线路地图等方式。

列车应具备车厢视频监视功能：

（1）车辆应设置由司机室控制的视频监控系统。视频监控系统的监控区域包含对司机室、客室、车辆前方轨道和车侧后视区域的监控。视频监控数据的存储时间不应少于90d，客室监控应保证无盲区，司机室监控应可监视司机台及司机可操作的所有按钮及开关，满足公安部门的安防要求。

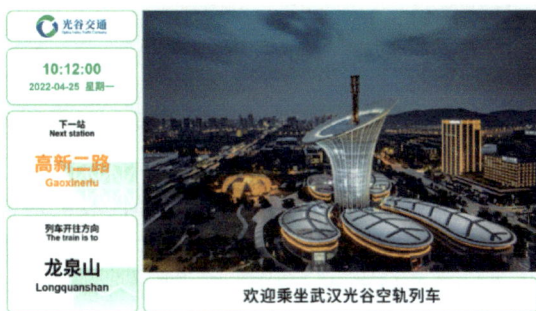

图 4.2-6　LCD 显示器示意图

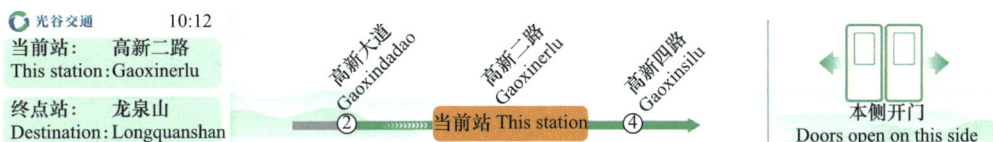

图 4.2-7　门区电子地图示意图

（2）司机室的监视显示器能随时显示任意客室的监视图像，司机可以方便切换，应具有锁屏、轮询功能。记录在硬盘中的监控图像，可通过控制器专用接口下载，也可以在司机室有选择的回放，并显示在司机室液晶显示器上（图 4.2-8）。

根据运营需求，列车可设置乘客计数功能。

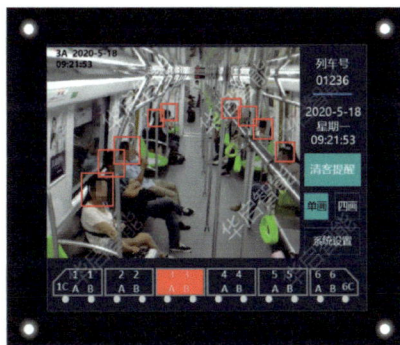

图 4.2-8　监视显示器示意图

4.2.12　车门

车门的布置、门功能等需符合现行国家标准《城市轨道车辆客室侧门》GB/T 30489 和《地铁车辆通用技术条件》GB/T 7928 的规定。

车门分为司机室侧门和客室侧门，司机室侧门一般为单扇门，客室侧门一般为双扇门。

常用司机室门类型包括：塞拉门、折页门和内藏门，具体车门型式根据用户需求及车辆空间选择设置。塞拉门具有良好的密封性、隔声性能和隔热性能，内藏门及折页门具有结构简单、故障率低的特点，但其隔声性能较塞拉门相对较差。开闭方式包括手动和电空电动两种。

常用客室侧门类型包括塞拉门、内藏门和外挂门三种，通过高度不应低于 1850mm，A 型车车门通过宽度不应小于 1400mm，B 型车车门通过宽度不应小于 1300mm。客室侧门的开闭宜采用电动电控方式，其传动和控制应安全可靠，应有可靠的机械锁闭、故障隔离、紧急解锁、重开门等安全设计；应具有司机集中控制开关门和左侧、右侧开关选择，障碍探测，司机旁路控制，故障诊断、显示和记录，开（关）门时的声光提示，以及开（关）门状态、故障隔离状态显示等功能。客室侧门应执行现行国家标准《城市轨道车辆客室侧门》GB/T 30489 的规定。

4.2.13 车钩及缓冲装置

车钩及缓冲装置的型式、冲击速度、车钩高度等需符合现行国家标准《地铁车辆通用技术条件》GB/T 7928 的规定。

地铁车辆常用的车钩缓冲器包括：EFG3 缓冲器、弹性胶泥缓冲器、气液缓冲器和弹性体缓冲器。车钩缓冲器的性能直接影响到列车救援工况、连挂冲击速度、曲线通过能力、乘客乘坐舒适性及安全性等车辆性能。不同缓冲器的性能对比结果参见表 4.2-4。

不同缓冲器的性能对比结果 表 4.2-4

性能	种类			
	EFG3	弹性胶泥	气液	弹性体
缓冲性能	橡胶缓冲 低速、高速各工况缓冲性能稳定	介质转换缓冲 低速、高速各工况下缓冲性能差别较大	介质转换缓冲 低速、高速各工况下缓冲性能差别较大	橡胶缓冲 低速、高速各工况缓冲性能稳定
缓冲能力	容量一般 可满足 5km/h 连挂	容量较大 可满足 8km/h 连挂	容量大 可满足 8km/h 连挂	容量一般 可满足 5km/h 连挂

4.2.14 空调系统

空调系统在满足运用地区气候条件的前提下，车内的温度、湿度、风量、紧急通风、控制方式、电气保护、排水等需符合国家现行标准《城市轨道交通车辆空调、采暖及通风装置技术条件》CJ/T 354 和《地铁车辆通用技术条件》GB/T 7928 的规定。

空调机组的密封性、环保制冷剂等应符合现行行业标准《轨道车辆空调　空调机组》TB/T 1804 的规定，电加热器应符合现行行业标准《铁道客车及动车组电取暖器》TB/T 2704 的规定。

司机室根据业主要求及具体的运营条件可以选配司机室空调或者送回风单元，自动驾驶车辆司机室风道建议与客室风道一体化设计。

客室及司机室根据业主要求及具体的运营条件可以选配电加热器、暖风机及电脚炉等加热部件。

由于各城市环境条件不同，所以夏季及冬季的设计条件建议按照合同要求执行，若合同没有要求建议如下：

（1）全地面线路车辆按《民用建筑供暖通风与空气调节设计规范》GB 50736-2012 附录 A 的规定执行。

（2）非全地下线路车辆按《民用建筑供暖通风与空气调节设计规范》GB 50736-2012 附录 A 及给定的隧道条件，两者取最大负荷条件为设计条件。

（3）全地下线路按实际给定的隧道线路条件的规定进行计算。

车内设计的温度及相对湿度，建议按照表 4.2-5 及表 4.2-6 执行。

夏季车内设计温度及相对湿度			表 4.2-5

A 类车		B 类车	
客室内部设计温湿度	司机室内部设计温湿度	客室内部设计温湿度	司机室内部设计温湿度
27℃，60%	26℃，60%	28℃，65%	27℃，65%

冬季车内设计温度					表 4.2-6

区域划分	外部设计温度条件（℃）	A 类车		B 类车	
		客室内部设计温度（℃）	司机室内部设计温度（℃）	客室内部设计温度（℃）	司机室内部设计温度（℃）
TW1	≤-20	15	16	10	13
TW2	>-20，且≤-3			13	15
TW3	>-3，且≤15	16	18	15	18

4.2.15　照明系统

司机室及客室照明系统的照度要求需符合现行国家标准《地铁车辆通用技术条件》GB/T 7928 的规定。

司机室可根据车辆设计（独立空间司机室、开放式司机室），选择配置独立照明灯具或与客室连贯照明。

客室照明可根据要求选配纵向灯带照明、中顶照明等灯具样式，并且根据线路情况，选配照度调节、色温调节等照明功能。

贯通道区域可根据用户要求，选配平面顶灯、筒灯等灯具样式。

车辆两端应设置外部照明。外部照明应包括前照灯、标志灯等。前照灯应能调节灯光强度（强光和弱光）、微调照射角度（水平和垂直方向），首尾端的前照灯可以人工或自动转换，并应具有防水功能。

4.2.16　贯通道

贯通道的设置、性能、功能等需符合国家现行标准《城市轨道交通车辆贯通道技术条件》CJ/T 353 和《地铁车辆通用技术条件》GB/T 7928 的规定。

因车端距的区别，A 型车常选用分体式贯通道，B 型车常选用整体式贯通道，常用贯通道各部件结构分类如表 4.2-7 所示。

贯通道部件结构分类		表 4.2-7

贯通道种类	
分体式贯通道	整体式贯通道
连挂方式分类	

续表

贯通道种类	
三片式顶板	两片式顶板

顶板结构分类	

一体式侧护板	三片式侧护板

橡胶挡板

侧护面板

橡胶挡板

侧护板结构分类	

三片式踏渡板	两片式踏渡板

踏板

上踏板

下踏板

渡板

踏渡板结构分类	

4.2.17 安全设施

司机台应设置紧急停车操纵装置，如司机控制器设置紧急制动位，设置专用的紧急制动开关按钮等；并设置警惕装置，可以与司机控制器集成为一体或单独设置。

司机室内应设置客室侧门开闭状态显示和车载信号显示装置，并应便于司机观察。除了设置客室侧门状态显示外，为了确保运行安全，全列车客室侧门开闭状态还应与牵引系统联锁：当车门全关闭信号不成立时列车禁止启动，列车运行过程中车门全关闭信号丢失时，列车应施加最大常用制动或继续运行到下一站停车；车载信号显示器作为车载信号系统的重要组成部分，为地面信号系统提供安全保证。

客室侧门开闭状态显示可单独设置指示灯或集成在网络显示器，通常指示灯的颜色采用绿色，点亮表示客室侧门全关闭到位，熄灭表示客室侧门至少有一个没有全关闭到位。

列车应设置鸣笛装置，可采用电笛或气笛。由于地铁项目多运行在隧道，建议优选电笛，气笛用于更高速度的列车，声音传递更远。

应设置烟火报警系统，可采用感温感烟探测或主动吸气式探测等不同方式。列车报警区域应按照车厢划分，每节车厢划分为一个报警区域。客室内火灾探测器设置的数量应与客室内面积及单个探测器的保护区域相匹配。

烟火报警系统报警方式在司机室内应有冗余，且触发报警信息的探测器具体位置和所在车厢号必须在司机室方便司机查看；除此之外，探测器的报警信息必须与视频监控系统联动，当触发火灾报警信号后，视频监控系统须将报警探测器所在位置的具体视频信息在司机室视频显示器上及时切换和显示，方便司机快速查看和确认。

4.3　轻轨车辆产品性能及技术要求

4.3.1　技术特点

根据现行国家标准《城市轨道交通分类》GB/T 44413，轻轨是相对于地铁大运量系统而言的一种城市轨道交通制式，特指在轨距为 1435mm 钢轮钢轨上运行的中运能城市轨道交通系统。其主要技术特征如下：

（1）主要服务于市区，一般适用于特大城市的辅助线路或中大城市的骨干线路。

（2）单向运输能力一般为（1~3）万人次/h。

（3）采用全封闭线路或部分封闭线路，基本为独立路权。线路主要设置在地面或高架桥上，有时也设置在地下隧道内。

（4）车辆为现行国家标准《城市轻轨交通铰接车辆通用技术条件》GB/T 23431 和《城市轨道交通六轴铰接转向架轻轨车辆通用技术条件》GB/T 40075 中规定的 C 型高地板车辆。

（5）列车运行使用自动化信号系统，最高运行速度 80km/h。

4.3.2　车辆类型

轻轨车辆基本类型为 C 型车，按车轴数目可以分为 4 轴车辆、6 轴车辆、8 轴车辆。车辆主要技术参数参见表 4.3-1 及表 4.3-2。

车辆主要技术参数（一）

表 4.3-1

序号	名称	4 轴车辆	6 轴车辆	8 轴车辆
1	车辆基本长度（mm）	<20000	<35000	<45000
2	车辆基本宽度（mm）	2600	2600	2600
3	车辆顶部至轨面高度（mm）	≤3250	≤3250	≤3250
4	车辆顶部设备至轨面高度（mm）	≤3700	≤3700	≤3700
5	车内最小净高（mm）	2100	2100	2100
6	地板面至轨面高度（mm）	≤950	≤950	≤950
7	转向架固定轴距（mm）	动车≤1900 拖车≤1800	动车≤1900 拖车≤1800	动车≤1900 拖车≤1800
8	车轮直径（mm）	≤760	≤760	≤760

序号	名称	4轴车辆	6轴车辆	8轴车辆
9	车钩中心线距轨面高度（mm）	720	720	720
10	受电弓落弓高度（mm）	≤3700	≤3700	≤3700
11	受电弓工作高度（mm）	3900～5600	3900～5600	3900～5600
12	受电弓滑板工作长度（mm）	≥1200	≥1200	≥1200
13	轴重（t）	≤12	≤12	≤12
14	定员（人）	≤160	≤240	≤320

注：依据为《城市轻轨交通铰接车辆通用技术条件》GB/T 23431-2009。

车辆主要技术参数（二）　　　　　　　　　　　表 4.3-2

序号	名称	Ⅰ型车	Ⅱ型车
1	车辆最高运行速度（km/h）	100	80
2	车辆构造速度（km/h）	110	90
3	车辆基本长度（mm）	≤28700	＜24000
4	车辆基本宽度（mm）	2650	2650
5	落弓状态车辆顶部设备至轨面高度（mm）	≤3800	≤3800
6	客室净高（mm）	≥2100	≥2100
7	地板面至轨面高度：空载、空气簧充分充气、新轮状态下（mm）	≤1130	≤950
8	双开门车辆客室侧门净宽度（mm）	≤1300	≤1300
9	客室侧门净高度（mm）	≥1860	≥1860
10	转向架固定轴距（mm）	2000	1800
11	车辆定距（mm）	10670	8000
12	车轮直径（mm）	740（新轮）660（磨耗轮）	680（新轮）600（磨耗轮）
13	轮对内侧距（mm）	1353±2	1353±2
14	最大轴重（t）	12.5	12.5
15	车辆定员（人）	300	240
16	车钩中心线高度（mm）	720	550
17	每侧车门数（对）	6	4

注：依据为《城市轨道交通六轴铰接转向架轻轨车辆通用技术条件》GB/T 40075-2021。

4.3.3　总体要求

平均加速度：当 AW2 定员载荷情况下、平直干燥轨道上、车轮为半磨耗状态、额定供电电压时，列车启动平均加速度应符合下列规定：

（1）当最高运行速度为 80km/h 时，列车速度从 0 达到 30km/h 的平均加速度不应低于 1.0m/s^2；列车速度从 0 达到 80km/h 的平均加速度不应低于 0.5m/s^2。

（2）当最高运行速度为 100km/h 时，列车速度从 0 达到 40km/h 的平均加速度不应低于 0.8m/s^2；列车速度从 0 达到 100km/h 的平均加速度不应低于 0.4m/s^2。

平均减速度：当 AW3 满载载荷情况下，车辆在平直干燥轨道上，车辆从最高运行速度到停车时，列车制动平均减速度应符合下列规定：

（1）常用制动平均减速度不应低于 1.0m/s^2。

（2）紧急制动平均减速度不应低于 1.2m/s^2。

故障运行及救援能力：在粘着允许范围内，列车应具备下列故障运行及救援能力：

（1）车辆应能在 AW3 载荷工况下，损失 1/2 动力时，在正线最大坡道上启动，并运行到最近车站清客后返回车辆段。

（2）一辆救援车辆（AWO）牵引或推行另一辆处于 AW3 载荷工况的无动力车辆时，应在正线任意位置启动并救援到相邻车站清客后返回车辆段。

4.3.4　车辆型式与列车编组

车辆型式：

（1）车辆由动车模块、拖车模块、中间模块和铰接装置组成。

（2）动车模块有带司机室动车（Mc）、带受电弓的动车（Mp）。

（3）拖车模块有无受电弓拖车（T）、带受电弓的拖车（Tp）。

（4）中间模块有无受电弓中间模块（Z）、带受电弓中间模块（Zp）。

列车编组：

（1）4 轴（铰接）车辆：无铰接车或 Mc＋Zp＋Mc。

（2）6 轴（铰接）车辆：Mc＋Tp＋Mc 或 Mc＋Z＋Tp＋Z＋Mc。

（3）8 轴（铰接）车辆：Mc＋Z＋T＋Z＋Mp＋Z＋Mc 或 Mc＋T＋Z＋Tp＋Mc。

4.3.5　车体

车体的性能与技术要求与地铁车辆基本一致，同时需符合现行国家标准《城市轻轨交通铰接车辆通用技术条件》GB/T 23431 的规定，其中六轴铰接转向架车体的结构形式、载荷能力和设计寿命等还需符合现行国家标准《城市轨道交通六轴铰接转向架轻轨车辆通用技术条件》GB/T 40075 的规定。

4.3.6　转向架

对于采用转向架铰接的 6 轴铰接车辆，转向架限界、轮径差、曲线通过、构架强度、轮重减载试验限值等需符合现行国家标准《城市轨道交通六轴铰接转向架轻轨车辆通用技术条件》GB/T 40075 的规定。

对于采用车体铰接的轻轨车辆，转向架构架强度、轴箱轴承温升限值等需符合现行国家标准《城市轻轨交通铰接车辆通用技术条件》GB/T 23431 的规定。

轻轨车辆转向架，以在编组中的作用分为多种形式。按是否承担铰接作用，分为非铰接转向架和铰接转向架两类。对于采用车体铰接的轻轨编组车辆，转向架一般采用单转向架形式。除车体铰接和转向架铰接之外的非铰接式轻轨车辆，对转向架配置无特殊要求。

轻轨铰接车辆的转向架一般包括传统轮对结构或独立轮结构，采用这两种方式均可，可在一列车中单独采用也可混合采用。独立轮转向架的牵引电机可采用纵向布置或横向布置方式，纵向布置时一般在构架外侧，可以为转向架中部留出空间便于地板高度的降低。

轻轨铰接车辆宜采用弹性车轮。

4.3.7　牵引系统

牵引系统的性能与技术要求与地铁车辆基本一致，同时需符合现行国家标准《城市轻轨交通铰接车辆通用技术条件》GB/T 23431 和《城市轨道交通六轴铰接转向架轻轨车辆通用技术条件》GB/T 40075 的规定。

4.3.8 辅助供电系统

辅助供电系统的性能与技术要求与地铁车辆基本一致，同时需符合现行国家标准《城市轻轨交通铰接车辆通用技术条件》GB/T 23431 和《城市轨道交通六轴铰接转向架轻轨车辆通用技术条件》GB/T 40075 的规定。

4.3.9 制动系统

制动减速度、制动方式、制动功能、停放制动能力、储风缸容积、气密性要求需符合现行国家标准《城市轻轨交通铰接车辆通用技术条件》GB/T 23431 和《城市轨道交通六轴铰接转向架轻轨车辆通用技术条件》GB/T 40075 的规定。

制动系统分为空气制动和液压制动两种方式。

对于紧急制动平均减速度不小于 $2.2 m/s^2$ 要求的车辆，需要配置磁轨制动。

列车配置撒砂装置，在列车出现滑行或在进行紧急制动时，自动撒砂装置就会起作用，提高轮轨粘着力，减少制动距离。

4.3.10 列车控制和管理系统

列车控制和管理系统的性能与技术要求与地铁车辆基本一致，同时需符合现行国家标准《城市轻轨交通铰接车辆通用技术条件》GB/T 23431 和《城市轨道交通六轴铰接转向架轻轨车辆通用技术条件》GB/T 40075 的规定。

4.3.11 乘客信息系统

乘客信息系统的性能与技术要求与地铁车辆基本一致，同时需符合现行国家标准《城市轻轨交通铰接车辆通用技术条件》GB/T 23431 和《城市轨道交通六轴铰接转向架轻轨车辆通用技术条件》GB/T 40075 的规定。

4.3.12 车门

车门系统的性能与技术要求与地铁车辆基本一致，同时需符合现行国家标准《城市轻轨交通铰接车辆通用技术条件》GB/T 23431 和《城市轨道交通六轴铰接转向架轻轨车辆通用技术条件》GB/T 40075 的规定。

4.3.13 车钩及缓冲装置

车钩及缓冲装置的性能与技术要求与地铁车辆基本一致，同时需符合现行国家标准《城市轻轨交通铰接车辆通用技术条件》GB/T 23431 和《城市轨道交通六轴铰接转向架轻轨车辆通用技术条件》GB/T 40075 的规定。

4.3.14 空调系统

空调系统的性能与技术要求与地铁车辆基本一致，同时需符合现行国家标准《城市轻轨交通铰接车辆通用技术条件》GB/T 23431 和《城市轨道交通六轴铰接转向架轻轨车辆通用技术条件》GB/T 40075 的规定。

4.3.15　照明系统

照明系统的性能与技术要求与地铁车辆基本一致，同时需符合现行国家标准《城市轻轨交通铰接车辆通用技术条件》GB/T 23431 和《城市轨道交通六轴铰接转向架轻轨车辆通用技术条件》GB/T 40075 的规定。

4.3.16　贯通道

贯通道的性能与技术要求需符合现行国家标准《城市轻轨交通铰接车辆通用技术条件》GB/T 23431 和《城市轨道交通六轴铰接转向架轻轨车辆通用技术条件》GB/T 40075 的规定。

轻轨车辆通常采用无内饰板一体式结构贯通道，以满足较短车端距车辆过曲线要求。

4.3.17　安全设施

安全设施的性能与技术要求与地铁车辆基本一致，同时需符合现行国家标准《城市轻轨交通铰接车辆通用技术条件》GB/T 23431 和《城市轨道交通六轴铰接转向架轻轨车辆通用技术条件》GB/T 40075 的规定。

4.3.18　铰接装置

轻轨车辆在车联模块之间应安装铰接装置。

由上下两个单铰组成的固定铰接装置应只允许两相邻车体有水平相对运动。由下铰和约束两相邻车体间横向运动的横控杆组成的活动铰接装置宜设纵向减振器，以缓解车体间的冲击和振动。

铰接装置应具有相对运动的功能，其水平转角和纵向折角应满足最小曲线半径和竖曲线半径的运行要求。

4.4　有轨电车车辆产品性能及技术要求

4.4.1　技术特点

低地板有轨电车（Low-Floor Tram）是一种专为城市交通设计的现代化轨道交通工具。与传统的高地板车辆相比，它具有明显的技术特点。

（1）运量：低地板有轨电车能够通过 2～7 节车厢的多种编组形式，实现高运载能力。一列电车通常能承载 150～380 人，适应中短距离的高频次运输需求。车内空间布局高度灵活，包括站立区、自行车停放区、残障人士专用区和婴儿车区，旨在提高整体运输效率并满足不同乘客的出行需求。多门设计和车门与站台的齐平设置也大大加快了乘客的上下车速度，缩短了停站时间。

（2）地板高度：

1）100％低地板有轨电车：车厢地板的高度较低，通常在 300～380mm，方便乘客上下车，特别适合残障人士和老年人使用。

2）70％低地板有轨电车：地板高度在低地板区域一般为 350～400mm，而高地板区域通常在 655～900mm。

（3）运营线路：低地板有轨电车通常在城市内的主要交通干线上运营，线路设计适应城市复杂的道路环境，常与汽车道共用空间，也可以完全独立于道路。在交叉路口或密集交通路段，通常使用信号优先或独立路权，以减少与其他交通工具的干扰。

（4）钢轨：采用特殊设计的轨道结构，以适应低地板有轨电车的运行需求。常见的钢轨类型有槽形轨和无缝钢轨，具有较高的承载力和耐久性，减少车轮与轨道之间的摩擦与噪声。

（5）小曲线通过能力：低地板有轨电车的小曲线通过能力一般是指它能够顺利通过的最小曲线半径。对于现代城市低地板有轨电车来说，这个最小曲线半径通常在 20～25m 之间。这使得这类电车非常适合在城市环境中运行，尤其是在街道狭窄或需要多次转向的路段。通过这种设计，低地板有轨电车能够更灵活地适应城市复杂多变的路线布局，提高其在紧凑城市空间的适应能力和运行效率。

（6）供电系统：供电系统通常采用架空电线或第三轨供电，也可使用现代的电池或超级电容储能系统，也有采用氢燃料电池供电的有轨电车。超级电容或电池供电的低地板有轨电车在路段内的充电站进行快速充电，实现更环保的运营模式。氢燃料电池的有轨电车通常具有较长的续航里程。

4.4.2　车辆类型

低地板有轨电车主要包括 70％低地板有轨电车和 100％低地板有轨电车两种，其主要技术参数参见表 4.4-1。

车辆主要技术参数　　　　　　　　　　　　　　表 4.4-1

序号	名称		70％低地板有轨电车车辆	100％低地板有轨电车车辆
1	车辆基本长度（mm）		≤30000	≤38000
2	车体宽度（mm）		2650 或 2400	2650 或 2400
3	车辆高度（mm）		≤3700	≤3700
4	车内客室通道净高（mm）		高地板区≥2000	≥2100
5	客室通道地板面门口处高度（mm）		低地板区≤350	≤350
6	客室侧门口宽度（mm）	双开门	1300	1300
		单开门	—	800
7	客室侧门口高度（mm）		≥1850	≥1850
8	转向架固定轴距（mm）		≤1900	≤1900
9	车轮直径（mm）		≤720	≤680
10	车钩高度（mm）		≤680	≤680
11	受电弓工作高度（mm）		3900～5900	3900～5900
12	轴重（t）		≤11.5	≤12.5

注：独立车轮轴距为同一转向架两端的两同心独立车轮所形成的同心轴线之间的距离。

4.4.3　总体要求

4.4.3.1　线路条件

轨距：符合标准轨距（1435mm）或特殊轨距要求。

曲线半径：最小曲线半径一般为 20~25m。

坡度：最大运行坡度不超过 8%。

4.4.3.2　运营条件

最高运行速度：通常为 70~80km/h。

加速和减速能力：典型加速度为 $1~1.3\text{m/s}^2$，减速度为 $1.2~1.5\text{m/s}^2$。

运行里程：设计寿命不低于 30 年，年平均运行里程不低于 8 万 km。

4.4.3.3　动力系统

电机功率：应满足车辆满载和最大坡度运行的动力需求，通常为 20~130kW。

能源消耗：应采用高效节能技术，降低单位距离的能耗，通常不超过 2.5kWh/km。

4.4.3.4　机械结构

车体结构：应采用高强度轻质材料，如铝合金或复合材料，以提高强度和减轻重量。

轴重：应控制在规定范围内，一般为 10~12.5t，以减少对轨道的磨损。

4.4.3.5　电气系统

电压等级：应适应城市供电系统，常见为 750V 直流电。

绝缘性能：应达到现行国家标准《轨道交通　绝缘配合　第 1 部分：基本要求　电工电子设备的电气间隙和爬电距离》GB/T 32350.1 规定的相应绝缘等级，确保电气系统的安全运行。

4.4.3.6　乘客设施

门数量：应根据车厢长度和客流量设计，通常为每侧 2~4 个门，以便快速上下车。

4.4.3.7　SIL 等级要求

在选择有轨电车车型时，紧急疏散门的安全完整性等级（SIL）也需重点考虑：

（1）SIL 2：适用于中等风险的安全功能，确保系统具备足够的故障容错能力。

（2）SIL 3：适用于高风险的安全功能，设计中应采用冗余设计和严格的故障检测与响应机制。

4.4.4　车辆型式与列车编组

70%低地板（约 70%客室通道地板面可无台阶通过）车辆系列宜采用的基本组成为：＝Mc＋Tp＋Mc＝。

100%低地板（全部客室通道地板面水平或坡度不大于 6°）车辆可由多种模块组成，如需两组重联运营，用户可与制造商协商解决。

4.4.5　车体

车体的性能与技术要求与地铁车辆基本一致，同时需符合现行行业标准《低地板有轨电车车辆通用技术条件》CJ/T 417 的规定。

4.4.6 转向架

转向架轴箱轴承免维护周期、主要零部件使用寿命、悬挂模式等需符合现行行业标准《低地板有轨电车车辆通用技术条件》CJ/T 417 的规定。

转向架分为动力转向架和非动力转向架，两者均可采用轮对式或独立车轮设计，且应尽可能减小转向架的固定轴距和总质量。

低地板有轨电车一般匹配槽型轨，其轨道有不同类型，为便于轮轨匹配，车轮应采用具有特殊踏面形状的专用车轮，踏面形状由车辆买卖方双方确定。内侧距根据车轮和踏面形状等有关参数确定，推荐为 1360mm。

应采用橡胶弹性车轮，其橡胶件的设计使用寿命不应低于 60×10^4 km 或 5 年（以先到限的为准）。

车轴、轴桥、短轴、弹性轮轮芯和轴箱的设计使用寿命不应低于 30 年。

转向架应尽可能采用免维护单元轴承，轴箱轴承的免维护周期不应小于 60×10^4 km 或 5 年（以先到限的为准）。

转向架悬挂元件中，钢弹簧、抗侧滚扭杆等金属部件的设计使用寿命不应低于 30 年，金属橡胶件、空气弹簧和油压减振器等含橡胶元件的部件，设计使用寿命不应低于 120×10^4 km 或 10 年（以先到限的为准）。

转向架与车体的纵向连接强度，应符合 3g 纵向加速度冲击的规定，相关部件的应力水平不应超过材料的屈服极限；在 5g 纵向加速度冲击条件下应保证转向架与车体不发生分离。

如线路上不设置润滑系统，为了降低轮轨之间的磨耗，转向架则应装设液体式轮缘润滑装置。

转向架应选择适宜的位置安装轨道扫石器。一般设置在端部转向架的前端。

4.4.7 牵引系统

牵引系统的控制方式、运行能力、系统功能等需符合现行行业标准《低地板有轨电车车辆通用技术条件》CJ/T 417 的规定。

图 4.4-1 受电弓示意图

受电弓系统应符合受电装置与网线接触力为 48～150N 的规定，对于特殊的受流工况，接触力可根据实际工况调整。受电弓应具有应急升弓装置，车辆高电压电路应具有过电压及过电流保护功能，应设置避雷保护装置。避雷保护装置技术参数的选择应依据网压的技术要求确定，其设定值既能满足列车正常牵引制动工况的运用需求，又能保护列车高压设备免受破坏，且其保护值应优先于地面供电站的保护动作，二者之间的保护应该匹配和协调（图 4.4-1）。

车辆牵引系统应采用交流传动和轴控制方式，且应设有 2 个或以上牵引单元。当牵引单元数大于或等于 4 个时，宜采用架控方式。轻轨车辆动力转向架较少，宜采用轴控方式，这样可以降低牵引逆变器故障情况下的动力损失（图 4.4-2）。

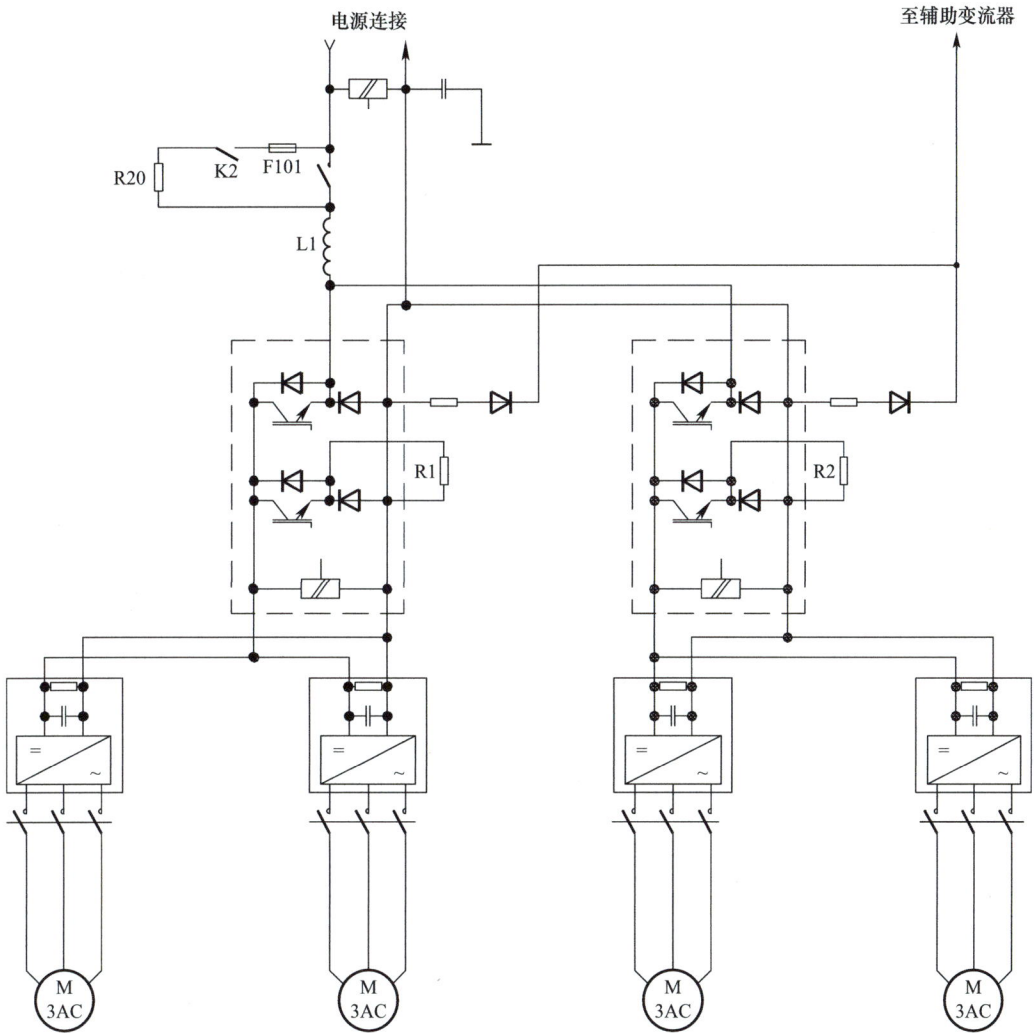

图 4.4-2　主电路示意图

4.4.8　辅助供电系统

辅助供电系统的配置、输出特性、蓄电池要求等需符合现行行业标准《低地板有轨电车车辆通用技术条件》CJ/T 417 的规定。

车辆辅助电源系统应具有 2 个或 2 个以上辅助供电单元和多种冗余备用的设置，如设置蓄电池组、超级电容或其他储能设备等。

辅助逆变器输出应具备如下过载能力：

（1）输入电压为额定电压值，150％额定输出时，装置维持运行 10s 后关断；200％额定输出时，装置立即关断。

（2）±20％以内（负载突变从 100％到 70％额定值或从 70％到 100％额定值，输入电压突变 DC±150V/20ms）。

（3）瞬间电压变化调整时间小于 0.1s。

4.4.9 制动系统

制动减速度、冲击率、制动方式、制动功能、停放制动能力等要求需符合现行行业标准《低地板有轨电车车辆通用技术条件》CJ/T 417 的规定。

制动系统分电制动和摩擦制动两种基本方式，其中摩擦制动分别采用空气介质、液压介质，也可采用空-液混合方式。相比较来说，液压制动设备的体积和重量较小。受到车体和转向架空间的限制，大部分有轨电车采用液压制动；对于空-液混合制动的方式，除非受到转向架空间的限制，一般不建议采用。

液压摩擦制动系统设计包括微机制动控制单元、液压控制单元、盘式制动单元、辅助缓解单元等（图 4.4-3）。

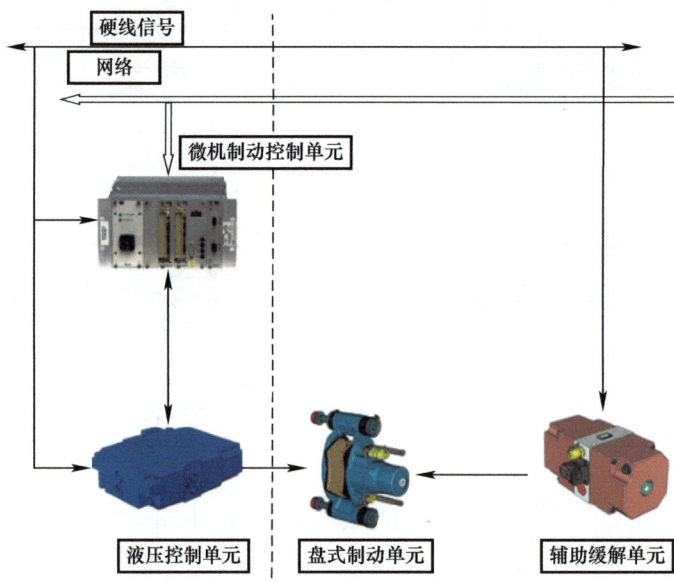

图 4.4-3　制动系统组成

在常用制动和紧急制动时，如电制动不足或者衰减，补充摩擦制动。

为提升低载荷乘车舒适性、降低停车冲动，建议列车配置载荷测量装置，在常用制动、紧急制动、保持制动时，制动力根据载荷变化随之调整。根据液压制动系统的特点，在安全制动时，安全电磁阀排液压油，列车施加固定制动力，制动力不随载荷变化而调整。

紧急制动 1、紧急制动 2、紧急制动 3 可以合并为紧急制动，减速度的要求满足紧急制动 3 的要求（《低地板有轨电车车辆通用技术条件》CJ/T 417-2022 中紧急制动 3 的减速度比紧急制动 1 和紧急制动 2 大）。

有轨电车一般是地面线路，并且有平交道口，列车运行时轨面容易受到天气条件以及轨面状态不良介质的影响，轮轨间粘着力会大幅降低，粘着系数具有随机性和不确定性，影响制动力的发挥。建议列车配置撒砂装置，在列车出现滑行或在进行紧急制动、安全制动时，自动撒砂装置就会起作用，提高轮轨粘着，减少制动距离。

在触发紧急制动时，为避免制动力受到轮轨粘着系数降低的影响，建议在列车施加紧急制动后激活磁轨制动。

4.4.10　列车控制和管理系统

列车控制和管理系统的性能与技术要求与地铁车辆基本一致，同时需符合现行行业标准《低地板有轨电车车辆通用技术条件》CJ/T 417 的规定。其他特殊要求同本书第 4.2 节地铁车辆一致。

4.4.11　乘客信息系统

乘客信息系统的性能与技术要求与地铁车辆基本一致，同时需符合现行行业标准《低地板有轨电车车辆通用技术条件》CJ/T 417 的规定。

4.4.12　车门

车门系统的性能与技术要求与地铁车辆基本一致，同时需符合现行行业标准《低地板有轨电车车辆通用技术条件》CJ/T 417 的规定。

4.4.13　车钩及缓冲装置

车钩及缓冲装置的性能与技术要求需符合现行行业标准《低地板有轨电车车辆通用技术条件》CJ/T 417 的规定。

低地板车辆前端可采用带折叠车钩的缓冲装置方案，车钩缓冲装置主要由连挂系统、折叠机构、缓冲器、垂向支撑以及安装吊挂系统等几个模块组成（图 4.4-4）。

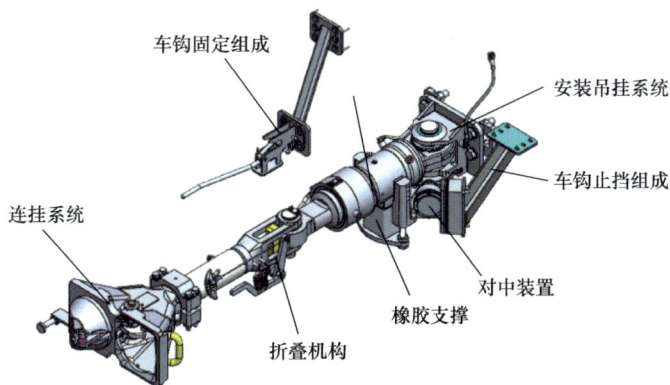

图 4.4-4　车钩缓冲装置方案示意图

在正常运行工况下，车钩侧面两拉簧拉着锁定挡块卡在拉杆组成的卡口内，此时结构锁定无法转动，在车钩需要折叠时，拉动锁定挡块处的拉绳，挡块从拉杆卡口中脱出，此时转动臂可绕中部销轴转动（图 4.4-5）。

风险分析：

（1）两车连挂，当锁定挡块失效、推送救援时，车钩易发生折叠，影响曲线通过，存在不能通过风险。

（2）牵引救援时，车钩处于拉伸状态，始终保持直线，不影响曲线通过。

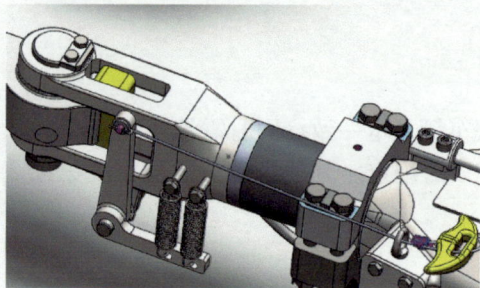

图 4.4-5　折叠机构示意图

4.4.14　空调系统

空调系统的性能与技术要求与地铁车辆基本一致，同时需符合现行行业标准《低地板有轨电车车辆通用技术条件》CJ/T 417 的规定。

4.4.15　照明系统

照明系统的性能与技术要求与地铁车辆基本一致，同时需符合现行行业标准《低地板有轨电车车辆通用技术条件》CJ/T 417 的规定。

4.4.16　贯通道

贯通道的性能与技术要求与地铁车辆基本一致，同时需符合现行行业标准《低地板有轨电车车辆通用技术条件》CJ/T 417 的规定。

4.4.17　安全设施

安全设施的性能与技术要求与地铁车辆基本一致，同时需符合现行行业标准《低地板有轨电车车辆通用技术条件》CJ/T 417 的规定。

4.5　市域快线车辆产品性能及技术要求

4.5.1　技术特点

市域快速轨道交通是一种主要服务于城市郊区和周边新城、城镇与中心城区，并具有通勤客运服务功能的中长距离的大运量城市轨道交通系统，其主要特点如下：

（1）速度较高：速度范围 120～160km/h，是普通地铁的 1.5～2 倍。

（2）适用性强：快速启停，线路以地面和高架线路为主，在中心城区可使用地下线路。

（3）舒适性好：与地铁车辆相比，车辆的隔声和气密性有所提高，舒适性好。

（4）灵活运营：高峰时宜采用高密度、公交化的运营组织模式，平峰时可采用定点时刻表，也可提供快慢车等灵活运营方式。

（5）公交化：通勤出行时间不大于 1h；沿线重点服务的新城、城镇通勤时间宜控制在 30～45min。

4.5.2　车辆类型

《城市轨道交通市域快线 120km/h～160km/h 车辆通用技术条件》GB/T 37532-2019 规定市域快线车辆分为市域 A 型车、市域 B 型车、市域 D 型车，车辆主要技术规格参见表 4.5-1。

车辆主要技术规格

表 4.5-1

序号	名称		市域 A 型车		市域 B 型车		市域 D 型车	备注
1	供电电压		AC 25kV	DC 1500V	AC 25kV	DC 1500V	AC 25kV	
2	车体基本长度（mm）	无司机室车辆	22000		19000		22000	
3		带司机室车辆	22000＋Δ^a		19000＋Δ^a		22000＋Δ^a	
4	车体基本宽度（mm）		3000^b		2800^b		3300	
5	车辆落弓高度（mm）		≤4450	3810～3850	≤4450	3810～3850	≤4640	
6	受电弓工作高度（mm）		5000～5800	4200～5500	5000～5800	4200～5500	5150～5800	
7	车辆总高（mm）		≤3925		≤3925		≤4125	
8	车内净高（mm）		≥2100				≥2100	
9	地板面高（mm）		1130		1100		1260 或 1280	
10	每侧车门数（对）		2～5		2～4		2～4	
11	车门宽度（mm）		1300 或 1400		1300 或 1400		1300 或 1400	
12	车辆定距（mm）		15700		12600		15700	
13	固定轴距（mm）		2500		2200～2300		2500	
14	车轮直径（mm）		860 或 840		840		860 或 840	
15	轴重（t）		≤17		≤15		≤17	
16	最高运行速度（km/h）		120～160	120～140	120～160	120～140	120～160	

注：^aΔ——司机室加长量。对于具有需要可变编组的场合则可考虑不需要司机室加长量。

　　^b对于市域 A、B 型车辆，根据需要可采用鼓形车体，其最大宽度宜分别不大于 3100mm、2900mm。

4.5.3　总体要求

当车速达 120km/h 及以上时，国家现行标准《地铁设计规范》GB 50157、《地铁限界标准》CJJ/T 96 的相关限界规定已不能涵盖，因此市域车辆限界应结合线路要求进行明确。

考虑到启动加速度指标的提出受车辆、系统配置、系统能力与线路粘着条件等限制，为涵盖不同的列车编组及不同的速度等级，所提出的加速度指标值为参考值，启动加速度恒功区与恒转矩区转折点不低于 40km/h，平均加速度是在最高运行速度 120km/h、140km/h、160km/h，平均站间距不低于 3km、5km、8km 时，以最高运行速度运行距离不低于站间距的 50％并结合牵引系统经济性确定。具体项目的加速度指标确定应结合具体线路特点、车辆型式、业主要求等最终确定。

当站间距比较长时，影响列车旅行速度的主要指标是最大运营速度而不是加速度，而且需要列车最大速度从 120～160km/h 均包含，因而规定了加速到最高速度的加速度指标为 0.35m/s² 以上。在具体项目实施中可根据项目实际情况协商确定。

考虑为确保紧急情况下的安全停车要求，对紧急制动时的冲击限制不做约束。

坡道救援能力的规定明确了列车在特殊情况下满足救援能力的需求，该功能并非常用，因而在车辆的具体设计中，该项能力需求作为系统能力最大化发挥的选项考虑。

在车辆型式及列车编组中，仅对目前常用的车辆型式进行定义，在部分项目中会存在诸如半动半拖车辆（1 辆车中 1 个转向架是动力转向架，1 个转向架是非动力转向架）、带辅助驾驶室的车辆等情况，此类车辆归纳为特殊型式，可在项目合同中单独进行说明。而对于列车编组，因在实际项目中，根据各条线路的实际情况不同，会有对列车编组的不同需求，在技术上均不存在实现的难度，因而在标准中不作明确的编组规定。

结合实际项目测试情况和《城市轨道交通噪声排放标准》（国家标准，编制中），针对车外噪声要求，建议按既有地铁项目 75％最高速（最高速度 160km/h 时为 120km/h）时不大于 89dB（A）执行，同时应实施轮轨维护保养、普通声屏障等措施。

4.5.4　车辆型式与列车编组

市域快线车辆型式可分为下列类型：

（1）动车：带司机室动车（MC）、无司机室动车（M）、带受电弓的动车（MP）。

（2）拖车：带司机室拖车（TC）、无司机室拖车（T）、带受电弓的拖车（TP）。

列车编组可采用多种形式，包括全动车编组或动车、拖车混合编组。

动车、拖车比例与配置等列车编组形式应符合动力分配与车下吊装设备重量均衡的有关要求。

4.5.5　车体

车体的性能与技术要求与地铁车辆基本一致，同时需符合现行国家标准《城市轨道交通市域快线 120km/h～160km/h 车辆通用技术条件》GB/T 37532 的规定。

4.5.6　转向架

转向架的性能与技术要求与地铁车辆基本一致，同时需符合现行国家标准《城市轨道交通市域快线 120km/h～160km/h 车辆通用技术条件》GB/T 37532 的规定。

4.5.7　牵引系统

牵引系统的组成、技术要求和性能参数等需符合现行国家标准《城市轨道交通市域快线 120km/h～160km/h 车辆通用技术条件》GB/T 37532 的规定。

车载制动电阻应根据实际项目需求，结合线路供电系统设计容量及电压变化范围考虑是否设置。制动电阻设备较重且体积较大，目前一般 DC1500V 供电制式车辆设置车载制动电阻，AC25kV 供电制式车辆不设置制动电阻。

DC1500V 供电制式列车由接触网或第三轨取电后，直流电分别进入牵引逆变器及辅助逆变器，进行逆变后供牵引及辅助供电，因此无须设置牵引变压器。AC25kV 供电制式列车从接触网取电后，需通过牵引变压器对 AC25kV 进行降压，再进行整流及逆变控制，供牵引及辅助供电，因此需设置牵引变压器。

轮轨可用粘着条件与列车运行速度、轮轨状态等均有关，无法作出具体限定。借鉴 TSI 和 UIC 660 的相关标准，干轨状态下，牵引启动和低速运行时粘着系数不宜大于 0.2。

4.5.8　辅助供电系统

辅助供电系统的容量和技术性能需符合现行国家标准《城市轨道交通市域快线 120km/h～160km/h 车辆通用技术条件》GB/T 37532 的规定。

若全列车设置 4 台辅助逆变器，则当 1 台辅助逆变器故障时，余下的辅助逆变器应能承担全列所有辅助负载正常工作；当 2 台辅助逆变器故障时，余下的辅助逆变器应能承担全列的基本辅助负载正常工作，空调以半载模式运行；当 3 台辅助逆变器故障时，余下的辅助逆变器应能承担全列的基本辅助负载正常工作，空调以通风模式运行。

4.5.9　制动系统

制动系统的性能与技术要求与地铁车辆基本一致，同时需符合现行国家标准《城市轨道交通市域快线 120km/h～160km/h 车辆通用技术条件》GB/T 37532 的规定。

4.5.10　列车控制和管理系统

列车控制和管理系统的性能与技术要求与地铁车辆基本一致，同时需符合现行国家标准《城市轨道交通市域快线 120km/h～160km/h 车辆通用技术条件》GB/T 37532 的规定。

4.5.11　乘客信息系统

乘客信息系统的性能与技术要求与地铁车辆基本一致，同时需符合现行国家标准《城市轨道交通市域快线 120km/h～160km/h 车辆通用技术条件》GB/T 37532 的规定。

4.5.12　车门

车门系统的性能与技术要求与地铁车辆基本一致，同时需符合现行国家标准《城市轨道交通市域快线 120km/h～160km/h 车辆通用技术条件》GB/T 37532 的规定。

4.5.13　车钩及缓冲装置

车钩及缓冲装置的性能与技术要求与地铁车辆基本一致，同时需符合现行国家标准《城市轨道交通市域快线 120km/h～160km/h 车辆通用技术条件》GB/T 37532 的规定。

4.5.14　空调系统

空调系统的性能与技术要求与地铁车辆基本一致，同时需符合现行国家标准《城市轨道交通市域快线 120km/h～160km/h 车辆通用技术条件》GB/T 37532 的规定。

4.5.15　照明系统

照明系统的性能与技术要求与地铁车辆基本一致，同时需符合现行国家标准《城市轨道交通市域快线 120km/h～160km/h 车辆通用技术条件》GB/T 37532 的规定。

4.5.16 贯通道

贯通道的性能与技术要求与地铁车辆基本一致，同时需符合现行国家标准《城市轨道交通市域快线 120km/h～160km/h 车辆通用技术条件》GB/T 37532 的规定。

4.5.17　安全设施

安全设施的性能与技术要求与地铁车辆基本一致，同时需符合现行国家标准《城市轨道交通市域快线 120km/h～160km/h 车辆通用技术条件》GB/T 37532 的规定。

4.6 其他车辆产品性能及技术要求

城市轨道交通钢轮钢轨车辆除上述车型外，还包含直线电机车辆和永磁直驱车辆，这两种车辆除车辆类型、转向架和牵引系统外，其余系统的性能与技术要求与地铁车辆基本一致。

4.6.1 直线电机车辆

4.6.1.1 技术特点

直线电机牵引是应用在城市轨道交通中较先进的牵引方式之一。城市轨道交通直线电机车辆相对于旋转电机车辆，具有以下优势：

（1）直线电机牵引属于典型的非粘着驱动，不受轮轨之间粘着限制，具有良好的爬坡能力，常规的旋转电机坡度一般不超过 40‰，而直线电机爬坡可达 70‰，在转入地下和爬升地面时显得相当灵活，且不易受雨雪天气的影响。

（2）直线电机为扁平设计，车轮只起车体的支撑作用，轮径较小，车辆的轮廓尺寸可以减小，隧道断面小，可省工程投资。

（3）简化车辆转向架的设计，方便采用自导或迫导型径向转向架，允许车辆可通过半径小的曲线。

（4）直线电机牵引无须减速齿轮等装置，转向架设计的自由度大，便于采用径向转向架，轮缘力和轮轨磨耗等性能指标大大减低。

4.6.1.2 车辆类型

直线电机车辆一般分为 L_b 型车和 L_c 型车两种典型车型，其根本差异在于载客量不同，需根据具体线路相关设计单位的设计方案进行选择。两种车型主要技术规格宜符合表 4.6-1 的规定。

车辆主要技术规格　　　　　　　　　　表 4.6-1

序号	参数	L_b 型车	L_c 型车
1	车体基本长度[a]（mm）	16800	15500
2	车体基本宽度（mm）	2800	2600
3	车辆最大高度（mm）	3650	3550
4	车内净高（mm）	≥2100	
5	地板面高（mm）	930	850
6	轴重（t）	≤13	≤11
7	车辆定距（mm）	12000	11000
8	通过最小曲线半径（m）	60	—
9	轮径（mm）	730	660
10	固定轴距（mm）	2000	1900
11	每侧车门数（对）	3	2 或 3

注：[a] 带司机室的车辆可加长。

4.6.1.3　转向架

转向架构架焊接、强度设计和试验、构架设计寿命、两系悬挂模式、轴箱温升等需符合现行国家标准《城市轨道交通直线电机车辆通用技术条件》GB/T 32383 的规定。

转向架应设有专门的接地装置，回路电流不应通过轴承。常规旋转电机转向架接地装置有设置于旋转电机和齿轮箱上的方案，直线电机转向架无以上装置，接地装置可设置于轴箱上，在车轴轴端设置，或采用四轨回流等模式，目标是使转向架上及车上的电流通过车轴-车轮传输到轨道或者通过四轨回流直接传输到回流轨。

转向架宜采用自导向、迫导向等径向机构。柔性定位属于自导向径向的一种形式。

直线电机初级悬挂装置应安全可靠。紧固件应有可靠的防松措施，并应具有防止直线电机初级在异常状态下掉落的二次防护装置，如采用安全鼻的型式，电机下沉时安全鼻接触车轴从而避免掉落。直线电机初级悬挂装置应具有减振功能，宜采用弹性元件。

转向架上应设置直线电机高度调整装置。用于在车轮磨耗、轨道磨耗等情况引起直线电机初级与感应板之间气隙变化超出规定范围时，通过调整直线电机初级的高度位置来实现气隙的调整。常用螺纹式、垫片式、凸轮式等方式进行调整。

4.6.1.4　牵引系统

牵引系统的组成、技术要求和性能参数需符合现行国家标准《城市轨道交通直线电机车辆通用技术条件》GB/T 32383 的规定。

牵引逆变器控制特性应与直线感应牵引电机特性相匹配，以最大限度发挥电机牵引能力和工作效率。

由于直线电机的转子和定子分离、单独安装，定子和转子之间的间隙影响到电机本身的效率，在列车运行过程中由于电磁力的作用，间隙大小处于变化状态，因此牵引逆变器控制特性应满足直线电机的实际运用需求（图 4.6-1）。

直线感应牵引电机应采用单边短初级三相直线感应电机，并应符合现行行业标准《城市轨道交通直线感应牵引电机技术条件》CJ/T 311 的规定。

直线感应牵引电机的初级应安装在转向架上，高度方便调整；次级（感应板）应固定在轨枕或道床上。在保证直线电机转子和定子间隙技术要求的前提下，次级（感应板）固定在轨枕或道床上都可以。

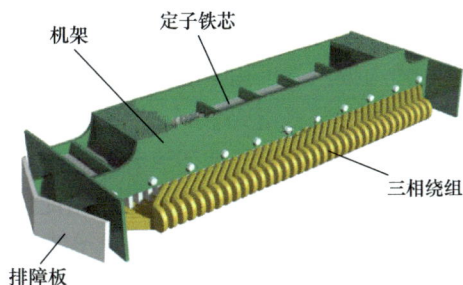

图 4.6-1　直线电机示意图

直线感应牵引电机根据安装空间大小、技术成熟度、可靠性等因素综合评估，再决定采用自然风冷或强迫风冷。

感应板根据技术成熟度及其他因素综合考虑可采用整体式或叠片式结构。

4.6.2　永磁直驱车辆

4.6.2.1　技术特点

永磁直驱交通车辆技术要求与地铁车辆基本一致，其主要区别在于采用永磁同步电机整体安装在轮轴上，由电机直接驱动轮轴，省去齿轮传动装置。和交流传动牵引系统相比，车型具有以下优势：

（1）取消了牵引传动结构部件（齿轮箱、联轴节），降低车辆成本。

（2）无传动齿轮磨损、润滑油损耗、齿轮箱能耗和噪声，免维护。

（3）牵引传动系统噪声低：电机全封闭、低转速、无风机，转矩波动低，无传动齿轮噪声。噪声降低约 15dB（A）。

（4）牵引系统效率高：永磁电机效率提高，无齿轮传动能耗。总效率可提高约 5%。

（5）全寿命周期成本降低、绿色环保：无齿轮磨损和润滑油损耗，全封闭电机无须定期拆解清扫及维护。

（6）速度平稳、过载能力强。

（7）牵引传动系统结构简化、可靠性高。

（8）可利用永磁同步电机的制动特性，简化基础制动系统，减小或取消基础制动装置。

4.6.2.2 转向架

转向架分类形式及对应的速度级、结构组成、接地回流的总体规定需符合现行国家标准《城市轨道交通永磁直驱车辆通用技术条件》GB/T 39426 的规定。转向架详细的技术要求、试验方法、检验规则、包装和贮存要求等需符合现行国家标准《城市轨道交通车辆永磁直驱转向架通用技术条件》GB/T 39425 的规定。

永磁直驱转向架根据永磁电机安装模式分为两类，刚性抱轴式永磁直驱转向架和弹性抱轴式永磁直驱转向架，分别定义为Ⅰ类转向架和Ⅱ类转向架。Ⅰ类转向架为刚性抱轴式永磁直驱转向架，宜由刚性抱轴永磁直驱电机和电机支撑杆组成，最高运行速度不应大于80km/h。Ⅱ类转向架为弹性抱轴式永磁直驱转向架，宜由弹性抱轴永磁直驱电机、弹性连接装置和电机支撑杆组成，最高运行速度不应大于 120km/h，其速度更好的机理是弹性悬挂缓冲了电机包括线圈和轴承的振动，使其能够满足较高速度的运行。

转向架主要由构架、轮对轴箱装置、悬挂装置、基础制动装置、永磁直驱装置、管线布置和辅助装置组成。

转向架应设置接地回流装置。城市轨道交通车辆接地回流装置一般设置于齿轮箱或接地装置，直驱转向架无齿轮箱，因此接地装置主要设置于轴箱。

转向架固定轴距宜符合表 4.6-2 的要求。

转向架固定轴距   表 4.6-2

根据永磁电机安装模式分类	轴距（m）	
	轴重≤14t	轴重≤17t
Ⅰ类转向架	≤2.0	≤2.3
Ⅱ类转向架	≤2.2	≤2.3

转向架适用的车轮直径为 740mm 或 840mm，宜采用小轮径设计。小轮径能够更好体现出永磁直驱的优势。

永磁直驱电机在结构上与车轴相匹配，电机的设计应能适应轮对弯曲变形，且应与轮对模态匹配。

电机支撑杆的设计应减小对一系悬挂装置的附加刚度，且应平衡电机的启动、制动扭矩。

　　永磁直驱电机和车轴轮对部分为一体式设计结构，电机的设计和试验应符合现行国家标准《电力牵引　轨道机车车辆和公路车辆用旋转电机　第 4 部分：与电子变流器相连的永磁同步电机》GB/T 25123.4 的规定。为适应转向架的工作条件，永磁直驱电机转子磁体应采用抗冲击能力强、抗失磁能力强的稀土永磁材料。永磁直驱电机轴承座处应设置易于操作的注脂孔和排脂孔。

　　永磁电机和轮对之间通过弹性连接装置连接，其刚度应满足牵引、制动扭矩传递和衰减轮对电机振动冲击的要求。其橡胶元件应能在不退轮时更换。

　　永磁同步电机带有反电势特性。车辆制动可利用永磁同步电机反电势，并可采用旁路备用电阻制动。

4.6.2.3　牵引系统

　　牵引系统的性能与技术要求需符合现行国家标准《城市轨道交通永磁直驱车辆通用技术条件》GB/T 39426 的规定。

　　永磁牵引电机与牵引逆变器之间的供电线路中应设置隔离用接触器，防止永磁牵引电机产生的电势电压对逆变器造成损伤破坏。

4.7　实践思考与建议

4.7.1　标准应用中需注意的问题

　　业主在采购车辆时明确要求执行国外标准，如欧盟标准《铁路应用　铁道车辆车体结构要求》EN 12663、《铁路应用　铁路车辆的防火保护　第 2 部分：材料和元件的防火要求》EN 45545-2 等，与车辆执行标准存在差异，实际生产时并不能完全按照整车标准要求执行，需要对相应要求与国外标准做对比，确定最终产品技术要求。

　　部分部件及系统无直接可采用标准，如车钩及缓冲装置、抗侧滚扭杆装置、烟火报警系统等，在实际施工时参考铁道行业标准及消防安全的规范等。

4.7.2　标准建议

　　建议基于在工程应用时车体强度及防火执行国外标准情况，对现行行业标准《城市轨道交通车辆车体技术条件》CJ/T 533 进行修订，并补充完善轨道交通车辆防火标准体系。

　　补充完善车钩及缓冲装置、抗侧滚扭杆装置、烟火报警系统等相关标准，健全城市轨道交通车辆装备标准体系。

　　目前轨道交通车辆网络信息安全方面涉及车辆本身（非地面）的等级保护定级备案需求尚不明确，《中华人民共和国网络安全法》《铁路关键信息基础设施安全保护管理办法》等并未说明条目适用于何种车辆，且需要进行网络安全保护的目标也没有明确的规范，影响网络安全的发展，建议编制相关标准。

第 5 章 磁浮车辆

磁浮车辆是利用电磁吸力或斥力实现非接触支撑和导向，采用直线电机推进的轨道交通车辆。根据悬浮机理、牵引形式、磁体性质和临界温度等不同，磁浮车辆制式分为如下几类（图 5.0-1）。

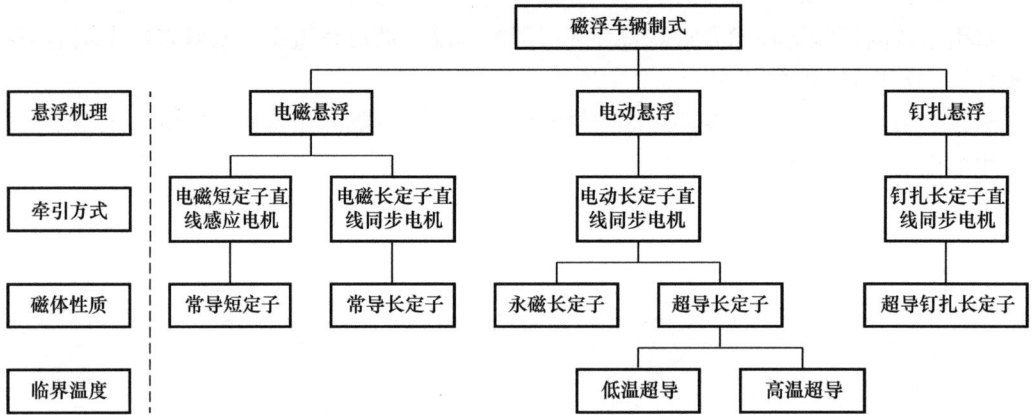

图 5.0-1　磁浮车辆制式分类

从悬浮机理上讲，主要分为电磁悬浮、电动悬浮和钉扎悬浮。其中，电磁悬浮技术已实现商业应用；电动悬浮国外已达到商用条件，国内处于原理样机研制和试验阶段；钉扎悬浮尚处于工程化研究的初期。从牵引方式上，磁浮车辆可分为短定子直线电机牵引和长定子直线电机牵引两种。采用短定子直线电机牵引时，牵引系统布置在车辆上，受重量和空间的制约，牵引功率有限，列车最高速度一般不大于 160km/h。长定子直线电机牵引方式，其牵引及控制设备设置在地面，理论上牵引功率不受重量和空间的限制，能够满足高速度运行的牵引需求，最高速度可达到 600km/h 以上。

综合悬浮机理、牵引方式和磁体性质等方面，目前为止，常导短定子电磁悬浮和常导长定子悬浮制式技术最成熟稳定，已实现载客运营。实际工程化项目时，习惯上按照速度进行分类，常导短定子电磁悬浮被称为中低速磁浮（不大于 160km/h），主要适用于城市内、市域（郊）等交通线路，日本爱知县磁浮线、韩国仁川机场磁浮线、我国长沙磁浮快线、北京 S1 线、清远磁浮线及凤凰磁浮线均采用这种制式。常导长定子悬浮被称为中速磁浮（不大于 250km/h）和高速磁浮（大于 250km/h），主要适用于都市圈、城市群的城际线路及大城市之间的干线铁路，上海浦东国际机场到龙阳路磁浮线采用这种制式，最高运行速度 430km/h。

中低速磁浮车辆具有噪声低、振动小、爬坡能力强、转弯半径小以及全寿命周期成本低等优势，"十三五"以来在国内取得了快速发展，陆续开通了一些线路，车辆最高运行速度以 120km/h 以下为主，现有标准主要适用于 120km/h 以下磁浮车辆。考虑到本书编制的标准应用实施指南主要针对城市轨道交通车辆，结合磁浮车辆的应用情况和标准现状，本书重点说明中低速磁浮车辆（120km/h 以下）的相关标准，其他磁浮车辆制式待产品成熟应用后再做规划。

5.1 相关标准

GB/T 5599   《机车车辆动力学性能评定及试验鉴定规范》
GB/T 10411   《城市轨道交通直流牵引供电系统》
GB/T 21413.1   《轨道交通 机车车辆电气设备 第 1 部分：一般使用条件和通用规则》
GB/T 25119   《轨道交通 机车车辆电子装置》
GB/T 25122.1   《轨道交通 机车车辆用电力变流器 第 1 部分：特性和试验方法》
GB/T 32349   《轨道交通 电力牵引 变流器供电的短初级直线感应电动机》
GB/T 39902   《城市轨道交通中低速磁浮车辆悬浮控制系统技术条件》
《城市轨道交通 中低速磁浮交通车辆通用技术条件》（国家标准，编制中）
《中低速磁浮交通轨排通用技术条件》（国家标准，编制中）
CJ/T 375   《中低速磁浮交通车辆通用技术条件》
CJ/T 411   《中低速磁浮交通车辆电气系统技术条件》
CJ/T 413   《中低速磁浮交通轨排通用技术条件》
CJ/T 458   《中低速磁浮交通车辆悬浮控制系统技术条件》
CJJ/T 262   《中低速磁浮交通设计规范》

5.2 中低速磁浮车辆

中低速磁浮车辆，采用常导电磁悬浮技术实现悬浮和导向，通过车载短定子直线电机实现牵引和电制动（图 5.2-1）。车辆主要由车体、车端连接（车钩和贯通道）、悬浮架、内装、制动、供风、悬浮、牵引、辅助、列车控制与诊断、司机室、车门、暖通、照明、

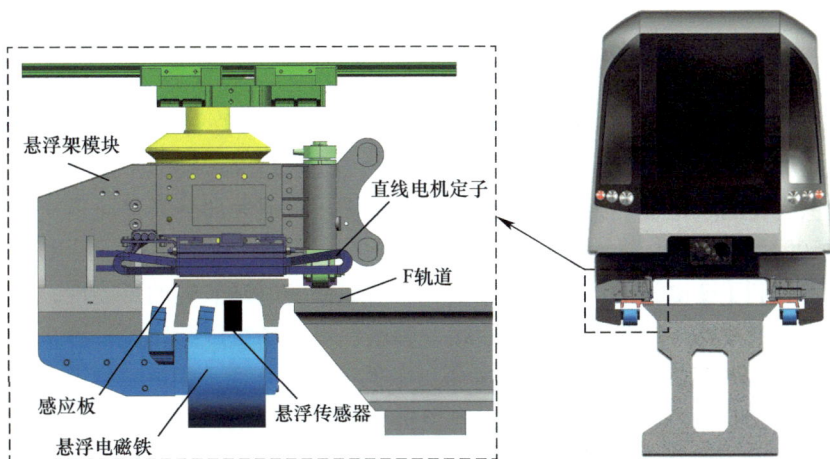

图 5.2-1 中低速磁浮列车基本原理

火灾报警、乘客信息等子系统组成。其中，车体、车端连接、内装、车门及暖通等属于城市轨道交通共性系统，悬浮、牵引、辅助、悬浮架、制动等属于专有系统。共性系统按照现行城市轨道交通相关标准执行，此处重点介绍中低速磁浮车辆整车及专有系统。

5.2.1 总体要求

5.2.1.1 主要参数和性能要求

车辆总体需要重点关注的车辆技术规格和性能指标，主要包括使用条件、编组型式、基本参数、悬浮性能、牵引性能、制动性能、噪声和平稳性等。

（1）车辆的使用条件符合以下规定：

1）环境条件

车辆运行的环境条件主要包括海拔、温度、湿度、风、沙、雨、雪等，一般情况下标准主要考虑国内大部分城市的环境特点，特殊环境运行条件下车辆进行适应性设计。《城市轨道交通　中低速磁浮交通车辆通用技术条件》（国家标准，编制中）规定：正常工作海拔不超过 1400m，环境温度在－25～45℃之间；最湿月月平均最大相对湿度不大于90％（该月月平均最低温度为 25℃）；能承受一般的风、沙、雨、雪的侵袭及车辆清洗时清洗剂的作用。

2）线路条件

中低速磁浮交通线路以高架形式为主，正线一般为双线，辅线为单线。磁浮列车运行的线路条件主要包括轨距、曲线半径、最大坡度、最大横坡角及横坡角变化率、轨缝、轨道不平顺等。从车辆方面考虑，曲线半径、坡道与车辆曲线通过、牵引制动能力等相关。最大横坡角与列车运行的导向稳定性和乘坐舒适性相关。横坡角变化率、轨缝和错台等影响悬浮控制稳定性。

综合上述因素，根据工程化应用经验，《城市轨道交通　中低速磁浮交通车辆通用技术条件》（国家标准，编制中）规定：轨距采用 1860mm 或 2000mm；最小平曲线半径正线不小于 100m，辅线不小于 75m；最小竖曲线半径区间正线不小于 2000m，辅助线和车场线不应小于 1500m；线路最大坡度不应大于 70‰；轨道最大横坡角不大于 6°，轨道横坡角变化率不大于 0.1°/m；轨道高低不平顺度不大于 1.5mm/4m；轨缝宽度不应大于40mm，轨缝竖向、横向错位不超过 1mm。

3）供电条件

《城市轨道交通直流牵引供电系统》GB/T 10411-2005（修订中）推荐城市轨道交通供电系统采用 DC750V 和 DC1500V 两种电压等级，相比 DC750V，DC1500V 供电系统的供电质量、供电距离、运输能力等技术经济指标更优，目前大部分新建轨道交通的城市主要采用 DC1500V。中低速磁浮车辆主要用于城市（含市域）轨道交通，采用与地铁相同的电压供电，有利于变电站的设置和建设，具有与地铁变电站兼容的可能性。因此，国内外中低速磁浮交通线路，如日本东部丘陵线、韩国仁川机场线以及我国长沙机场快线、北京 S1 线等均采用 DC1500V 的牵引供电电压。中低速磁浮车辆采用电磁悬浮，与轨道作用关系特殊，运行时与轨道无接触，牵引供电负极无法通过"钢轨"回流，因此，需单独设置第四轨，专门用于回流。

综合考虑中低速磁浮车辆的最高速度、技术成熟性、限界等因素，《城市轨道交通中低速磁浮交通车辆通用技术条件》（国家标准，编制中）规定：受流方式采用接触轨—受流器受电。供电采用DC1500V制式，供电电压波动范围、供电系统中牵引变电所、接触轨及供电保护装置应符合现行国家标准《城市轨道交通直流牵引供电系统》GB/T 10411 的要求。

（2）编组型式

车辆由带 2 节端车与若干节中车编组成列，考虑客流、站台规模等因素，建议不大于 6 节编组。根据中低速磁浮车辆的运输能力、应用场景以及近远期客流需求，建议以 3 辆作为基本编组，同时考虑"3＋3"重联需求。近期或非高峰客流时段采用 3 节编组，远期或高峰客流时段采用 2 列车重联运行，实现远期和高峰时段"大编组、高密度"、近期和非高峰时段"小编组、高密度"的灵活运行方式，达到减少牵引供电消耗和节能减排目的。

（3）根据《城市轨道交通 中低速磁浮交通车辆通用技术条件》（国家标准，编制中）的要求，车辆基本参数应符合表5.2-1的规定。

中低速磁浮车辆基本参数

表 5.2-1

序号	名称	端车	中车
1	车体基本长度（mm）	≤16000	≤15000
2	车体基本宽度（mm）	2800 或 3000	
3	车辆最大高度[a]（mm）	≤3700	
4	车内净高（mm）	≥2100	
5	车体地板面高度[a]（mm）	≤970	
6	车辆最大总重（t）	≤35	
7	每侧车门数（对）	2～3	
8	悬浮架数量（个）	5	

注：[a] 车辆悬浮状态下，距 F 轨滑橇面。

（4）悬浮性能

根据《城市轨道交通 中低速磁浮交通车辆通用技术条件》（国家标准，编制中）的要求，车辆的悬浮性能应符合表5.2-2的规定。

悬浮性能参数

表 5.2-2

项目	参数	备注
额定悬浮间隙（mm）	8～10	
静态悬浮间隙偏差（mm）	绝对值不大于 0.5	
悬浮间隙允许波动范围（mm）	运行时动态悬浮间隙偏差不在 ±4mm 范围的概率不大于 1%	

（5）牵引和制动性能

列车牵引和制动性能指标与线路最高运行速度、站间距、追踪间隔、乘坐舒适性等因素相关，不能一味地追求高标准，应与线路运营需求相适应。中低速磁浮车辆（120km/h 以下）主要用于城市内轨道交通线路，一般而言，城市内人口密集、站间距短、车辆追踪间隔小，为提高平均旅行速度，车辆需要快启快停，对启动加速度和制动减速度要求较高。《城市轨道交通 中低速磁浮交通车辆通用技术条件》（国家标准，编制中）对列车牵引性能的规定见表5.2-3和表5.2-4。

列车牵引性能   表 5.2-3

速度范围	参数	备注
启动加速度（0～40km/h）（m/s²）	≥1.0	定员，平直轨道，额定电压供电
平均加速度（0～最高速度）（m/s²）	≥0.4	定员，平直轨道，额定电压供电

列车制动性能   表 5.2-4

速度范围	参数	备注
常用制动平均减速度（m/s²）	≥1.0	定员，平直干燥无油漆轨道，列车从最高运行速度到停车
紧急制动平均减速度（m/s²）	≥1.2	定员，平直干燥无油漆轨道，列车从最高运行速度到停车

（6）噪声指标

噪声指标重点考虑车辆噪声对乘客和外部环境的影响，包括车辆在静止和运行状态下的车内、车外噪声。《城市轨道交通　中低速磁浮交通车辆通用技术条件》（国家标准，编制中）对列车在露天、自由声场条件下的噪声限值进行了规定，见表 5.2-5。

列车噪声要求   表 5.2-5

运行工况		噪声值〔dB（A）〕	备注
车内	静止	≤75	
	运行	≤75	
车外	静止	≤68	车外距轨道中心7.5m、距轨面高度1.5m处等效连续声压级
	80km/h恒速运行	≤82	车外距轨道中心7.5m、距轨面高度1.5m处等效连续声压级

（7）平稳性指标

《城市轨道交通　中低速磁浮交通车辆通用技术条件》（国家标准，编制中）规定，中低速磁浮列车的运行平稳性参照现行国家标准《机车车辆动力学性能评定及试验鉴定规范》GB/T 5599 规定的方法进行测试，平稳性指标不大于 2.5。

5.2.1.2　技术要求

中低速磁浮车辆限界应符合合同或设计要求。

列车应具备一定的故障运行能力。故障运行能力是指列车出现故障时自身维持运行的能力，是车辆设计的重点考虑要素，按照《城市轨道交通　中低速磁浮交通车辆通用技术条件》（国家标准，编制中）的规定，定员载荷工况下，当列车丧失 1/3 牵引动力时应具备维持运行到邻近车站的能力。

车辆设备及附属设施应合理布置，安装牢固可靠，便于检查、维修。

车辆设计应符合模块化和轻量化要求，同型号的零部件应具有良好的互换性。

5.2.2　悬浮系统

5.2.2.1　系统基本功能及组成

悬浮系统是中低速磁浮车辆的核心子系统，代替传统轮轨车辆与轨道的相互作用关系，主要功能是实现车辆的非接触稳定运行。悬浮系统主要包括悬浮控制器、悬浮传感器和悬浮电磁铁等三大部件。悬浮控制器根据悬浮传感器的间隙信号和加速度信号，经过运算和处理，输出控制电流到悬浮电磁铁，调节电磁铁的悬浮力，从而实现车辆的稳定悬浮（图 5.2-2）。

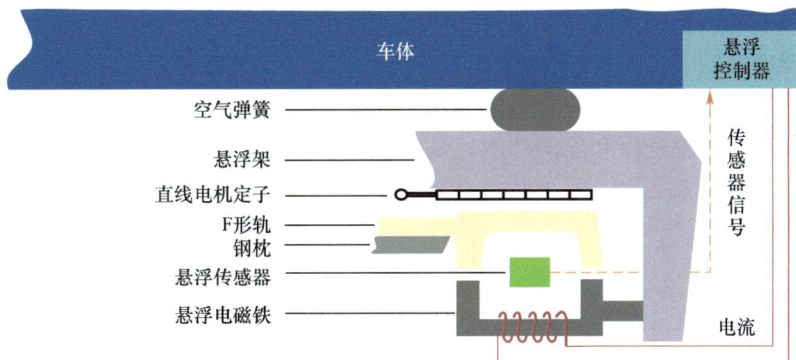

图 5.2-2　中低速磁浮车辆悬浮系统示意图

（1）悬浮控制器

悬浮控制器主要功能是接收悬浮传感器传输的间隙信号和垂向加速度信号，并根据间隙信号和加速度信号，按照一定的控制算法，实时计算和调节悬浮电磁铁的电流，使电磁铁与 F 轨之间的距离保持在额定悬浮间隙。

悬浮控制器主电路采用 H 型两象限斩波全桥电路，主要由箱体、控制单元、电压电流传感器、支撑电容、功率模块、接触器、控制电源等部件组成（图 5.2-3）。

（2）悬浮传感器

悬浮传感器的主要功能是实时检测悬浮间隙和加速度信号，并反馈给悬浮控制器。间隙测量采用电涡流原理，用于测量磁浮车辆与 F 轨之间的垂向距离，加速度测量用于测量悬浮电磁铁的垂向加速度。悬浮传感器主要由壳体、间隙感应线圈（S1、S2、S3、S4）、加速度计、模拟电路板、数字电路板、航空插座等部件组成（图 5.2-4）。

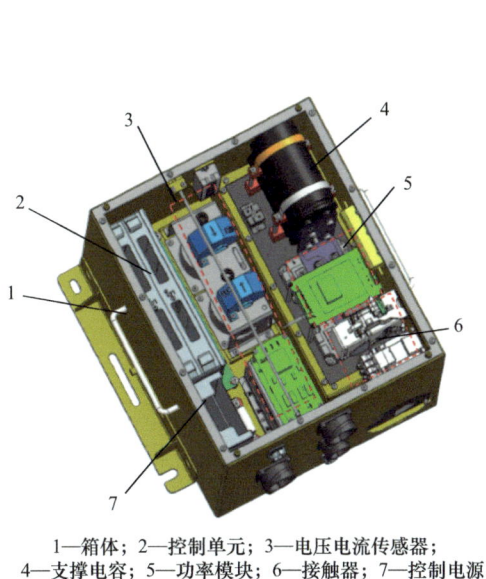

1—箱体；2—控制单元；3—电压电流传感器；
4—支撑电容；5—功率模块；6—接触器；7—控制电源

图 5.2-3　悬浮控制器主要组成

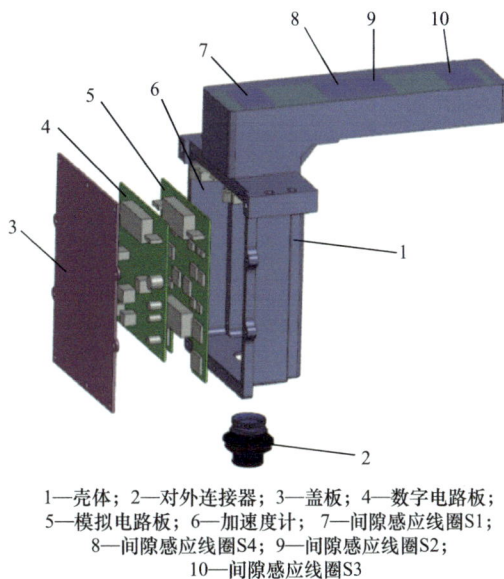

1—壳体；2—对外连接器；3—盖板；4—数字电路板；
5—模拟电路板；6—加速度计；7—间隙感应线圈S1；
8—间隙感应线圈S4；9—间隙感应线圈S2；
10—间隙感应线圈S3

图 5.2-4　悬浮传感器组成

悬浮传感器输出方式一般有两种：一种是 4～20mA 的电流信号，一种是 0～4095 的数字信号，根据悬浮控制系统需求选择相对应的输出方式。

（3）悬浮电磁铁

悬浮电磁铁的主要功能是在励磁电流作用下，电磁铁与 F 轨之间形成磁回路，产生电磁吸力，实现车辆电磁悬浮和导向功能，从而实现车辆稳定悬浮。悬浮电磁铁包含励磁线圈、铁芯和极板（图 5.2-5）。

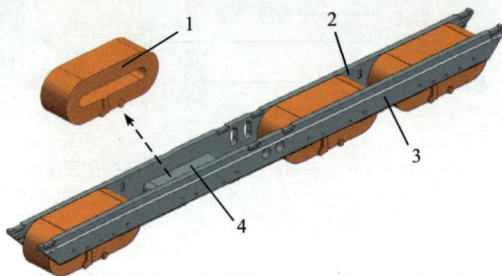

1—线圈；2—内侧极板；3—外侧极板；4—铁芯

图 5.2-5　悬浮电磁铁组成

5.2.2.2　主要参数和性能要求

根据《城市轨道交通中低速磁浮车辆悬浮控制系统技术条件》GB/T 39902 的规定，悬浮系统主要性能指标见表 5.2-6。

悬浮系统主要性能指标　　　　　　　　　　表 5.2-6

项目	参数	备注
1. 悬浮控制器		
主电路输入电压	额定 DC330V	波动范围 DC280V～DC360V
控制电路输入电压	额定 DC110V	波动范围 DC77V～DC137.5V
额定输出电流	宜大于 25A	
最大输出电流	不小于额定电流的 4 倍（持续时间不小于 10s）	
额定起浮间隙	16mm	
最大起浮间隙	20mm	
2. 悬浮传感器		
工作温度	−25～85℃	
间隙测量范围	0～20mm	
间隙传感器温漂	年温度漂移绝对值不大于量程的 0.025%/℃	
加速度测量范围	（−5～+5）g	
间隙探头数量	不小于 3 个	
加速度计数量	不小于 2 个	
3. 悬浮电磁铁		
工作制	连续制	
冷却方式	走行自然风冷	平均旅行速度不低于 45km/h
最大电流	不小于 120A（短时耐受 10s）	

项目	参数	备注
额定工作电压	DC330V	
绝缘等级	H 级	
绝缘电阻	≥5MΩ	冷态工况

5.2.2.3　技术要求

基于车辆稳定可靠运行的需求，《城市轨道交通中低速磁浮车辆悬浮控制系统技术条件》GB/T 39902-2021 从悬浮稳定性、冗余能力、偏载能力及线路适应性等方面，对悬浮系统、悬浮控制器、悬浮传感器和悬浮电磁铁进行了具体的规定。

（1）系统要求

悬浮系统应满足车辆在 1/2 额定载荷（AW2）下、100％偏载的稳定悬浮要求。车辆从空载（AW0）到最大载荷（AW3）、速度由静止至最高运行速度变化的稳定悬浮要求。

在额定载荷（AW2）工况下，悬浮系统满足运营需求，具备持续运行的能力；在最大载荷（AW3）工况下，持续工作时间不应小于 4h。

（2）悬浮控制器

悬浮控制计算机不出现死机/非程序预定的重新启动等现象，能实时提供悬浮系统状态和故障信息，且上报的信息应与实际情况相符，工作过程中通信中断时间不超过 1s。

悬浮控制器应具有冗余控制能力，具备承受负载短路、断路突变冲击的能力，功率单元能承受不大于 5s 的短时失电冲击，在供电恢复后能恢复正常工作。供电电压波动范围为 ±15％时不影响悬浮性能。

悬浮控制器控制悬浮电磁铁的起浮降落动作平稳，无磕碰轨道现象。

（3）悬浮传感器

悬浮传感器的悬浮间隙检测探头针对轨道接缝应用环境需有冗余设置，至少能满足 3 选 2 的要求。在通过轨道 40mm 接缝宽度、悬浮间隙为 0～12mm 条件下，悬浮传感器至少有 2 个间隙信号各自输出的误差绝对值不大于 0.5mm。

悬浮传感器的垂向加速度计的灵敏度偏差绝对值不大于 5％，年稳定度零点偏差绝对值不大于量程的 2％。垂向加速度测量应有冗余设置，至少能满足 2 选 1 的要求。

（4）悬浮电磁铁

悬浮电磁铁内外极板应设防吸附滑块，防吸附滑块的高度不大于 3mm。

悬浮电磁铁的冷却方式采用自然风冷方式，额定工作电流条件下的绕组温升不大于绝缘耐受温升。额定温升后应能承受 5 次最大冲击电流，绕组温升不大于绝缘耐受温升。

悬浮电磁铁的悬浮能力符合车辆承载能力要求，额定承载力与自重比值不小于 8。

额定载荷下悬浮电磁铁变形挠度不大于 2mm。

5.2.3　牵引系统

5.2.3.1　系统基本功能及组成

牵引系统接收来自直流牵引供电网（供电轨）的高压直流电能，通过电源分配、电能转换在牵引电机上产生列车所需的牵引力和电制动力。中低速磁浮车辆的牵引系统采用变频变压逆变器—直线感应电机构成的交流传动系统，电制动时，在高速区段采用再生制动，在低速区段采用反接制动。

牵引系统主要由受流器、库用插座、高压分线箱、高压电器箱、滤波电抗器、牵引变流器及直线电机等设备组成。其中，受流器、库用插座和高压分线箱等构成高压供电电路，以3辆编组为例，仅在带司机室的端车布置（图5.2-6）；高压电器箱、滤波电抗器、牵引变流器及直线电机等构成牵引变流主电路，牵引变流器有两路输出，向布置在车辆左右两侧的两组直线电机供电（图5.2-7）。中低速磁浮车辆每节车辆均为动车，每节车均配置牵引变流设备。

图 5.2-6　3辆编组列车高压供电电路

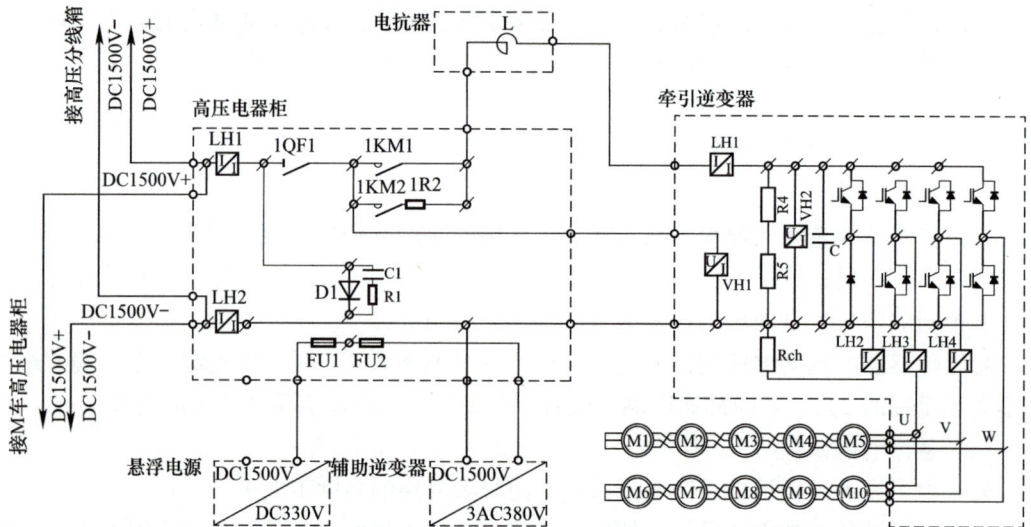

图 5.2-7　中低速磁浮车辆牵引变流主电路

5.2.3.2　主要参数和性能要求

根据现行行业标准《中低速磁浮交通车辆电气系统技术条件》CJ/T 411 和《城市轨道交通　中低速磁浮交通车辆通用技术条件》（国家标准，编制中）的规定，牵引系统的主要性能指标见表5.2-7。

5.2.3.3　技术要求

牵引系统应符合现行行业标准《中低速磁浮交通车辆电气系统技术条件》CJ/T 411 和《城市轨道交通　中低速磁浮交通车辆通用技术条件》（国家标准，编制中）的规定。

牵引系统主要性能参数		表 5.2-7
项目	参数	备注
启动加速度（0～40km/h）（m/s²）	≥1.0	
平均加速度（0～最高速）（m/s²）	≥0.4	
牵引变流额定效率	≥98%	

（1）系统要求

列车牵引动力配置除满足正常运行要求外，还应满足故障运行和救援要求。

牵引系统满足列车各种工况下对牵引力或电制动力的要求，能够根据车辆载荷等条件自动调整牵引力或电制动力的大小，并具有防冲动控制措施。电制动应与机械制动系统配合良好，二者平稳过渡。

牵引系统电气设备应符合现行国家标准《轨道交通　机车车辆电气设备》GB/T 21413 的规定，电子设备应符合现行国家标准《轨道交通　机车车辆电子装置》GB/T 25119 的规定。

（2）牵引变流器

牵引变流器功率器件推荐采用 IGBT、热管强迫风冷。牵引传动控制采用恒滑差频率或变滑差频率的矢量控制方式。

牵引变流器给多台直线电机并联供电时，电机间的电流应均衡。

传动控制单元实现对牵引变流器及直线电机的控制，通过列车通信网络与中央控制单元通信，完成车辆控制和保护功能以及应急驾驶的控制。

牵引变流器符合现行国家标准《轨道交通　机车车辆用电力变流器　第 1 部分：特性和试验方法》GB/T 25122.1 的规定。

（3）直线电机

牵引系统的牵引电机采用直线电机，直线电机为单边、短初级形式，采用走行自然风冷方式。

牵引电机的初级安装在车辆上，次级（感应板）为铝板（或其他导电材料），固定铺设在 F 轨上。感应板具有良好的导电性能，感应板的厚度应与电机间隙、初级参数合理配合。感应板与 F 型钢轨之间的连接强度应满足设计要求，感应板固定在 F 型钢轨上后，1m 长度范围内感应板表面不平整度应小于电机额定机械间隙的 5%。

直线电机的特性满足车辆牵引及制动特性要求。直线电机初级与次级之间的法向力应控制在一定范围内，且不应超过最大载荷时悬浮系统的承受能力。

直线电机应符合现行国家标准《轨道交通　电力牵引　变流器供电的短初级直线感应电动机》GB/T 32349 的规定。

5.2.4 辅助电源系统

5.2.4.1 系统基本功能及组成

中低速磁浮车辆的辅助电源系统，从供电负载种类上分为辅助供电系统和悬浮供电系统。辅助供电系统与城市轨道交通车辆辅助供电的功能相同，为列车空调、牵引风机、空气压缩机、照明及控制电路等车载用电设备提供 AC380V 和 DC110V 电源。悬浮供电系统主要为悬浮系统负载提供 DC330V 电源，为中低速磁浮车辆专有。按照电压等级分类，辅助电源系统包括 DC110V 电源系统、AC380V 电源系统和 DC330V 电源系统。

（1）DC110V 电源系统

DC110V 电源包括 DC110V 充电机和 DC110V 蓄电池（图 5.2-8）。正常情况下 DC110V 充电机为全列车 DC110V 负载供电，蓄电池处于浮充状态，当无外部供电或充电机故障情况下由蓄电池向负载供电。

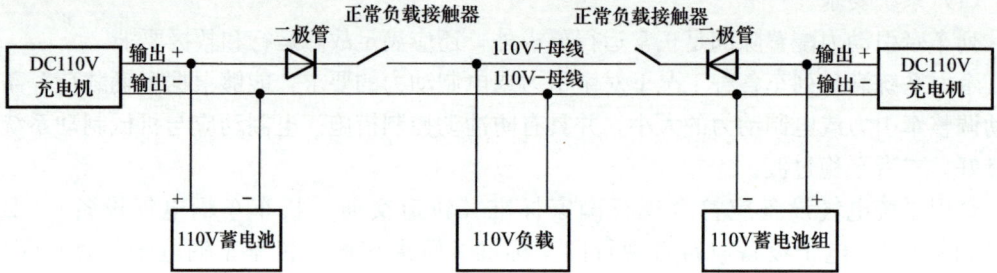

图 5.2-8　三编组中低速磁浮车辆 DC110V 电路拓扑

（2）AC380V 电源系统

AC380V 电源系统主要设备为 AC380V 辅助逆变器，向空调机组、空气压缩机、牵引风机、DC110V 充电机等交流负载供电（图 5.2-9）。

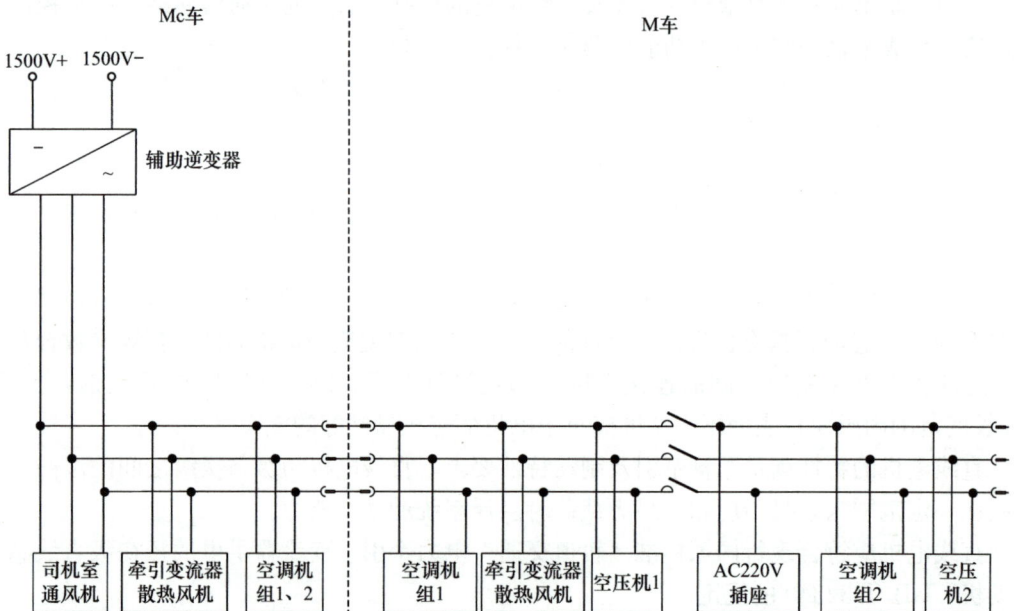

图 5.2-9　三编组中低速磁浮车辆 AC380V 电路拓扑

（3）DC330V 电源系统

DC330V 电源系统主要为悬浮系统提供电能，由 DC330V 悬浮电源和 DC330V 蓄电池组等构成，为提高供电可靠性，通过跨接电缆实现全列车的 DC330V 电网贯通（图 5.2-10）。

5.2.4.2　主要参数和性能要求

辅助电源系统的主要性能指标见表 5.2-8。

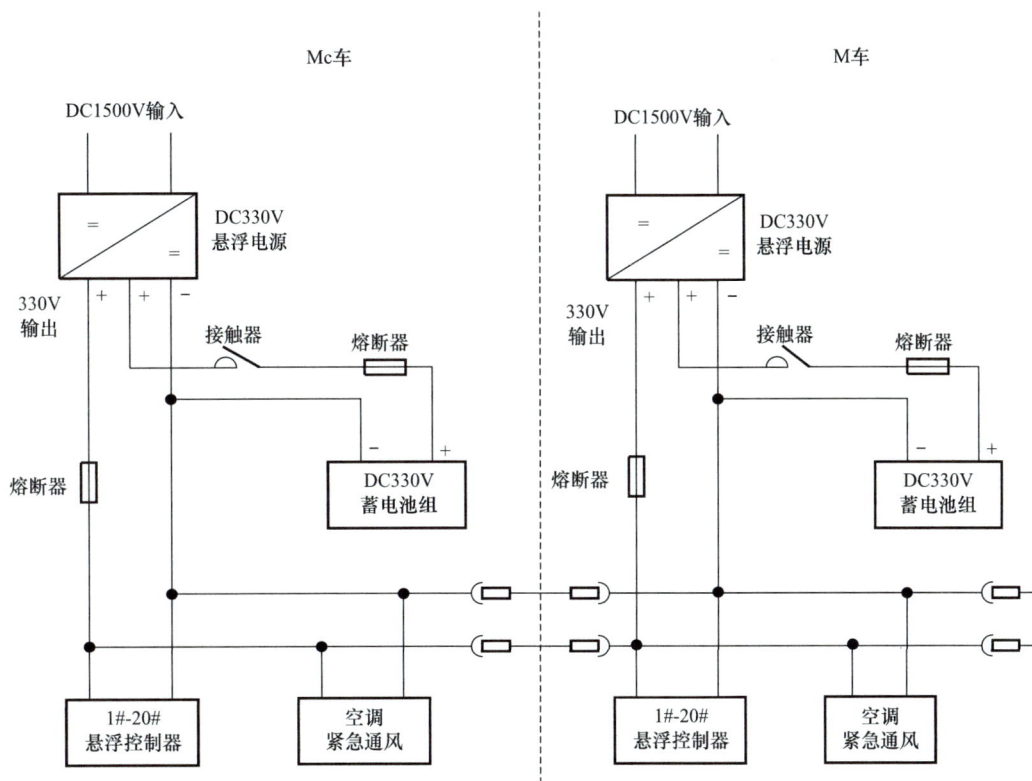

图 5.2-10　DC330V 电源系统电路拓扑

辅助电源系统的主要性能指标　　　　　　　　　　表 5.2-8

项目	参数	备注
DC110V 电源		
额定输入电压	3AC380V/50Hz，波动范围±10%	
额定输出电压	DC110V（−5%～5%可调）	
效率（额定工况）	≥0.9	
直流输出电压纹波系数	≤1%	
AC380V 电源		
额定输入电压	DC1500V	
额定输出电压和静态允差（基波）	3AC380Vrms，允差±5%	
额定输出频率和静态允差（基波）	50Hz，允差±1Hz	
输出电压谐波含量（THD）	<10%	
效率（额定负载工况）	≥0.9	
DC330V 电源		
额定输入电压	DC1500V	
额定输出电压	DC330V，−5%～5%可调	
直流纹波系数	≤3%（额定电压、额定输出功率）	
效率（额定负载工况）	≥0.9	

5.2.4.3 技术要求

辅助电源系统应符合现行行业标准《中低速磁浮交通车辆电气系统技术条件》CJ/T 411 和《城市轨道交通 中低速磁浮交通车辆通用技术条件》（国家标准，编制中）的规定。

（1）DC110V 电源系统

DC110V 电源系统应具备短路、输入过压、欠压、过流、过热等故障诊断和保护功能。

DC110V 电源系统应具有冗余，当列车中有一套电源发生故障时，仍能使列车安全可靠地停靠在设定的停车点。DC110V 蓄电池组能够在紧急工况下保证列车控制系统、紧急照明、外部照明、车载安全设备、广播、通信、车门等系统工作，并可保证列车开关门 1 次。应急供电时间：高架或地面线路上不低于 30min，隧道内不低于 45min。

（2）AC380V 电源系统

AC380V 电源系统应具有冗余，当列车中有一套电源发生故障时，应仍能使列车安全可靠地停靠在设定的停车点。

AC380V 辅助逆变器应符合现行国家标准《轨道交通 机车车辆用电力变流器 第 1 部分：特性和试验方法》GB/T 25122.1 的规定，其容量应能满足车辆各种工况下的使用需求。

（3）DC330V 电源系统

当一套悬浮电源出现故障时，列车仍能安全可靠运行至临近车站或检修中心。悬浮电源外部供电中断时，悬浮系统配置的蓄电池应能维持车辆悬浮供电的时间不小于 10min。

悬浮电源应符合现行国家标准《轨道交通 机车车辆用电力变流器 第 1 部分：特性和试验方法》GB/T 25122.1 的规定，其容量能满足车辆各种工况下的使用需求。

5.2.5 制动及供风系统

5.2.5.1 系统基本功能及组成

中低速磁浮车辆与轮轨车辆一样，制动系统主要由电制动和摩擦制动组成，电制动由牵引系统提供，摩擦制动主要通过闸片与 F 轨道摩擦产生制动力，由摩擦制动系统实施。供风系统主要为列车空气弹簧、受流器等用气设备，提供充足、干燥、洁净、压力合适的压缩空气。

目前，投入使用的摩擦制动系统有气液转换型和液压型两种。气液转换制动系统因其技术较为成熟，制动性能相对稳定可靠，早期在中低速磁浮车辆上应用较多，随着液压密封材料性能、液压件的微型化以及可靠性和适用性的提高，液压制动系统问世并在中低速磁浮车辆上实现应用。相比气液转换制动系统，液压制动系统可提供更优异的制动性能，在相同制动性能要求下，设备配置少，重量轻，成本低。因此，液压制动系统更适用于中低速磁浮车辆，逐渐取代气液转换制动系统。

液压制动系统集微机控制、网络通信和故障诊断等信息化功能为一体，主要由电子制动控制单元、电液控制单元、基础制动装置、液压支撑单元等部件组成。供风系统主要由供风单元、辅助气控单元、风缸等部件组成（图 5.2-11）。

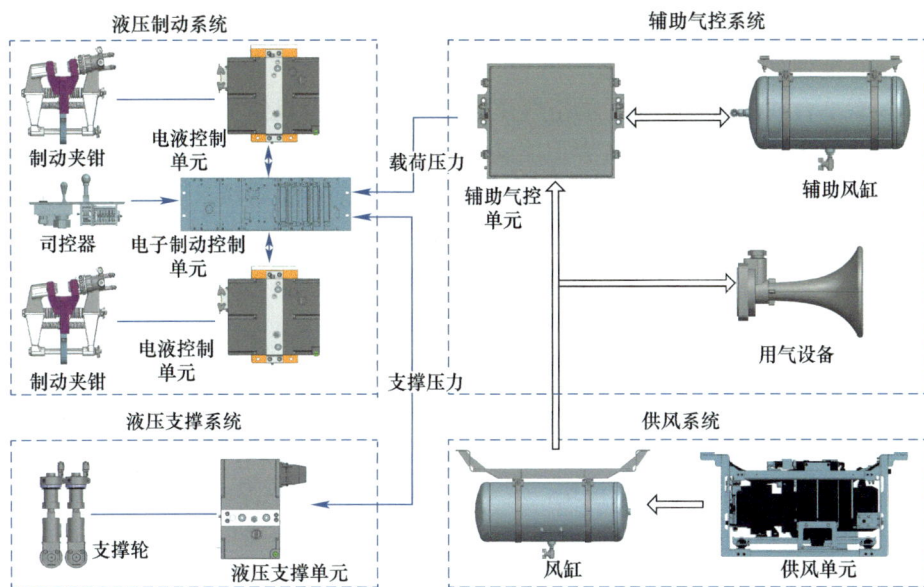

图 5.2-11 液压制动及供风系统构成

5.2.5.2 主要参数和性能要求

制动及供风系统的主要性能指标见表 5.2-9。

制动及供风系统的主要性能指标 表 5.2-9

项目	参数	备注
制动系统		
常用制动平均减速度（最高速～0）	≥1.0m/s²	平直干燥轨，AW0～AW3
快速制动平均减速度（最高速～0）	≥1.2m/s²	平直干燥轨，AW0～AW3
冲击限制	≤1.0m/s³	常用制动、快速制动
液压系统密封性	蓄能器压力值在 5min 内下降不应超过 1.0MPa	制动系统在最大正常工作压力下，系统稳压 1min 后
最大停放制动坡道	70‰	
供风系统		
气密性	5min 内压降不超过 20kPa	总风缸充至最大工作压力，切断供风设备的通路

5.2.5.3 技术要求

根据现行行业标准《中低速磁浮交通车辆通用技术条件》CJ/T 375 和《城市轨道交通 中低速磁浮交通车辆通用技术条件》（国家标准，编制中）的要求，制动及供风系统应符合下述规定：

制动系统具备电制动和液压制动两种制动方式。液压制动应具备相对独立的制动能力，在牵引供电中断或电制动出现故障的情况下，液压制动能使列车安全停车。制动系统具有常用制动、紧急制动功能，并能根据车辆载荷调整制动力大小。列车在平直且制动面无油漆的轨道上实施紧急制动时，能在规定的距离内停车。常用制动充分利用电制动功能并具有冲击限制。电制动与液压制动能协调配合，实现平滑转换，电制动力不足时液压制动按总制动力的要求补充不足的制动力。当列车意外分离时，能立刻自动实施紧急制动使分离的列车自动制动。列车设置保持制动和停放制动功能，在规定的线路最大坡度、最大载荷情况下，能使列车不发生溜逸。

列车配置 2 台或 2 台以上独立的空气压缩机组，当 1 台机组失效时，其余压缩机组的性能、排气量、供气质量和储风缸容积能满足整列车的供气需求。压缩空气管路及液压管路宜采用不锈钢或铜材料，管路、储风缸和蓄能器安装前应做防锈、防腐和清洁处理。

5.2.6 悬浮架

5.2.6.1 系统主要功能及组成

悬浮架为中低速磁浮车辆的走行机构，具有承载、走行及减振功能。悬浮架位于车体下方，从外侧环抱在 F 轨道，悬浮架采用连续布置结构，是中低速磁浮车辆重要的部件之一。悬浮架主要由悬浮架单元、稳定导向机构及滑台装置等组成（图 5.2-12）。

悬浮架单元作为悬浮架的基本模块，主要包括构架装置、悬浮电磁铁装置、空气悬挂装置、电机吊挂装置、牵引装置、垂向滑橇装置、支撑轮装置及基础制动装置等（图 5.2-13）。

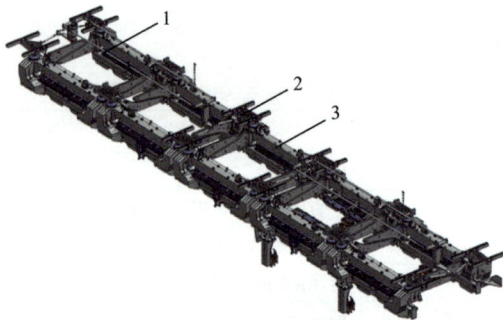

1—稳定导向机构；2—滑台装置；3—悬浮架单元

图 5.2-12 悬浮架构成示意图

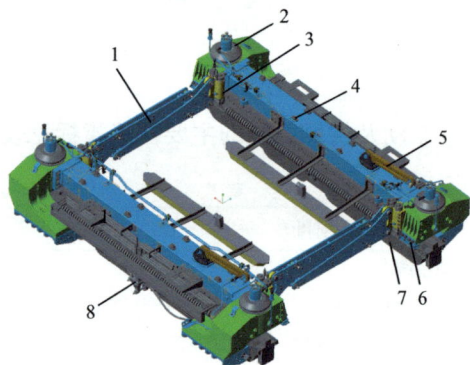

1—构架装置；2—空气悬挂装置；3—支撑轮装置；
4—电机吊挂装置；5—牵引装置；6—垂向滑橇装置；
7—悬浮电磁铁装置；8—基础制动装置

图 5.2-13 悬浮架单元构成示意图

5.2.6.2 主要参数和性能要求

悬浮架的主要技术参数见表 5.2-10。

悬浮架的主要技术参数 表 5.2-10

项目	参数	备注
悬浮架模块数量	3～5	目前以 5 模块为主
悬浮架单元纵向中心距	2800mm	相邻 2 个悬浮架单元中心距

5.2.6.3 技术要求

根据现行行业标准《中低速磁浮交通车辆通用技术条件》CJ/T 375 和《城市轨道交通中低速磁浮交通车辆通用技术条件》（国家标准，编制中）的要求，悬浮架应符合以下规定：

悬浮架构架宜采用铝合金材料。悬浮架的结构静强度满足最大载荷作用下，其应力不超过相应材料的许用应力值，同时满足结构疲劳强度的要求，其疲劳寿命不低于 30 年。

悬浮架应与车体及轨道相协调、配合，满足通过电磁力实现无接触运行的要求。最大载荷作用下同一横断面上的电磁铁内外磁极面与相对应的 F 轨磁极面之间的结构变形差小于 2mm。

悬浮架上应设置支撑轮装置，当车辆出现悬浮失效时，列车能以不低于 10km/h 的速度运行到邻近车站，并在清客后运行到邻近的车辆维修中心。支撑装置满足耐磨、耐冲击、耐腐蚀等要求。

悬挂系统宜采用空气弹簧支撑车体，并应设置高度调整阀和防过充装置。悬浮架和车体之间应设置防脱开装置。

悬浮架在非悬浮状态下依靠支撑滑橇停放在 F 轨道上，支撑滑橇结构应满足车辆最高运行速度下落车的静强度要求，其摩擦结构宜采用粉末合金材料。

悬浮架与轨道之间设置横向止挡滑块组件，横向止挡滑块材料应具有耐磨、抗冲击的性能，不得选用铁磁性材料。

5.3　实践思考与建议

5.3.1　标准应用中需关注的问题

5.3.1.1　车辆总体要求

（1）列车最大坡道运行能力

《城市轨道交通　中低速磁浮交通车辆通用技术条件》（国家标准，编制中）中规定：线路最大纵向坡度不应大于 70‰。该标准中规定了线路最大坡度的上限，实际应用时不能一味地追求最大坡度，应综合考虑运营需求以及列车在不同运行工况下的最大爬坡能力共同确定。列车正常运行时爬坡能力最强，70‰坡度是没有问题的，但是，列车正线运营时难免会出现牵引故障而需要故障运行甚至被其他车辆救援的情况，那么，列车在损失部分牵引动力或牵引其他故障列车时，相比列车无故障运行，最大爬坡能力降低。为避免列车故障对正线运营产生较大影响，从运营的角度考虑，要求列车能在故障情况下或救援其他故障列车时通过线路最大坡道继续向前运行。

综合上述因素，根据工程化经验，实际工程时建议按照"正线最大坡度不宜大于50‰，困难条件下不应大于 60‰；其他线路困难条件下不应大于 70‰"的原则进行线路坡度设计。

（2）列车故障运行能力

《城市轨道交通　中低速磁浮交通车辆通用技术条件》（国家标准，编制中）中规定：超员载荷工况下，列车丧失 1/3 牵引动力时，应能在正线最大坡道上启动，并维持运行到邻近车站。对于中低速磁浮车辆而言，在考虑牵引动力损失时，认为悬浮系统正常工作，不考虑牵引动力和悬浮同时失效的复合故障情况。结合运营需求和列车故障时的坡道运行能力，列车故障运行能力一般考虑以下三种工况：

1）超员载荷工况下，悬浮正常，列车损失 1/3 及以下牵引动力，应能在线路 60‰坡道上启动，并运行至线路终点。

2）超员载荷工况下，列车出现同一个电磁铁上两个悬浮点失效时，故障悬浮点依靠垂向滑橇支撑滑行，应能在线路 60‰坡道上启动，并运行至邻近车站。

3）空载工况下，列车悬浮失效时，牵引动力正常，依靠支撑轮运行，应能在线路 60‰坡道上启动，并运行至邻近车站或车辆基地。

（3）列车救援能力

列车救援能力是指线路上运行列车丧失全部牵引动力时正常列车对故障列车的救援能力。《城市轨道交通　中低速磁浮交通车辆通用技术条件》（国家标准，编制中）中规定：列车在超员载荷工况下，当丧失全部动力时，应能由另一列相同编组空载列车在最大坡道上牵引或推送至相邻车站。该标准中规定的列车丧失全部牵引动力损失时，悬浮系统是正常的，未考虑动力全部损失和悬浮全部失效的极端情况。结合运营需求和列车救援其他故障列车的坡道运行能力，列车救援主要考虑以下两种工况：

1）一列空载列车牵引另一列空载无动力但悬浮正常的列车，应能在线路 60‰坡道上启动（上坡）运行至邻近车站。

2）一列空载列车牵引另一列超员载荷无动力但悬浮正常的列车，应能在线路 50‰坡道上启动（上坡）运行至邻近车站。

5.3.1.2　悬浮系统

（1）悬浮控制器

现行国家标准《城市轨道交通中低速磁浮车辆悬浮控制系统技术条件》GB/T 39902规定，悬浮控制器应具备承受负载短路、断路突变冲击的能力，除此外还应考虑过热、过压和过流保护。该标准规定，悬浮控制器的绝缘电阻和介电性能应按照现行国家标准《轨道交通　机车车辆电气设备　第 1 部分：一般使用条件和通用规则》GB/T 21413.1 进行设计，但现行国家标准《轨道交通　机车车辆电气设备　第 1 部分：一般使用条件和通用规则》GB/T 21413.1 仅对介电性能有要求，实际设计时需按照现行国家标准《轨道交通　机车车辆电子装置》GB/T 25119 进行绝缘电阻设计。

（2）悬浮传感器

现行国家标准《城市轨道交通中低速磁浮车辆悬浮控制系统技术条件》GB/T 39902规定，绝缘电阻和介电性能应按照现行国家标准《轨道交通　机车车辆电气设备　第 1 部分：一般使用条件和通用规则》GB/T 21413.1 进行设计，但现行国家标准《轨道交通机车车辆电气设备　第 1 部分：一般使用条件和通用规则》GB/T 21413.1 仅对介电性能有要求，应用时需按照现行国家标准《轨道交通　机车车辆电子装置》GB/T 25119 进行绝缘电阻设计。

（3）悬浮电磁铁

现行国家标准《城市轨道交通中低速磁浮车辆悬浮控制系统技术条件》GB/T 39902规定了浸水 1h 后的绝缘电阻值不应小于 $1M\Omega$，根据经验，浸水时间太短，很难发现问题。悬浮电磁铁运行环境恶劣，完全暴露在外，受雨雪潮湿环境影响较大，雨水湿气一旦进入电磁铁线圈内部，容易引起绝缘故障，因此，实际设计时一般按照浸水 24h考虑。

5.3.1.3　牵引系统

（1）直线电机电流均衡性

《城市轨道交通　中低速磁浮交通车辆通用技术条件》（国家标准，编制中）规定，当

1 台牵引逆变器给多台直线感应电机并联供电时，电机间的电流应均衡。中低速磁浮车辆均为动车，配置 1 台牵引变流器和 10 台直线电机，直线电机联结方式为"五串二并"，牵引变流器具有 2 路输出，向 2 路并联的直线电机供电，每路并联的直线电机由 5 台直线电机串联。因此，进行牵引系统设计时，应特别关注直线电机电流均衡，避免因输出电流不均衡导致牵引变流器故障保护。通常采取直线电机串联连接时相序交错的接线方式使 2 路并联的直线电机阻抗尽量均衡，实现电机电流均衡。

（2）直线感应电机法向力抑制

《城市轨道交通　中低速磁浮交通车辆通用技术条件》（国家标准，编制中）规定，直线电机初级与次级之间的法向力应控制在一定范围内，且不应超过最大载荷时悬浮系统的承受能力。直线电机牵引控制通常采用恒滑差频率或变恒滑差频率控制策略，产生牵引力的同时也产生法向力，而法向力与悬浮系统的悬浮力作用方向相反。在车辆最大载荷时，一旦直线电机法向力过大，车辆重力叠加直线电机法向力可能超过悬浮系统悬浮力，导致落浮或者悬浮系统电磁铁过流。因此，进行牵引系统设计时，不能一味追求直线电机牵引力和电制动力，需考虑尽可能抑制直线电机法向力，设计控制策略在满足列车牵引和电制动性能要求的同时尽可能使直线电机的法向力小，以减小对悬浮系统的不利影响。

5.3.1.4　辅助电源系统

《城市轨道交通　中低速磁浮交通车辆通用技术条件》（国家标准，编制中）规定，悬浮电源为直流电源，当列车上一套悬浮电源故障时，列车应能安全可靠运行至相邻车站或检修中心。为确保供电稳定，列车通常配置多台悬浮电源共同向 DC330V 母线供电，当某悬浮电源故障时，悬浮系统仍可从 DC330V 母线获取电能。多台悬浮电源共同向 DC330V 母线供电方案容易造成悬浮电源负载电流不均衡的问题，负载电流不均衡会导致各悬浮电源的老化不均，影响其使用寿命，不利于检修维护。因此，在进行悬浮供电网设计时，需采用使各悬浮电源负载电流均衡的控制策略，使列车正常运用过程中各悬浮电源的负载电流（出力）基本一致。

5.3.1.5　制动系统

中低速磁浮车辆的机械制动主要采用液压制动系统，基础制动采用夹钳制动方式，通过制动夹钳装置的制动闸片压紧 F 轨道施加制动（图 5.3-1）。

根据图 5.3-1 可知，F 轨道制动面的表面状态影响制动摩擦系数，进而影响制动效果。为满足车辆悬浮力的需求，F 轨道采用磁密较大的 Q235B 钢，轨道表面通过油漆进行防腐，导致制动摩擦系数降低，同时，在露天条件下 F 轨道还受到灰尘、油污、雨雪等侵扰，也导致制动摩擦系数减小。借鉴城市轨道交通车辆经验，按照现行设计标准，中低速磁浮车辆紧急制动也全部采用机械制动，根据既有中低速磁浮线路制动试验情况，在 F 轨

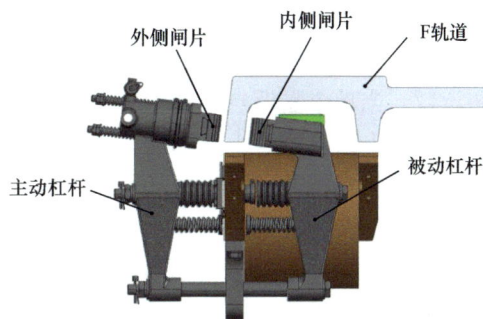

图 5.3-1　中低速磁浮列车制动夹钳的工作原理

道制动面油漆状态下车辆实际紧急制动距离超过了规定的距离。针对这种情况，基于制动安全的考虑，目前采取几种方案进行应对：

（1）基于 F 轨油漆面摩擦系数进行紧急制动能力设计，通过增加制动夹钳数量和提高制动压力，增大紧急制动力。

（2）紧急制动按照干燥无油漆 F 轨道进行设计，试验时基于设计条件进行，通过在线路试验路段反复施加制动将油漆摩擦掉实现。

（3）ATP 紧急制动采用电液混合制动方式，电制动优先，不足时由液压制动补充。

（4）增加非常制动功能，在司机台上设置非常制动按钮，非常情况下由司机按下非常制动按钮进行触发，非常制动时车辆落车并同步施加车辆紧急制动。

上述 4 种方案在一定程度上提高了制动的安全性，但仍存在一定问题：（1）方案一使基础制动装置数量增加，制动压力提高，导致系统成本和重量增加、可靠性下降；（2）方案二的制动设计和试验条件与列车实际运营环境不符，新线路条件下 F 轨道存在油漆，实际摩擦系数低，紧急制动距离将超标；（3）方案三仅信号系统触发的紧急制动采用电液混合制动方式，车辆（子系统或紧急停车）触发的紧急制动仍全部采用液压制动，当 F 轨道上存在油漆时紧急制动距离仍然超标，且未考虑电制动失效时的应对措施；（4）方案四仅通过司机操作非常制动按钮触发，其实施的及时性完全受制于司机的判断与反应，若 ATP 紧急制动或其他条件触发紧急制动时，当司机发现紧急制动距离过长，再按下非常制动按钮，可能为时已晚。

现有标准对紧急制动的相关规定基本沿用轮轨车辆，未考虑到中低速磁浮车辆紧急制动的特殊性，针对工程化应用中存在的实际问题，各单位在进行紧急制动设计时采取了不同的应对方案，现有方案仍存在一定的局限性。

因此，建议在制修订标准时，针对中低速磁浮车辆的技术特点，从车辆和信号系统两个方面统筹考虑，对车辆紧急制动实施方式及信号系统安全防护策略进行优化，制定适用于中低速磁浮车辆的紧急制动方案，以确保车辆的制动安全。

5.3.1.6　悬浮架

关于支撑滑橇，《城市轨道交通　中低速磁浮交通车辆通用技术条件》（国家标准，编制中）对垂向滑橇的要求是"支撑滑橇结构满足车辆最高运行速度下落车的静强度要求，其摩擦结构宜采用粉末合金材料"，仅仅对其高速落下时的静强度和材料进行了规定。

垂向滑橇装置在中低速磁浮车辆运行中起到比较重要的作用，具体有三个方面：

（1）当车辆需要长期停放时，将车辆落浮，垂向滑橇与 F 轨接触，依靠垂向滑橇与 F 轨道之间的静摩擦将车辆静置在轨道上。

（2）当单个悬浮点失效时，相应位置的支撑滑橇落下，与 F 轨道接触，基于运营需要，此时失效悬浮点由支撑滑橇支撑，需要以一定的速度继续滑行，维持列车运行至邻近车站，垂向滑橇的速度和磨耗性能应满足运营要求。

（3）非常情况下，触发列车非常制动，落车，垂向滑橇与 F 轨道产生滑橇制动，需满足高速条件下滑橇摩擦制动的性能要求，同时滑橇应具备较好的抗冲击性能。

因此，在进行支撑滑橇设计和应用时应系统地考虑上述因素。

5.3.2　标准现状及建议

目前，在中低速磁浮车辆领域，发布的国家和行业标准（住房城乡建设部归口）较少，但这些标准在支撑和引导我国中低速磁浮交通发展发挥了重要的作用。随着磁浮技术和产业的不断发展，现有标准无法有效满足产业快速发展的需求，主要体现在四个方面：(1) 磁浮车辆专有系统的标准发布少，专业覆盖范围有限，没有形成标准体系；(2) 部分标准发布时间较早，标准的部分条款与目前车辆的技术状态不匹配，需进行内容修订，如《中低速磁浮交通车辆电气系统技术条件》CJ/T 411-2012；(3) 整车标准与子系统标准在内容上存在一定的重叠，如《城市轨道交通　中低速磁浮交通车辆通用技术条件》（国家标准，编制中）和《中低速磁浮交通车辆电气系统技术条件》CJ/T 411-2012，标准制修订时需一并考虑；(4) 基于市域（郊）铁路建设需求，中低速磁浮车辆的最高速度已从100km/h 提升至 160km/h，已发标准主要针对 120km/h 以下磁浮车辆，不足以支撑140km/h 以上市域（郊）磁浮交通的发展，急需启动相关标准的编制。

基于上述分析，为更好地规范和指导磁浮交通产业的发展，建议如下：

(1) 开展《中低速磁浮车辆牵引电传动系统》《中低速磁浮车辆悬浮供电系统》《中低速磁浮车辆悬浮架》《中低速磁浮车辆液压制动系统》及《中低速磁浮车辆测速定位系统》等专有系统的标准编制，逐步完善中低速磁浮车辆的技术标准体系。

(2) 基于市域（郊）磁浮交通的发展需求，尽快开展《160km/h 市域（郊）磁浮车辆通用技术条件》的标准编制。

(3) 积极布局并申报磁浮车辆相关的国际标准制订项目，抢占技术标准"高地"，掌握话语权，向全球推介中国磁浮交通技术、标准及装备，打开海外磁浮市场新局面。

第6章 胶轮导轨车辆

胶轮导轨车辆是指通过胶轮与轨道梁面或混凝土路面接触支承和导向轮导向的城市轨道交通车辆。胶轮导轨车辆属于中低运量城市轨道交通系统车辆，根据《城市轨道交通分类》GB/T 44413-2024，主要包括跨座式单轨车辆、悬挂式单轨车辆、自动导向轨道交通车辆、导轨式胶轮车辆等（图6.0-1）。

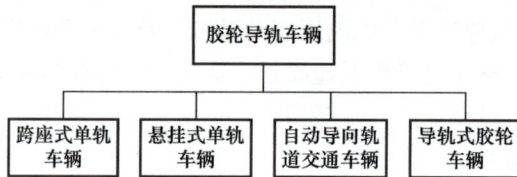

图 6.0-1 胶轮导轨车辆分类

胶轮导轨车辆区别于钢轮钢轨和磁悬浮轨道交通车辆的主要特征在于采用橡胶走行车轮，走行面或导向面可根据需求选择混凝土材质或钢梁材料，一般而言除了悬挂式单轨车辆采用钢梁为主，其他制式车辆多采用预应力混凝土梁结构。

胶轮导轨车辆均由车体及内装设备、转向架、制动系统、电气系统、空气调节及供暖装置、安全设施、控制与诊断监视系统、通信与乘客信息系统等构成（图6.0-2）。不同制式的胶轮导轨车辆的主要差别点在于车体及转向架系统。

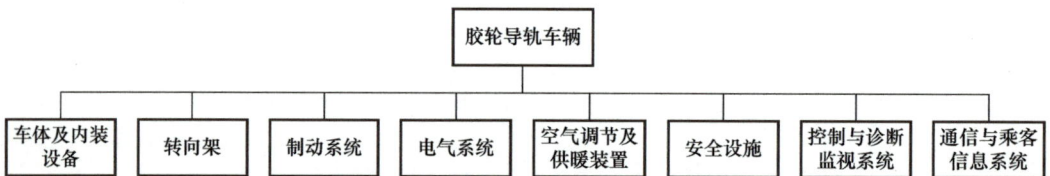

图 6.0-2 胶轮导轨车辆系统构成

6.1 相关标准

GB/T 50458　　《跨座式单轨交通设计标准》

CJ/T 287　　　《跨座式单轨交通车辆通用技术条件》

CJ/T 366　　　《自导向轮胎式车辆通用技术条件》（正在修订）

CJJ/T 277　　　《自动导向轨道交通设计标准》

CJJ/T 320　　　《悬挂式单轨交通技术标准》

6.2　跨座式单轨车辆产品性能及技术要求

6.2.1　技术特点

跨座式单轨是单轨交通的一种型式，车辆采用橡胶车轮跨行于梁轨合一的轨道梁上，除走行轮外，转向架两侧的导向轮和稳定轮夹行于轨道梁的两侧，保证车辆的安全平稳。

跨座式单轨交通具有中等运量及以上的运输能力，能作为城市的主要交通或骨干运输线网，主要适用于中小城市。跨座式单轨车辆使用了胶轮系统，绿色环保，设计线路宜沿城市道路地面走向，在供乘客参观城市景色的同时，能节约建设投资和运维成本。跨座式单轨交通工程设计应按照城市国土空间规划、城市综合交通体系规划、城市轨道交通线网规划和城市轨道交通建设规划要求，选择最佳线路和站点，充分满足和适应客流需求和城市功能及经济的要求，发挥跨座式单轨交通的最大价值。按照城市管理部门统筹计划进行设计、建设，并充分与其他交通协调，达到互利、互补、互通，满足城市交通发展需求。

6.2.2　车辆类型

跨座式单轨车辆主要分为 A 型车和 B 型车两种，现行国家标准《跨座式单轨交通设计标准》GB/T 50458 规定了 A 型车和 B 型车的产品性能和技术要求，现行行业标准《跨座式单轨交通车辆通用技术条件》CJ/T 287 主要规定了 A 型车的相关要求。A 型车与 B 型车的主要差异在于载客量和轨道梁宽度及地板面高度（图 6.2-1）。A 型车载客量应大于 B 型车。对于轨道梁宽度，A 型车应采用 850mm，B 型车宜采用 700mm 或 690mm。目前，国内采用 A 型跨座式单轨车辆的线路主要有重庆 2 号线和重庆 3 号线，采用 B 型跨座式单轨车辆的线路有芜湖 1 号线和芜湖 2 号线。

(a) A 型跨座式单轨　　　　　　　　　　(b) B 型跨座式单轨

图 6.2-1　跨座式单轨车辆

跨座式单轨车辆的车钩连接面长度、车体长度、车辆高度、车辆总高度、车辆宽度、车辆最大宽度、客室地板面高度、转向架中心距、空气弹簧中心距、每辆车客室门数、定员人数、超员人数、车辆自重、轴重、车辆构造速度、最高运行速度、启动加速度、紧急制动减速度、常用制动减速度、冲击率极限、爬坡能力等参数应优先满足现行国家标准《跨座式单轨交通设计标准》GB/T 50458 的规定，可根据项目需求按照现行行业标准《跨座式单轨交通车辆通用技术条件》CJ/T 287 的规定执行。

跨座式单轨车辆的主要技术参数需符合表 6.2-1 的规定。表 6.2-1 中尺寸来自于市场现有成熟产品。

主要技术参数 表 6.2-1

序号	项目		CJ/T 287-2008		GB/T 50458-2022			
			A 型车		A 型车		B 型车	
			Mc 车或 Tc 车	M 车或 T 车	头车	中间车	头车	中间车
1	车钩连接面间长度（mm）		15500	14600	15500（可调）	14600	13600（可调）	≤12700
2	车体长度（mm）		14800	13900	14800（可调）	13900	13000（可调）	12000
3	车顶距轨道梁顶面高度（mm）		3840		3840		3020	
4	车辆总高度（mm）		5300		5300		4220	
5	客室内净高（mm）		2050		2200		≥2100	
6	车辆宽度（mm）		2900		2980		3200	
7	客室地板面距轨道梁顶面高度（mm）		1130		1130		500	
8	车钩中心距轨道梁顶面高度（mm）		760		760		760	
9	每辆车客室门数（对）		2		2 或 3			
10	客室门有效开度（mm）		—		≥1300		1300～1600	
11	客室门洞高度（mm）				≥1820			
12	载员（人）	座席	—		32	36	16	18
13		定员（6 人/m² 计）	151	165	151	165	136	146
14		超员（9 人/m² 计）	211	230	211	230	196	210
15	车辆自重（t）		≤28	≤27	28		18	
16	车轴数		4	4	4		—	
17	轴重（t）		<11		<11		≤14	
18	车辆构造速度（km/h）		—		最高运行速度的 1.1 倍			
19	最高运行速度（km/h）		80		100			
20	启动加速度（m/s²）		—		≥0.83		≥0.85	
21	紧急制动减速度（m/s²）		≥1.25		≥1.25			
22	常用制动减速度（m/s²）		≥1.10		≥1.10			
23	冲击率极限（m/s³）		0.75		0.75			
24	爬坡能力（‰）		60		60			
25	转向架中心距（mm）		9600		9600		9150	
26	转向架	走行轮固定轴距（mm）	1500		—		—	
27		导向轮轴距（mm）	2500		2500		≤1480	

续表

序号	项目		CJ/T 287-2008		GB/T 50458-2022			
			A 型车		A 型车		B 型车	
			Mc 车 或 Tc 车	M 车 或 T 车	头车	中间车	头车	中间车
28	主要 尺寸	走行轮自由直径（mm）	1006		1006		≤1006	
29		导向轮自由直径（mm）	730		730		≤730	
30		稳定轮自由直径（mm）	730		730		≤730	

注：1. 计算轴重时按乘客人均质量为 60kg 计算。
　　2. 每平方米有效空余地板面积站立的人数按 5～6 人计，超员按 9 人计。
　　3. 计算车辆的总定员数时，有效站立面积按客室地板面积减去座椅垂向投影面积和投影面前 250mm 内高度不小于 1800mm 的面积计算，每个座椅面积按 450mm×550mm 计算。
　　4. 车辆定员数和站立人数是根据现行国家标准《地铁设计规范》GB 50157 的计算方法确定的。

车辆的载员是根据跨座式单轨交通发展和运用特点，以及国内生产商生产的单轨车辆确定。A 型车车厢内设置的座位数不宜少于定员数的 20％，B 型车车厢内设置的座位数不宜少于定员数的 15％。车厢内应设置特殊人员专用位置。

6.2.3　总体要求

6.2.3.1　线路条件

跨座式单轨交通设计宜以高架线路为主，地面线为辅，不宜采用地下线形式。

运行线路应符合下列要求：

（1）最大坡度不应大于 6％。

（2）正线的最小平面曲线半径不应小于 100m，车场线的最小平面曲线半径不应小于 50m。

（3）竖曲线半径不宜小于 2000m，困难地段不应小于 1000m。

车辆应能通过最小平面曲线半径 50m 的线路。当车辆通过最小平面曲线半径区段时，应能在此线路上进行正常的连挂作业。

6.2.3.2　供电与受流

当车辆采用牵引接触网受电方式时，应由安装于轨道梁侧面的正极接触轨受电，负极接触轨回流（图 6.2-2）。

额定供电电压宜采用 DC1500V 或 DC750V。对于 A 型车一般以 DC1500V 为主，对于 B 型车一般以 DC750V 供电为主。供电系统应符合现行国家标准《城市轨道交通直流牵引供电系统》GB/T 10411 的规定。

车体应接地或设置防漏电保护装置。车体与回流轨侧的集电装置不连通时，车体上应设置接地板电刷（图 6.2-3）。

车辆内各电气设备应有防止乘客及检修人员触电的保护措施。

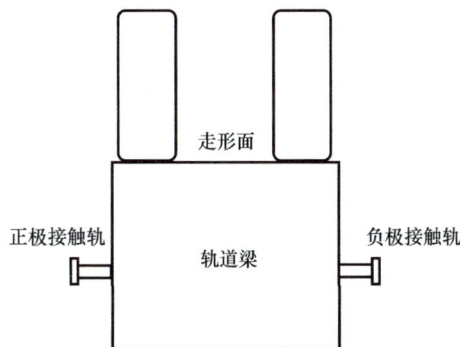

图 6.2-2　接触轨布置示意图

图 6.2-3 接地板电刷示意

6.2.3.3 噪声

车辆应进行隔声和降噪设计。电气设备和牵引逆变器应采取可靠电噪声抑制措施，牵引电机宜采用永磁同步电机或三相异步电机，并应采用低噪声冷却系统，车体下部、车轮外侧应采用隔声裙板进行包裹，裙板包裹范围应综合考虑减少噪声源强和车辆外部造型。车体内壁及隔声裙板内侧宜喷涂阻尼材料，并应采取吸声措施。

车辆内部噪声测量方法应符合现行国家标准《城市轨道交通列车噪声限值和测量方法》GB 14892 的相关规定。在车辆以 60km/h 的速度运行时，司机室内的噪声不应超过 70dB（A）、客室内的噪声不应超过 75dB（A）。

车辆外部的噪声应符合现行国家标准《跨座式单轨交通设计标准》GB 50458 的规定。当列车在露天地面水平直线区段自由声场内以 60km/h 速度运行时，在车外距轨道梁中心 7.5m、轨道梁轨面距地面高 14.4m、测量仪器距地面高度 1.2m 处，测得的连续等效噪声值不应大于 75dB（A）。

6.2.3.4 牵引制动性能

列车的牵引制动性能应满足下列要求：

（1）列车在超员状态下，当损失不大于 1/4 的动力时，应能在正线的最大坡道上启动，并可运行到终点，清客后返回车辆基地。

（2）列车在超员状态下，当损失 1/2 动力时，应能在正线的最大坡道上启动，并运行到邻近车站。

（3）一列空载状态的救援车应能将另一列相同编组停在正线最大坡道上处于超员状态的故障列车牵引或顶推通过最大坡道并运行至前方车站，清客后返回车辆基地。

6.2.4 车辆型式与列车编组

跨座式单轨的车辆型式和列车编组应根据客流预测、线路条件、环境条件及运营组织要求确定。

列车可采用动拖车混合编组或全动车编组形式的 2～8 节编组。列车的编组应满足牵引动力和车下设备布置重量均衡的要求。

6.2.5 车体

车辆的结构设计使用寿命不应小于 30 年。

车体应采用轻型整体承载结构，车体动载荷、静载荷、疲劳载荷计算应符合现行行业标准《城市轨道交通车辆车体技术条件》CJ/T 533 的规定，车体承受最大纵向静压试验载荷不应小于 350kN，承受最大纵向拉伸试验载荷不应小于 280kN。

车辆的结构材料应采用不燃性材料，内部设施应采用不燃材料或无卤、低烟的阻燃材料。车辆防火设计应符合现行行业标准《城市轨道交通车辆防火要求》CJ/T 416 的相关规定。车辆内应设有符合车辆部件燃烧特质的灭火器具及必要的防护设施。

6.2.6　转向架

转向架可采用双轴或单轴转向架，A 型跨座式单轨宜采用双轴转向架（图 6.2-4a），B 型跨座式单轨宜采用单轴转向架（图 6.2-4b），根据轻量化要求，A 型和 B 型跨座式单轨车辆可采用铰接式转向架。

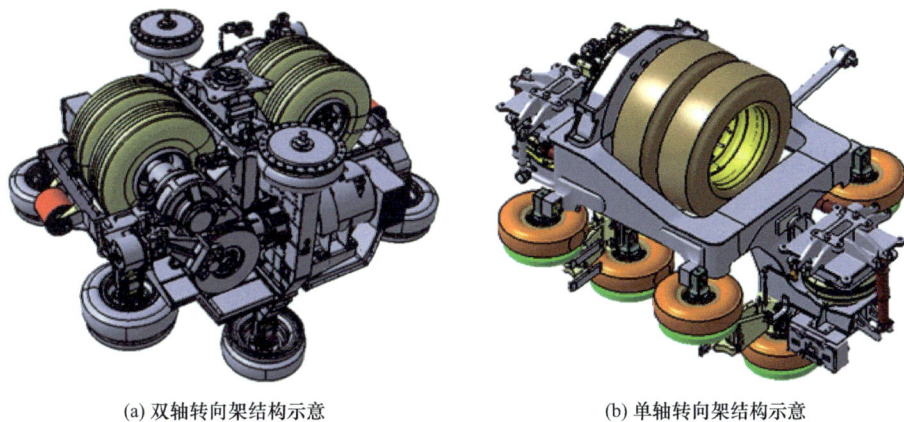

(a) 双轴转向架结构示意　　　　　　　　　　(b) 单轴转向架结构示意

图 6.2-4　转向架结构示意

双轴转向架车辆客室地板为高地板，重心较高，地板平坦，平整性好，乘客使用面积大、客室布置美观。单轴转向架车辆重心低，自重轻，车辆客室地板局部隆起，车辆底部的设备占用乘客使用面积。

转向架由构架、走行轮、水平导向轮和水平稳定轮及传动装置等部件构成，应与轨道梁相匹配，水平导向轮和水平稳定轮对轨道梁的压力应可调整。

转向架相关部件在允许磨损限度内，应保证列车能以最高运行速度安全平稳运行。在支撑或减振系统发生故障时，车辆能在轨道梁上安全运行至邻近车站，清客后低速返回车辆段。

所有车轮应采用充氮气的橡胶轮胎车轮。每个走行轮和水平轮应有独立的胎压监测及失气报警装置，并应设有辅助走行装置。转向架辅助走行装置需保证橡胶轮发生故障时的安全。

悬挂系统宜采用空气弹簧或橡胶堆，并应设置高度自动调整阀。车体与转向架构架间安装减振器和横向止挡。为确保车辆运行平稳和乘坐舒适，宜采用无摇枕空气弹簧车辆转向架。

6.2.7　制动系统

制动系统根据要求可选择空气制动或液压制动系统，列车制动系统应由制动系统、紧急制动系统、停放制动系统组成。制动系统应包括指令装置、电空控制装置或电液控制装置、执行操作装置、自诊断装置等。

制动系统应能根据空重车载荷自动调整制动力大小。

电制动与空气制动应能协调配合，常用制动应优先使用电制动，并充分利用电制动功能，并具有冲击率限制。当电制动力不足时，空气制动按总制动力的要求补充不足的制动力，电制动与空气制动能够平滑转换。空气制动应具有相对独立的制动能力，即使在牵引供电中断或电制动故障情况下，也应能保证空气制动发挥作用，使列车安全停车。

列车在实施电制动（再生制动）时，制动能量应能被其他列车吸收，吸收不足部分应由设于地面的再生制动能量吸收装置吸收。

紧急制动应为纯空气制动。列车出现意外分离等严重故障影响列车安全时，应能够立刻自动实施紧急制动。

列车应配备停放制动装置，并应保证列车在线路最大坡道、最大载荷情况下施加停放制动不会发生溜车。

基础制动采用带有气液变换器的液压式盘形制动装置。列车应具有 2 套或以上独立的电动空气压缩机组。当一台机组失效时，其余空气压缩机组的供气量、供气质量和总风缸容积应均能满足整列车的供风要求，空气压缩机组应设有干燥器和自动排水装置，压力调节器和安全阀动作值应准确可靠。

总风缸容量能够满足空气压缩机压力调节器的压力处于最低工作点，并且空气压缩机全部停止工作在超员载荷情况下，制动系统可提供至少 3 次紧急制动施加或缓解操作。

压缩空气管路应采用不锈钢或铜质材料，管路和储风缸安装前应做防锈、防腐和清洁处理。

空气系统的气密性应符合现行国家标准《城市轨道交通车辆组装后的检查与试验规则》GB/T 14894 的要求，系统（总风缸、制动管路、风动门、空气悬挂、电空装置等）的压力值在关闭气路后 5min 内，降低值不应超过 20kPa。制动缸及辅助风缸压力经 3min 后，降低值不超过 10kPa。

6.2.8 电气系统

6.2.8.1 高压系统

高压电路正极和负极均应分别设置避雷器。主保护应与牵引变电站保护相协调，在各种短路状态下能安全分断。主电路、辅助电路、控制电路应各有完整可靠的保护。各种保护的整定值、动作时间、动作程序应正确无误，并应有故障显示和故障切除装置，以维持列车故障运行。受电弓应符合《轨道交通　机车车辆受电弓特性和试验　第 2 部分：地铁和轻轨车辆受电弓》GB/T 21561.2-2018 的规定。

线路供电系统的再生制动能量应回馈至电网或由设于变电站的再生制动能量吸收装置吸收。

列车宜配置应急储能牵引动力装置，当正常牵引供电中断时，列车超员（AW3）可维持运行至邻近车站。

6.2.8.2 牵引系统

牵引系统应采用变频调压的交流传动系统。牵引系统应具有牵引和再生制动的基本功能。

牵引电机应符合《电力牵引　轨道机车车辆和公路车辆用旋转电机　第 2 部分：电子变流器供电的交流电动机》GB/T 25123.2-2018 的规定，牵引电器应符合《轨道交通　机车车辆电气设备　第 1 部分：一般使用条件和通用规则》GB/T 21413.1-2018 和《轨道交

通　机车车辆电气设备　第 2 部分：电工器件　通用规则》GB/T 21413.2-2021 的规定，电子设备应符合《轨道交通　机车车辆电子装置》GB/T 25119-2021 的规定，电力变流器应符合《轨道交通　机车车辆用电力变流器　第 1 部分：特性和试验方法》GB/T 25122.1-2018 的规定。

当多台牵引电动机由一个变流器并联供电时，其额定功率应考虑因橡胶轮胎滚动直径引起的负荷分配不均以及在运行时轴重转移的影响。

车辆的牵引及辅助系统的主保护应与牵引变电所保护相协调，并应在各种短路状态下能安全分断。主电路、辅助电路、控制电路应具有完整可靠的保护。各种保护的整定值、动作时间、动作程序的设定应正确无误，并应具有故障显示和故障切除功能。

6.2.8.3　辅助系统

辅助电源系统应由辅助变流器、低压电源和蓄电池等组成。辅助电源的交流输出电压波形为正弦波，波形畸变率不大于 5%，电压波动范围不应大于 ±5%，相间不平衡系数不大于 1%，频率应为（50±2.5）Hz。

辅助变流器应符合现行国家标准《轨道交通　机车车辆用电力变流器　第 1 部分：特性和试验方法》GB/T 25122.1 的规定，其容量应能满足车辆各种工况下的使用需求。

宜采用碱性蓄电池，额定电压应采用 110V 及 24V，电压波动允许范围应符合现行国家标准《轨道交通　机车车辆电气设备　第 1 部分：一般使用条件和通用规则》GB/T 21413.1 规定。

浮充电电压应精确控制，蓄电池的浮充电性能良好，其容量应能够满足车辆在故障情况下的应急照明、外部照明、车载安全设备、广播、通信等系统工作不低于 45min 以及开关门 1 次的要求。

蓄电池箱应采用二级绝缘安装。蓄电池箱上应安装正极和负极短路保护用空气断路器。

6.2.9　空调、供暖及通风装置

列车空调、供暖及通风装置应采用集中控制方式，并应确保制冷供暖效果及乘客舒适性的要求，人均新风量按定员人数计不应少于 10m³/h。当客室内仅有机械通风装置时，人均供风量按定员人数计不应少于 20m³/h。

6.2.10　通信与乘客信息

列车应设有广播系统、无线通信系统、乘客信息系统，车内可设视频监视装置。广播系统可与无线通信系统连接。

列车应设置报警系统，客室内应设置乘客紧急报警装置，乘客紧急报警装置应具有乘务员或运营控制中心与乘客间双向通话功能。

6.2.11　安全与应急设施

列车可根据车型，采取纵向疏散、横向疏散或垂向疏散的应急救援方式。

纵向疏散救援是指在同一轨道梁上，救援列车行驶到故障列车的前部或后部进行互相对接，然后打开两列车对接端的疏散门，各把渡板向门外铺开，展开折叠着的安全栏杆，在乘务员引导下，乘客由故障列车向救援列车转移，然后由救援列车牵引故障车驶向邻近站台，疏散完乘客后返回基地或避难线。采取纵向疏散时，列车的两端宜设紧急疏散门，端门的宽度不应小于600mm，高度不应小于1800mm。

横向疏散救援是指利用客室车门处临时搭载的渡板将乘客从故障列车疏散到对向的正常列车，该渡板可常备于车站。横向疏散时要求两个方向的列车相隔距离不宜过大。当采用横向疏散时，两侧的客室侧门可作为紧急疏散使用。

垂向疏散救援一般是利用客室内常备的缓降绳吊挂在每个客室门上方配备的垂向疏散缓降支架上，将乘客逐个从列车上安全缓降到地面应急疏散通道。垂向缓降装置的形式可根据实际情况设置，线路上已设置应急疏散通道时，胶轮车辆可考虑不设置司机室前端疏散门。

用于严寒和寒冷地区的跨座式单轨车辆，应加装除雪、融雪装置或采用其他措施。

车辆客室内应设有紧急照明，照度不应低于10lx。

6.2.12 车辆限界

跨座式单轨交通的限界分为车辆限界、设备限界和建筑限界。车辆限界包括集电装置限界和接地装置限界，设备限界包括接触轨限界和接地板限界。

车辆在各种运行状态下，车辆与车辆、车辆与轨行区内任何固定或可移动物体之间不应发生接触，车辆受电弓与接轨网、车辆集电靴与接触轨除外。

单轨交通线路单线断面，建筑限界车辆断面与隧面之比应小于0.5。

A型车高架线及地面线区间车辆轮廓线、车辆限界、直线地段设备限界应按照《跨座式单轨交通设计标准》GB/T 50458-2022 附录B的A型车限界图执行。

B型车的限界应根据《跨座式单轨交通设计标准》GB/T 50458-2022 的计算方法执行。

根据《城市轨道交通工程项目规范》GB 55033-2022 规定：当城市轨道交通非顶部受电且无安装设备时，建筑限界上部和侧面距设备限界的最小安全间隙为200mm。当车辆存在低于运行面以下部分且无安装设备时，建筑限界下部距设备限界的最小安全间隙为100mm。

对双线区间，当两条线间无建（构）筑物时，两条线设备限界之间的安全间隙应大于100mm；当有建（构）筑物或设备时，建（构）筑物或设备与设备限界之间的安全间隙不应大于50mm。

曲线站台边缘与车厢地板高度处车辆轮廓线的水平间隙相比直线站台的间隙增加值不应大于80mm。

在任何工况下，车站站台面均不应高于车辆客室地板面，车站站台面与车辆客室地板面间的高差应不大于50mm。

直线车站的站台屏蔽门与车辆车体轮廓最宽处的间隙应不大于130mm。

6.3 悬挂式单轨车辆产品性能及技术要求

6.3.1 技术特点

悬挂式单轨交通属于中低运量制式，是城市轨道交通多制式协同发展的补充，主要适用场景为客流集散点联络（如机场接驳）、中城市主城区（特别是多山、多丘陵地带城市）内部交通、旅游区或大型商圈的观光等。在地面道路资源紧张，且远期高峰小时客流量小于 1.5 万人次/h 时，悬挂式单轨交通具有强大的竞争优势。

　　悬挂式单轨交通车辆走行机构始终位于开口箱梁内部，不会脱轨。列车在空中全封闭运行，具有独立路权，与其他交通制式完全隔离，运行安全可靠、无干扰，可充分保障系统的运行安全。悬挂式单轨交通工程造价指标低于地铁、轻轨等其他轨道交通制式。悬挂式单轨交通的轨道梁桥及部分车站结构均采用装配式构件设计、制造。各种原件在工厂中预先批量生产，运送到现场组装即可，现场安装调试相对简单，节省现场施工时间；项目建设工期为 1～2 年，明显低于地铁、轻轨等的建设工期。

6.3.2　车辆类型

　　悬挂式单轨交通为车辆悬挂于轨道梁（或索轨）下方行驶的单轨交通。根据悬挂车辆行驶的轨道结构型式，可分为梁轨式悬挂式单轨交通和索轨式悬挂式单轨交通。胶轮悬挂式单轨车辆为梁轨式悬挂单轨交通车辆，根据现行行业标准《悬挂式单轨交通技术标准》CJJ/T 320，悬挂式单轨车辆可分为 A 型和 B 型两种。悬挂式单轨交通车辆的类型应根据当地预测客流量、环境条件和线路条件等因素综合比选确定。

　　悬挂式单轨车辆的供电电压、车钩连接面长度、车体长度、车辆高度、车辆总高度、车辆宽度、车辆最大宽度、客室地板面高度、转向架中心距、空气弹簧中心距、每辆车客室门数、定员人数、超员人数、车辆自重、轴重、车辆构造速度、最高运行速度、爬坡能力等参数宜根据现行行业标准《悬挂式单轨交通技术标准》CJJ/T 320 的规定执行。

　　悬挂式单轨车辆的主要技术参数需符合表 6.3-1 的规定。表 6.3-1 中尺寸来自于市场现有成熟产品，不排除其他尺寸产品的可能。

主要技术参数　　　　　　　　　　　　　　　　表 6.3-1

项目名称		参数	
		梁轨式	
		A 型	B 型
额定电压（V）		DC1500 或 DC750	
车体长度（mm）	无司机室车辆（L）	11000	8400～9600
	单司机室车辆	L+Δ	
车钩连接面间距离（mm）	无司机室车辆（L₀）	12200	9200～10400
	单司机室车辆	$L_0+\Delta_0$	
车辆最大宽度（mm）		2880	2300～2500
车辆基本宽度（mm）		2650	2200～2400
车辆底部至轨面高度（mm）		3400～3700	
车内净高（mm）		≥2100	
客室地板面距轨面距离（mm）		3450	3110～3370
轴重（t）		≤7.5	≤5.5
轨道梁内部导向面间净宽度（mm）		1470	780～1000
轨道梁内部轨面以上净高度（mm）		1550	1100～1250
走行轮轴距（mm）		1500	1000～1700

续表

项目名称			参数	
			梁轨式	
			A 型	B 型
导向轮纵向轴距（mm）			3200	≤3050
车辆定距（mm）			8000	5700～7000
每侧车门数（对）			2	
车门宽度（mm）			≥1300	
车门高度（mm）			≥1820	
载员（人）	座席	无司机室车辆	32	20～24
		单司机室车辆	20	16～22
	定员	4 人/m² 无司机室车辆	103	66～72
		4 人/m² 单司机室车辆	85	58～64
		6 人/m² 无司机室车辆	139	90～96
		6 人/m² 单司机室车辆	117	80～86
	超员	9 人/m² 无司机室车辆	193	120～132
		9 人/m² 单司机室车辆	166	110～119
车辆最高运行速度（km/h）			80	60～70
最大爬坡能力（‰）			80	
可通过线路最小平面曲线半径（m）			30	

注：1. L 为无司机室车体长度，Δ 为司机室加长量；L_0 为无司机室车钩连接面间距离，Δ_0 为司机室及端头车钩的加长量。

2. 每平方米有效空余地板面积站立的人数，定员分别按 4 人、6 人计，超员按 9 人计。

3. 有效站立面积，指客室地板总面积减去座椅垂向投影面积，以及投影前 250mm 内的面积以外所含高度不小于 1800mm 的面积。

在确定系统运能时，车厢有效空余地板面积上站立乘客定员宜按每平方米站立 4～6 名乘客计算。根据悬挂式单轨交通车辆舒适度要求和乘客平均运距，客室可采用横向、纵向或横纵向结合的形式布置座席。

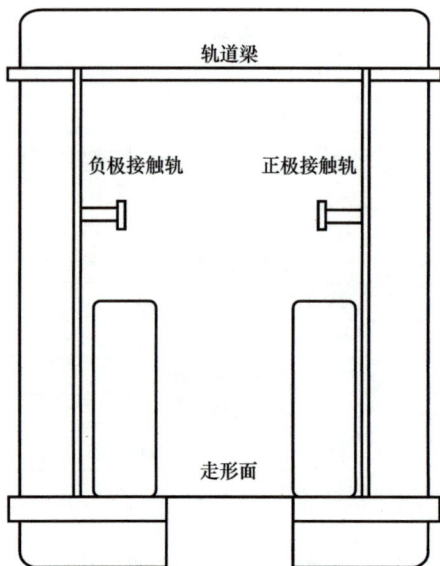

图 6.3-1　接触轨布置示意

6.3.3　总体要求

6.3.3.1　线路条件

车辆应能够运行在符合下列要求的线路上：

（1）最大坡度不应大于 80‰。

（2）最小平面曲线半径：正线不应小于 50m，车场线不得小于 30m。

（3）竖曲线半径：一般情况下不应小于 1000m。

6.3.3.2　供电条件

可采用接触轨受流器受电或储能供电。当车辆采用牵引接触轨受电方式时，应由安装于轨道梁侧面的正极接触轨受电，负极接触轨回流（图 6.3-1）。

供电的额定电压宜采用 DC1500V 或 DC750V。供电系统应符合现行国家标准《城市轨道交通直流牵引供电系统》GB/T 10411 的规定。

6.3.3.3　噪声

车辆内部噪声测量方法应符合现行国家标准《城市轨道交通列车噪声限值和测量方法》GB 14892 的相关规定。在车辆以 60km/h 的速度运行时，司机室内的噪声不应超过 70dB（A）、客室内的噪声不应超过 75dB（A）。

车辆外部的噪声，当列车在露天地面水平直线区段自由声场内以 60km/h 速度运行时，在车外距轨道梁中心 7.5m、轨道梁轨面距地面高 14.4m、测量仪器距地面高度 1.2m 处，测得的连续等效噪声级不应大于 75dB（A）。

6.3.3.4　牵引制动性能

悬挂式单轨车辆的加减速性能要求应符合表 6.3-2 的规定。

单轨车辆加减速性能要求　　　　　　　　表 6.3-2

最高运行速度（km/h）	加速度（m/s²）		制动减速度（m/s²）	
	启动加速度	平均加速度	常用	紧急
60	0～30（km/h）≥1.0	0～60（km/h）≥0.5		
70	0～35（km/h）≥1.0	0～70（km/h）≥0.5	≥1.0	≥1.2
80	0～40（km/h）≥1.0	0～80（km/h）≥0.5		

列车纵向冲击率不应大于 $0.75m/s^3$。

列车牵引动力配置除应满足正常运行要求外，尚应满足一列处于超员状态下损失 1/2 牵引动力时，能在线路最大坡道上启动及运行到邻近车站的要求。

6.3.4　车辆型式与列车编组

车辆型式按需求分为带司机室动车（Mc）、无司机室动车（M）、带司机室拖车（Tc）、无司机室拖车（T）等 4 种。

悬挂式单轨交通列车宜采用 2～6 辆编组。

6.3.5　车体

车体结构材料应采用铝合金、不锈钢、碳纤维或轻钢复合等新型材料，并应采用整体承载结构。在使用期限内，车体强度应满足在极端条件下承受的动载荷、静载荷，以及冲击载荷要求，并应在各种条件的架车、换轮胎、起吊和救援、调车、连挂作业等各种力的作用下，车体应力不应超过设计许用应力值，且不得产生永久变形及疲劳损伤。

车体作为车辆走行部外所有系统的承载体，其结构强度和刚度必须满足相关标准规定。车体应采用整体承载结构，轻量化设计，以便在满足轴重的前提下，最大限度提升载客能力。使用轻量化车体会显著节约能源，减少车辆和线路的维修费用，具有较好的经济效益，采用铝合金车体或不锈钢车体是发展方向。

车辆主体结构设计使用寿命不应小于 30 年。

车体动载荷、静载荷、疲劳载荷计算应符合现行行业标准《城市轨道交通车辆车体技术条件》CJ/T 533 的规定。车体的静态承载能力应符合现行行业标准《悬挂式单轨交通技术标准》CJJ/T 320 的规定，车体承受最大纵向静压试验载荷不应小于 200kN，承受最大纵向拉伸试验载荷不应小于 150kN。

联结装置中应有缓冲装置，其特性应能有效吸收撞击能量，缓和冲击。该装置应能承受并可完全复原的最大冲击速度为 5km/h。

内部设施应采用不燃材料或无卤、低烟的阻燃材料。车辆防火设计应符合现行行业标准《城市轨道交通车辆防火要求》CJ/T 416 的相关规定。车辆内应设有符合车辆部件燃烧特质的灭火器具及必要的防护设施。

列车两端的车辆宜设置防意外冲撞的撞击能量吸收区。

6.3.6 转向架

车辆转向架由构架、走行轮、水平导向轮及传动装置等部件构成，结构和尺寸应与轨道梁相匹配，同时有效隔离轨道梁振动向车体的传递。允许磨耗限度是指车轮磨耗、闸片磨耗到限。

水平导向轮对轨道梁的压力应可调整。转向架相关部件在允许磨损限度内，应保证列车能以最高运行速度安全平稳运行。即使在支撑或减振系统发生故障时，也应能确保车辆在轨道梁上安全运行至邻近车站，清客后空车低速返回车辆段（图 6.3-2、图 6.3-3）。

图 6.3-2　SA1 车辆转向架结构示意　　　图 6.3-3　SA2 车辆转向架结构示意

转向架应设置应急保护装置，保证橡胶轮发生故障时的安全。如采用充氮气的橡胶轮胎车轮，每个走行轮和水平轮应有独立的胎压监测及失气报警装置，并应设有辅助走行装置。

悬挂系统宜采用空气弹簧或橡胶堆，并应设置高度自动调整阀。车体与转向架构架之间安装减振器和横向止挡。转向架宜采用 2 系悬挂，其中一系悬挂为叠簧，二系悬挂为空气弹簧。

6.3.7 制动系统

列车制动系统应采用液压系统或空气系统，液压系统是以有压液体作为工作介质进行能量转换的系统，空气系统是指压缩空气发生系统。

系统应具备常用制动、快速制动、紧急制动和停放制动等功能，宜包括指令装置、电气及空气控制装置、执行操作装置、自诊断装置等。

列车应配备停放制动装置，停放制动的能力应满足列车在超员条件下能在最大坡道上可靠停放。停放制动装置执行机构一般采用弹簧储能方式，当液压或压缩空气压力正常时压缩弹簧，进行储能，当液压或压缩空气压力降低到规定值以下时，弹簧释放能量，通过制动缸产生制动作用。停放制动装置一般还附有双稳态电磁阀用于切断液压或压缩空气，人为使停放制动装置产生停放制动作用。为了在没有液压或压缩空气的情况下移动车辆，还设有人工缓解阀，用来人工缓解停放制动装置。

常用制动是指列车运行中正常情况下为调节或控制列车速度包括进站停车所施行的制动，它的特点是作用比较缓和而且制动力可以调节。

快速制动是指在特殊工况下急速将当前列车制动的一种可逆转的纯电制动方式，一般情况同紧急制动方式相互协调配合使用。

紧急制动应为液压制动或空气制动，列车出现意外分离等严重故障影响列车安全时，应能立刻自动实施紧急制动。紧急制动是指紧急情况下为使列车尽快停止所施行的制动，也称为"非常制动"，它的特点是作用比较迅猛而且要把列车的液压或空气制动能力全部用上。停放制动系统是车辆停放在线路上或车场内防止车辆溜放的制动系统。

制动系统应采用微机控制，并应能根据空、重车载荷自动调整制动力大小。

常用制动和快速制动应优先使用电制动。电制动与液压制动或空气制动应能协调配合，并应具有冲击率限制。液压制动或空气制动应具有相对独立的制动能力，即使在电制动失效情况下，也能使列车安全停车。

列车在实施电制动（再生制动）时，制动能量应能被本车储能装置或其他列车吸收，吸收不足部分应由再生制动能量吸收装置吸收，再生制动能量吸收装置宜设置在变电所。安装在变电所内的再生制动能量吸收装置有两种，一种主要是由多相斩波器和制动电阻组成，其作用是把再生制动电能经车流吸收后的多余部分消耗到电阻器上，转换成热量释放到大气中；另一种是由逆变器和隔离变压器等组成，其作用是把车流吸收后的再生制动多余的电能通过逆变器反馈至交流电网上。使用再生制动能量吸收装置的重大意义在于通过这种装置，把列车制动产生的原来消耗的巨大多余能量，转换成热量释放到大气中，或反馈到电网上加以利用，对节能减排、提高列车制动性能有非常重要的意义。

基础制动宜采用盘形制动装置。

采用液压制动的列车，每车应具有独立的液压控制系统。

采用空气制动的列车应具有 2 套或以上独立的电动空气压缩机组。当 1 台机组失效时，其余空气压缩机组的供气量、供气质量和总风缸容积均应能满足整列车的供风要求。当列车具有 2 套以上的电动空气压缩机组时，应注意运行管理工作，防止因暂载率太低而使润滑油出现乳化。

6.3.8 电气系统

牵引电机宜采用永磁同步电机，也可采用三相异步电机，并宜采用低噪声冷却系统。

电气系统应有绝缘保护。

主电路、辅助电路控制电路应有可靠的保护。主电路的过电流保护尚应与牵引变电站的过电流保护相协调，并应有故障显示和故障切除装置。

牵引系统应能利用轮轨粘着条件和能按车辆载重量自动调整牵引力或电制动力的大

小，并应具有反应灵敏的防冲动控制。

牵引系统控制单元应具有保护功能和自诊断功能。

6.3.9 安全与应急设施

悬挂式单轨交通车辆应保证运行时的行车安全和人身安全，同时应具备故障、事故和灾难情况下对人员和车辆救助的条件。车上应装有灭火器、事故广播装置、应急疏散门、救援设施等。

列车可根据不同车型，采取纵向疏散、横向疏散、垂向疏散的应急救援方式。

纵向疏散救援即在同一轨道梁上，救援列车行驶到故障列车的前部或后部进行互相对接，然后打开两列车对接端的疏散门，各把渡板向门外铺开，展开折叠着的安全栏杆，在乘务员引导下，乘客由故障列车向救援列车转移，然后由救援列车牵引故障车驶向邻近站台，疏散完乘客后返回基地或避难线。列车两端应设紧急疏散端门，其净开宽度不应小于550mm，高度不应低于1800mm，并应配置纵向疏散设施。

横向疏散救援是指利用客室车门处临时搭载的渡板将乘客从故障列车疏散到对向的正常列车，该渡板可常备于车站。横向疏散时要求两个方向的列车相隔距离不宜过大。

垂向疏散救援可采用客室车门或地板上逃生滑梯等方式。

6.3.10 车辆限界

悬挂式单轨交通的限界分为车辆限界、设备限界和建筑限界。

直线地段设备限界应计入悬挂系统或车轮系统故障状态下，在平直线上以限界计算速度运行时形成的最大动态包络线，直线地段车辆限界和设备限界符合现行行业标准《悬挂式单轨交通技术标准》CJJ/T 320 的规定。

曲线地段设备限界在直线地段设备限界的基础上，根据曲线半径和车辆参数等因素参考现行行业标准《悬挂式单轨交通技术标准》CJJ/T 320 的规定计算。

建筑限界应在设备限界的基础上，计入设备和管线安装尺寸后的最小有效断面。当建筑限界中无设备和管线时，建筑限界与设备限界的间距不宜小于 200mm，困难条件下不得小于 100mm。

当相邻的两线间无桥墩、塔架或其他设备时，线间距应在两设备限界之和加上不小于 100mm 的安全间隙，并考虑轨道梁桥或索道等建（构）筑物的变形量和施工余量。

A 型、B 型车辆采用的基本参数，应符合行业标准《悬挂式单轨交通技术标准》CJJ/T 320-2024 第 6.2 节的规定。当选用车辆的基本参数与《悬挂式单轨交通技术标准》CJJ/T 320-2024 不同时，应重新核定车辆限界、设备限界和建筑限界。

6.4 自动导向轨道交通车辆产品性能及技术要求

6.4.1 技术特点

自动导向轨道交通是一种以无人驾驶胶轮电动车辆为主导的，在配有运行道与导向轨的专用线路上全自动运行的城市轨道交通系统制式。自动导向轨道交通拥有独立路权，具有灵活编组以适应潮汐客流的特点。自动导向轨道交通线路应为全封闭式，以高架线、地面线敷设方式为主，走行面位于轨道结构上部、车辆走行轮下方，承受列车竖向荷载，可采用钢筋混凝土或钢结构，导向面可以位于走行轨两侧或者走行轨之间。

系统应高密度组织运营，其设计最大运输能力应满足行车密度不小于 36 对/h 的要求。目前自导向轮胎式车辆的标准仅有现行行业标准《自导向轮胎式车辆通用技术条件》CJ/T 366、《自动导向轨道交通设计标准》CJJ/T 277，其中《自导向轮胎式车辆通用技术条件》CJ/T 366-2011 目前正在修订中。

6.4.2　车辆类型

自导向轮胎式单轨车辆主要分为侧导向型和中间导向型两种，主要差异在于导向方式等（图 6.4-1、图 6.4-2）。《自导向轮胎式车辆通用技术条件》CJ/T 366-2011 规定了侧导向型车辆的要求，《自动导向轨道交通设计标准》CJJ/T 277-2018 规定了侧导向型和中间导向型两种车辆。

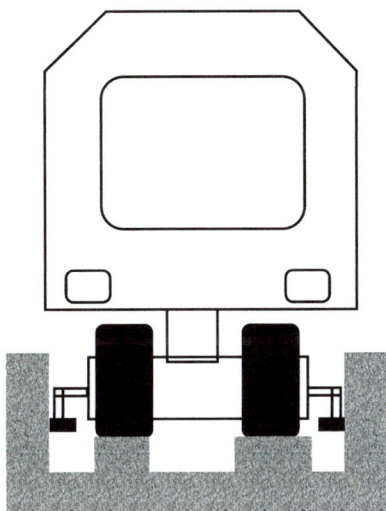

图 6.4-1　侧导向车辆　　　　图 6.4-2　中间导向车辆

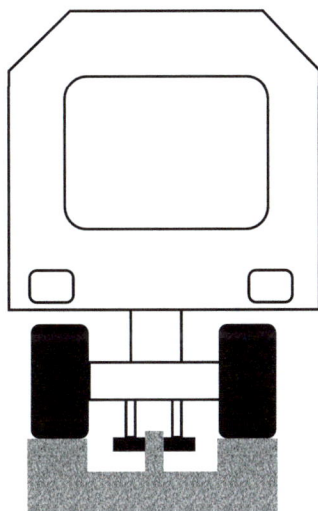

新设计或新规划的自导向轮胎式车辆的车体长度、车辆高度、车辆总高度、车辆宽度、客室地板面高度、每辆车客室门数、轴重等主要技术参数应符合表 6.4-1 的规定。表 6.4-1 中尺寸来自于市场现有成熟产品。

主要技术参数（一）　　　　　　　　　　　表 6.4-1

序号	车型	CJ/T 366-2011（修订中）	
		I 型车	II 型车
1	最高运行速度（km/h）	80	60
2	构造速度（km/h）	90	70
3	车辆长度（车钩连接面之间）(mm)	12750	12750
4	车辆宽度（mm）	2850	2850
5	车内净高（mm）	≥210	≥210
6	轴重（t）	≤14	≤14

序号	车型	CJ/T 366-2011（修订中）	
		Ⅰ型车	Ⅱ型车
7	轴距（mm）	7580	6100
8	车轮中心距（mm）	2050	2032
9	每辆车侧门数（对）	2	2
10	车钩高度（mm）	805	710
11	车辆定员载客量（人/辆）	147	133
12	车辆超员载客量（人/辆）	192	172

既有改造或增购的自导向轮胎式车辆的车体长度、车辆高度、车辆总高度、车辆宽度、客室地板面高度、每辆车客室门数、轴重等主要技术参数宜符合表 6.4-2 的规定。表 6.4-2 中尺寸来自于市场现有成熟产品，不排除其他尺寸产品的可能。

主要技术参数（二）   表 6.4-2

序号	车型	侧导向 （CJ/T 366-2011）	中间导向 （CJJ/T 277-2018）	两侧导向 （CJJ/T 277-2018）
1	车体基本长度（mm）	8500	11000～13000	12000～13500
2	车体基本宽度（mm）	2450	2650～2850	2000～3200
3	车辆最大高度（mm）	≤3450	3300～3700	3650～3750
4	地板面高（mm）	1050	1100～1250	945～1250
5	车门数量	1～2 对	每节每侧不少于 2 个	
6	车门类型	—	对开门	
7	车门净开宽度（mm）	—	≥1900	
8	车门净开高度（mm）	—	≥1960	
9	轴重（超员工况）（t）	9	≤14	
10	车钩距离走形面高（mm）	880	—	

车辆设计所用载客量应按下列规定计算确定：

针对胶轮的特性，将站立乘客标准由钢轮钢轨车辆的每平方米 5～6 人减至 4～5 人。在核对舒适度时，车辆载客量计算办法中的站立密度指标可适当降低。

额定载员为车辆上的座席全部被乘客坐满，同时车内立席面积（S）的额定立席乘客为 6 人/m² 时的载客量：座席＋6S，取整。超员载员为车辆上的座席全部被乘客坐满，同时车内立席面积（S）的最大（超员）立席乘客为 8 人/m² 时的载客量：座席＋8S，取整。

6.4.3 总体要求

车辆的总体要求包括限界、重量、最高试验速度、加速度、减速度、冲击率、平稳性、噪声、故障运行及救援能力、防火、环保、寿命、紧急疏散、密封等，应符合现行行业标准《自动导向轨道交通设计标准》CJJ/T 277 的规定。

6.4.3.1 线路条件

相对于钢轮钢轨地铁系统，自动导向轨道交通系统的轨道形式较为复杂，结合车辆外形的灵活多变性，推荐以高架与地面线为主。受边界条件限制时，可设置局部的地下线路。

车辆应能够运行在符合下列要求的线路上：

（1）最大坡度不应大于 6%。

（2）最小平面曲线半径：正线不应小于 50m，车场线不得小于 22m。

（3）正线、联络线及出入线的圆曲线及夹直线最小长度参见表 6.4-3。

自动导向轨道交通线路要求　　　　　　　　表 6.4-3

圆曲线长度（m）	一般情况	0.5V
	困难情况	15
夹直线长度（m）	一般情况	0.5V
	困难情况	15

注：V 为列车通过圆曲线、夹直线的运行速度（km/h）。

在设计最高运行速度时的平面最小半径与地铁设计原理一致，由于混凝土运行道设计超高按横坡百分比考虑，设计超高进行了公式变换。未被平衡的离心加速度取值按照一般情况 $0.1m/s^2$ 考虑。对于最小曲线半径，一般情况下按公式计算取值，困难地段限速按不低于最高速度 50% 计算取值。车辆基地出入线、联络线配线最小曲线半径一般不应小于 60m，是考虑按速度不低于 30km/h 计算。车场线的曲线半径不应小于 35m，是考虑车场线不设置超高，速度按最低不小于 15km/h 计算。其他配线，如折返线、渡线、临时停车线等最小竖曲线半径，一般情况下不应小于 2000m。

车辆在所规定的线路条件下安全运行为最低要求，车辆还需满足工程实际情况下的线路运行条件。

6.4.3.2　运行速度

列车最大运行速度不应大于 100km/h，列车构造速度不应低于最大运行速度的 110%。

现有自动导向轨道交通车辆最高运行速度为 80km/h。但考虑到自动导向轨道交通工程作为大运量轨道交通骨干线内部加密与外围延伸，以及中低运量轨道交通骨干线的功能定位，同时具备适应站间距小、加减速度高，且快速运行的条件，所以将最高运行速度提高至 100km/h。

6.4.3.3　供电与受流

根据现行行业标准《自动导向轨道交通设计标准》CJJ/T 277 和《自导向轮胎式车辆通用技术条件》CJ/T 366，车辆宜采用集电靴受流，其他受流方式的车辆需另行考虑。

当车辆采用牵引接触网受电方式时，应由安装于轨道梁侧面的正极接触轨受电，负极接触轨回流（图 6.4-3、图 6.4-4）。

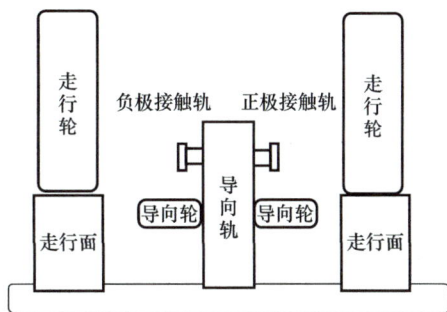

图 6.4-3　中间导向受流靴布置示意图

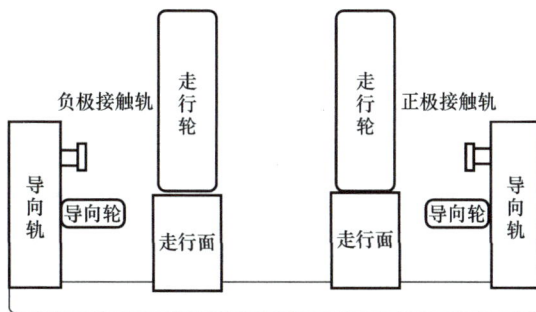

图 6.4-4　侧导向受流靴布置示意图

列车的供电制式及电压可分为下列两种：

（1）DC750V，电压波动范围 DC500V～DC900V，接触轨由＋375V 供电轨、－375V 供电轨及专用接地轨组成。

（2）AC600V，电压波动范围 AC510V～AC630V，供电轨由 U 相、V 相、W 相供电轨及专用接地轨组成。

供电系统应符合现行国家标准《城市轨道交通直流牵引供电系统》GB/T 10411 的规定。

当车辆正常运行时，应采用集电靴受流。每个悬挂及导向子系统应设有两侧或中间受电装置（图 6.4-5、图 6.4-6）。

图 6.4-5　侧导向车辆受流靴示意图

图 6.4-6　中间导向车辆受流靴示意图

每个受电装置应能持续向车辆提供全部用电负荷。车辆应设置与外部电源连接接口。外部电源连接口容量应满足车辆的所有电气负载和空车载荷牵引需求。

车辆应设置接地装置，并应在任何时候都与接地轨相连。

6.4.3.4　噪声

内部噪声应符合下列规定：

（1）车辆静止时，车门关闭时内部噪声应不大于 68dB（A）。

（2）车辆速度 60km/h 时，客室内的噪声不应超过 72dB（A）。

（3）车辆内部噪声测量方法应符合现行国家标准《声学　轨道车辆内部噪声测量》GB/T 3449 的相关规定。

外部噪声应符合下列规定：

（1）当列车静止、所有辅助设备均正常工作时，车外的等效连续噪声值不应大于 68dB（A）。

（2）当车辆停在车站内时，车站内，离站台边缘 1.5m、站台平面上方 1.5m 处，不应大于 69dB（A）。

（3）当车辆进出车站时，车站内，离站台边缘 1.5m、站台平面上方 1.5m 处，不应大于 74dB（A）。

（4）车辆外部的噪声，当列车在露天地面水平直线区段自由声场内以 60km/h 速度运行时，在车外距轨道梁中心 7.5m、高于运行面高 1.5m 处，测得的连续等效噪声值不应大于 75dB（A）。

（5）外部噪声测试条件按现行国家标准《声学　轨道机车车辆发射噪声测量》GB/T 5111 的规定执行。

6.4.3.5　牵引制动性能

在额定供电电压、平直干燥轨道上，列车的基本牵引和制动性能应符合下列规定：

（1）启动平均加速度（0～30km/h，额定载员）不应小于 1.0m/s²。

（2）常用制动平均减速度不应小于 1.1m/s²。

（3）紧急制动减速度不应小于 1.8m/s²。

（4）纵向冲击率不应大于 0.75m/s³。

（5）一列空载列车牵引一列同长度的无动力额定载荷的故障列车应能在正线最大坡道上启动。

（6）列车的停放制动应能使超员载荷的列车在正线最大坡道上停住。

当单节车独立运行，车辆损失 1/2 动力时，在额定载荷下，列车应能在正线最大坡道上启动，并应能使列车行驶到最近车站。当单节车独立运行，车辆损失 1/2 动力的工况为极端工况，多节车联挂运行时，如果其中某节的某个转向架发生动力损失，列车应尽快安排回车辆基地重新进行列车联挂编组，将故障车换下来，再次投入运营。

6.4.4　车辆型式与列车编组

结合列车采用无人值守全自动驾驶模式、加减速度高、运行速度快、可灵活编组等特点，要求系统采用高密度组织运营，结合编组变化，始终以较小的行车间隔应对不同的客流需求，维持较高的服务水平并实现系统节能降耗，提高其作为中低运能交通系统的竞争力。列车应采用灵活编组方式，列车编组数应根据不同年限、不同时段的客流量变化进行调整。

列车编组可分为灵活编组和固定编组两种。根据列车编组形式的不同，车辆型式可分为下列两种：

（1）灵活编组车辆：车辆两端应配置面罩及全自动车钩，可单节车独立运行，车辆为自带动力、可独立双向行驶的单辆车，车辆之间无贯通道，应能实现单辆车到 6 辆车任意编组运营。

（2）固定编组车辆：只能以某数量车辆固定编组运行列车的车辆，车辆之间宜设贯通道连接，应能实现 2～6 辆固定编组。根据编组数量和位置的不同，分为头车和中间车。

6.4.5　车体

车辆主体结构设计使用寿命不应少于 30 年。强度应满足车辆在正常和故障运行条件下最不利荷载（侧向、垂向和纵向）组合和抗碰撞性的要求。

车体应采用轻型整体承载结构，车体动载荷、静载荷、疲劳载荷计算应符合现行行业标准《城市轨道交通车辆车体技术条件》CJ/T 533 的规定。车体承受最大纵向静压试验载荷宜为 300kN。

在最大垂直载荷作用下，车体静挠度不应超过两轴支承点之间距离的 1/800。

车钩应设有可复原的能量吸收缓冲装置，并应能吸收速度不小于 8km/h 的空载列车与静止的空载列车相撞时产生的冲击能量，任何部件不得损坏。

车门应符合下列规定：列车在无人驾驶时，开门和关门应由车载 ATO 装置自动控制，由车载 ATP 装置进行监视；人工驾驶时应能手动控制开门和关门。车门关闭后应采用机械锁锁定，开门前机械锁应先解开车门控制系统，任何故障不应引起机械锁解开，使车门打开。车门应具备防夹功能，所有车门关闭后车载 ATP 才具备安全发车条件。

车厢内应设手动紧急开门装置，当装置被操作时，操作信号应传送控制中心，并应自动建立控制中心与车内广播系统的对讲通道，由控制中心决策车门开关控制。

车辆的结构材料应采用不燃性材料，内部设施应采用不燃材料或无卤、低烟的阻燃材料，地板、侧墙、端墙应敷设阻燃和环保的隔热和隔声材料。车辆防火设计应符合现行行业标准《城市轨道交通车辆防火要求》CJ/T 416 的相关规定。车辆内应设有符合车辆部件燃烧特质的灭火器具及必要的防护设施。

6.4.6 悬挂及导向子系统

悬挂系统及导向系统的设计应保证车辆在各种运行速度及荷载工况下具有良好的乘坐舒适性。运行车辆的乘坐舒适性应满足表 6.4-4 的要求。

运行车辆的乘坐舒适性　　　　　　　　　　表 6.4-4

项目			加/减速度（m/s²）	冲击率（m/s³）
纵向	正常加速	无坡度	1.27	0.75
	正常减速	无坡度	1.27	
	正常加速	有坡度	1.57	
	正常减速	有坡度	1.57	
	紧急减速	无坡度	2	
	紧急减速	有坡度	3.11	
水平			0.98	1.59
垂直			0.49	0.39

车辆转向架结构应由构架、走行轮、水平导向轮、驱动装置、导向装置、悬挂装置和集电及接地装置等部件构成，结构和尺寸应与轨道梁相匹配，水平导向轮对轨道梁的压力应可调整。转向架相关部件在允许磨损限度内，应保证列车能以最高运行速度安全平稳运行。即使在支撑或减振系统发生故障时，也应能确保车辆在轨道梁上安全运行至邻近车站，清客后空车低速返回车辆段。转向架应有足够的抗侧滚刚度，提供曲线通过时良好的抗侧滚性能。

应设有荷载平衡装置平衡垂向荷载。车辆荷载平衡装置在发生故障时能防止车辆的不安全摆动。

应设置车辆空重车高度调整装置，应能保证正常运营过程中的车辆客室地板面与车站站台面相互协调，地板面高度在任何使用情况下不应低于站台面。

应设有主动的机械式导向装置，机械式导向装置要保证车辆的横向位置稳定性。在任何运营环境下，能经受各种倾覆力。

导向轮宜采用橡胶、聚氨酯或钢制造，每个充气轮胎均应采取安全保护措施。走行轮充气轮胎应采取安全保护措施，爆胎时不应对车辆、接触轨、导向轨以及乘客造成损害。应在车辆上配置轮胎亏气报警装置或轮胎气压缺损检测装置；当轮胎气压不足时，应能向运营控制中心发出警报。

走行轮宜采用带内置式辅助轮的充氮气的橡胶轮胎，并设有轮胎压力监测装置，导向轮宜采用充填聚氨酯橡胶轮或实心橡胶轮。

走行轮的橡胶轮胎使用寿命（行走里程）不低于 120000km；导向轮轮胎使用寿命（行走里程）不低于 160000km。

6.4.7　电气系统

电力传动控制应采用微机控制技术，并应有诊断和故障信息储存功能。

车辆主电源发生故障断电，车载蓄电池紧急电源系统应能维持紧急广播、所有通信设备、紧急通风、紧急照明（包括车内照明和车外照明）、车载信号系统、故障报警和车载 CCTV 功能运行不应小于 45min，左右紧急开关门不应少于 1 次。

在非紧急运行状态下，车内地板处照度不应小于 50lx。当车停站时，在离地板 80cm 高处测得的照度不应小于 200lx。车门处的照度与车内地板处的照度相当，不应低于 50lx。紧急照明时，所有地方的照度不应小于 50lx。紧急出口照度不应小于 50lx。头灯的照明在前方 10m 处，照度不应小于 5lx。

车辆端部需配置摄像头，摄像头直线观察距离不少于 20m，客室应配置视频监视系统。应对列车运行情况进行监视，并应实时将视频信息传送至 OCC。由于所有上线列车实时上传视频对无线带宽要求非常高，一般采用中心调用哪列车，该列车视频进行上传。

客室内应配备一定数量的烟感器、温感器和灭火器。列车火灾报警信息应能通过车地无线通信方式及时传递到运营控制中心。

车辆应配置乘客信息显示系统。车辆应配置 LED 显示系统。客室内应设置乘客紧急报警装置，乘客紧急报警装置应具有运营控制中心与乘客间双向通信功能。

6.4.8　制动系统

机械制动宜采用压缩空气盘形制动或鼓式制动或者液压制动。

系统在运行范围内的任何车速、载荷、坡度、转弯半径和环境条件下，在减速度和冲击受限制的情况下制动列车。

为实现节能及减少车辆部件的损耗，常用制动推荐优先采用电制动。

正常情况下，电制动与机械制动应结合，机械制动介入时的列车速度不应大于 8km/h。当电制动出现故障时，机械制动应能满足制动要求。

紧急制动的施加应能在运营控制中心有警报，宜采用机械制动或电空混合制动。

停放制动宜采用弹簧制动。

空气制动控制宜采用微机控制的数字或模拟式空气制动系统。

当列车出现潜在危险状况时，紧急制动应使列车停下来。

当车辆行驶速度超过最高运行速度时，应封锁牵引并提供报警提示；继续超速时应采取常用制动或紧急制动措施。

6.4.9　安全与应急设施

列车采取侧向疏散的应急救援方式，设置侧向疏散平台或车下疏散梯等。疏散平台高度应低于车辆地板面，根据车辆参数计算确定，但应保证在各种情况下（曲线超高、车辆爆胎、空簧故障、导向轮故障、车辆制造误差、轮轨磨耗等）不得高于车厢地板面，车辆各故障可按随机因素考虑。

6.4.10 车辆限界

自导向胶轮车辆的限界应分为车辆限界、设备限界和建筑限界，宜符合现行行业标准《自动导向轨道交通设计标准》CJJ/T 277 的要求。

限界应根据车辆断面尺寸和技术参数、导向方式、受电方式、运行工况、轨道特性、设备及管线布置、施工方法等因素，综合分析计算确定。

高架、地面线车辆限界，应考虑线路运营风荷载引起的横向和竖向偏移量。

曲线地段设备限界，应根据平面曲线半径、超高设置，以及车辆和轨道参数的变化等因素引起的偏移量，在直线地段设备限界基础上进行加宽。

采用充气轮胎时，设备限界需考虑充气轮胎故障状态下行驶所需要的空间。

站台橡胶条的安装定位以不影响正常行驶列车停站开门为原则确定。

6.5 导轨式胶轮车辆产品性能及技术要求

6.5.1 技术特点

导轨式胶轮系统属于中低运量制式轨道交通系统，是利用动力电池驱动，采用全自动运行技术和橡胶轮胎，利用走行轮和导向轮，实现在轨道梁上行进和转向的车辆，导轨式胶轮车辆具备在专用线路上网络化灵活运营的能力，可实现建筑友好和社区友好的小运量交通系统。导轨式胶轮系统具有转弯半径小、建造周期短、造价低、占地面积小等显著优势，其与现有的城市公共交通系统充分结合，可显著提高城市交通网密度及覆盖面积，改善城市公共交通结构，提高出行便利。导轨式胶轮系统具备时尚设计感、技术先进性和安全性，是建设城市公共交通的重要选择。导轨式胶轮系统目前暂无专门的行业标准，仅有一些团体标准和地方标准：《导轨式胶轮系统全自动运行线路运营场景规范》T/URTA 0003-2021、《导轨式胶轮系统设计规范》DB4501/T 0004-2022、《导轨式胶轮系统交通工程技术规程》DB42/T 2014-2023、《低运量导轨式胶轮系统设计规程 第 2 部分：导向轨式》DB34/T 4251.2-2023 等。

6.5.2 车辆类型

由于暂时没有相应的国家和行业标准，车辆的类型主要参考《低运量导轨式胶轮系统设计规程 第 2 部分：导向轨式》DB34/T 4251.2-2023 和《导轨式胶轮系统设计规范》DB4501/T 0004-2022 中的车型进行定义（图 6.5-1、图 6.5-2）。

导轨式胶轮车辆的最高运行速度、构造速度、车辆长度、车辆宽度、车辆高度、车内净高、地板面高、轴重、轴距、轮距、最小曲线半径、电池电压等主要技术参数宜符合表 6.5-1 的规定。表 6.5-1 中尺寸来自于市场现有成熟产品，不排除其他尺寸产品的可能。

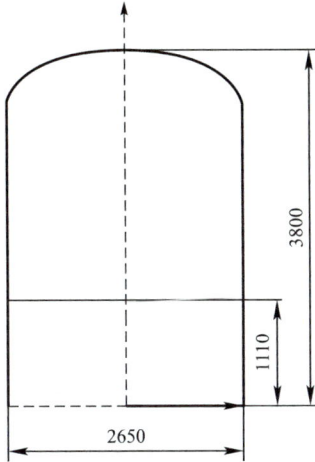

图 6.5-1　DB34/T 4251.2 车辆断面示意图　　　图 6.5-2　DB4501/T 0004 车辆断面示意图

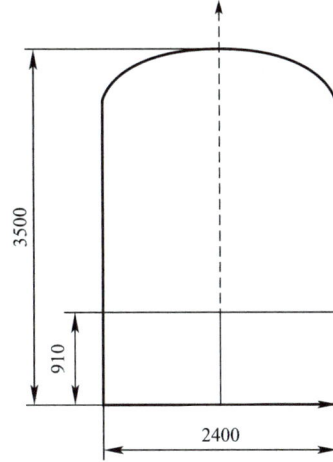

主要技术参数　　　　　　　　　　　　表 6.5-1

名称	来源			
	DB34/T 4251.2-2023		DB4501/T 0004-2022	
	Mc/Tc	M	Mc	M
最高运行速度（km/h）	80		80	
构造速度（km/h）	90		90	
车辆长度（车钩连接面之间）（mm）	10400	10000	8300	7000
车辆宽度（mm）	2650		2400	
车辆高度（mm）	≤3800		≤3500	
车内净高（mm）	≥2100		≥2100	
地板面高（空载）（mm）	1110		910	
轴重（t）	≤11		≤7	
轴距（mm）	7000		4200	
轮距（mm）	2050		2700/1400	1400
最小曲线半径（m）	22		15	
动力电池电压（V）	DC750		DC750	

6.5.3　总体要求

6.5.3.1　线路条件

导轨式胶轮交通设计主要以高架线路为主，地面线为辅。

车辆应能够运行在符合下列要求的线路上：

（1）平面曲线半径：正线不应小于 15m 或 22m，车场线不应小于 15m 或 22m，配线不应小于 15m 或 22m（不同车辆型式）。

（2）最小竖曲线半径：不应小于 1000m，困难地段不应小于 500m。

（3）最大坡度：正线区间线路不宜大于 60‰，困难条件下不宜大于 100‰。

6.5.3.2 供电与受流

列车可通过车载储能系统供电：

列车可采用受流充电或充电枪充电，受流充电时宜采用接触轨-受流器供电，充电电压应在 DC500V～DC900V 之间。

车体应设置接地或防漏电保护装置。当车体与回流轨侧的集电装置不连通时，车体上应设置接地板电刷。车辆内各电气设备应有防止乘客及检修人员触电的保护措施。

6.5.3.3 噪声

车辆设计应充分开展隔声和降噪措施：

车内噪声应按现行国家标准《声学 轨道车辆内部噪声测量》GB/T 3449 的要求进行检测。当列车静止、所有辅助设备均正常工作时，车内的等效连续噪声值不应大于 68dB（A）；当列车在自由声场内以（60±3）km/h 匀速运行时，车内的等效连续噪声值不应大于 72dB（A）。

车外噪声应按《声学 轨道机车车辆发射噪声测量》GB/T 5111 的要求进行检测。当列车静止、所有辅助设备均正常工作时，车外的等效连续噪声值不应大于 68dB（A）；当列车在自由声场内以（60±3）km/h 匀速运行时，车外的等效连续噪声值不应大于 75dB（A）。

6.5.3.4 牵引制动性能

在定员载荷工况、额定工作电压、平直干燥轨道上，列车启动平均加速度应符合下列规定：

（1）从静止加速到 30km/h，不应低于 $0.9m/s^2$。

（2）在平直干燥轨道上，定员载荷工况下常用制动平均减速度不应低于 $1.0m/s^2$。

（3）紧急制动平均减速度不应低于 $1.2m/s^2$。

（4）列车纵向冲击率不应大于 $0.75m/s^3$。

6.5.4 车辆型式与列车编组

列车编组宜采用固定编组，列车最大编组数不大于 6 辆。

根据列车编组形式的不同，车辆型式可分为下列两种：

（1）灵活编组车辆：车辆两端应配置面罩及全自动车钩，可单节车独立运行，或组成编组运行。

（2）固定编组车辆：只能以某数量车辆固定编组运行的车辆。根据编组数量和位置的不同，分为头车和中间车。

列车编组宜分为动拖车混合编组或全动车编组，动车和拖车可安装不同设备，应根据载客量、牵引动力配置和车下安装设备重量均衡原则来确定。

6.5.5 转向架

转向架应由车桥、悬挂组件、驱动组件、轮胎组件、导向组件等装置组成，可集成受流及接地装置。

转向架可采用单轴结构。构架采用钢板焊接结构，应做消除内应力处理，安装导向轮的构架座应有足够的强度和刚度。构架强度试验可按照现行行业标准《机车车辆强度设计及试验鉴定规范 转向架 第 1 部分：转向架构架》TB/T 3549.1 执行。

轮胎的性能和强度应符合现行国家标准《载重汽车轮胎性能室内试验方法》GB/T 4501 的规定。

转向架走行轮胎宜采用充氮气的橡胶轮胎，宜采用铝制或钢制轮毂，每个走行轮胎应配置防爆支撑体或配置安全轮，用于应急保护。应设置独立的胎压监测报警装置。轮胎寿命应不低于 1 年或 80000km。

导向机构采用专用导向轨。导向轮宜采用充填聚氨酯橡胶轮或实心橡胶轮。

在构架和车体之间应设置空气弹簧、高度自动调整装置、油压减振器以及限位装置等。

转向架相关部件在允许磨损限度内，应保证有足够的强度和刚度，确保列车能以最高速度安全平稳地运行。当悬挂或减振系统发生故障时，应能确保列车安全运行至邻近车站，清客后空车低速返回车场。

6.6　实践思考与建议

在胶轮导轨车辆领域，已发布的国家和行业标准（住房城乡建设部归口）有 5 项，这些标准在支撑和引导我国胶轮导轨车辆行业发展过程中发挥了重要作用。但由于胶轮导轨车辆产品的应用线路和规模效应尚未体现，胶轮导轨车辆制式产品较多，同制式胶轮导轨车辆的差异性也较大，需要进一步加强标准建设，提升标准对胶轮导轨车辆产品的指导性和约束性。另外胶轮导轨车辆的制式发展尚未成熟，既有标准对新生胶轮导轨车辆的未来发展产生了一定的限制，需要基于技术发展进行实时的修订更新。

通过对既有标准现状分析，为更好地规范和指导胶轮导轨车辆的发展，建议如下：

（1）建议尽快开展导轨式胶轮车辆技术条件等相关标准的编制工作。

（2）《跨座式单轨交通设计标准》GB/T 50458-2022 缺少对 B 型车限界的具体要求，建议启动修订工作，完善标准的相关内容。

（3）现状标准缺少自动导向轨道交通车辆、导轨式胶轮车辆等车辆限界的要求，建议开展标准编制工作。

（4）建议开展胶轮系统转向架、走行轮胎等部件专用标准的编制工作，助力行业发展。

第7章 车辆专业展望与标准需求

7.1 专业展望

城市轨道交通车辆装备是我国高端制造的重要组成部分，也是我国自主创新程度最高、国际竞争力最强的行业之一。北京地铁1号线作为我国第一条地铁线路，第一列电动客车 DK1 型车于 1967 年由长春客车厂制造，实现了我国地铁列车生产零的突破，开启了我国地铁车辆发展的先河。2003 年～2010 年，经过技术引进吸收后，车辆主要核心系统均实现了国产化并达到国际先进水平，例如批量生产轻量化不锈钢车体、大断面铝合金车体、交流电气牵引传动控制系统、微机控制电空制动系统等。

经过多年的发展，我国城市轨道交通车辆装备研发和制造水平已有质的飞跃，正朝着高质量的方向继续发展。可按照"1—3—9—2"的布局，展望城市轨道交通车辆技术发展蓝图，建立一个顶层目标，制定三个发展方向，采取九项具体措施，分两步走实现城市轨道交通车辆的高质量发展目标（图 7.1-1）。

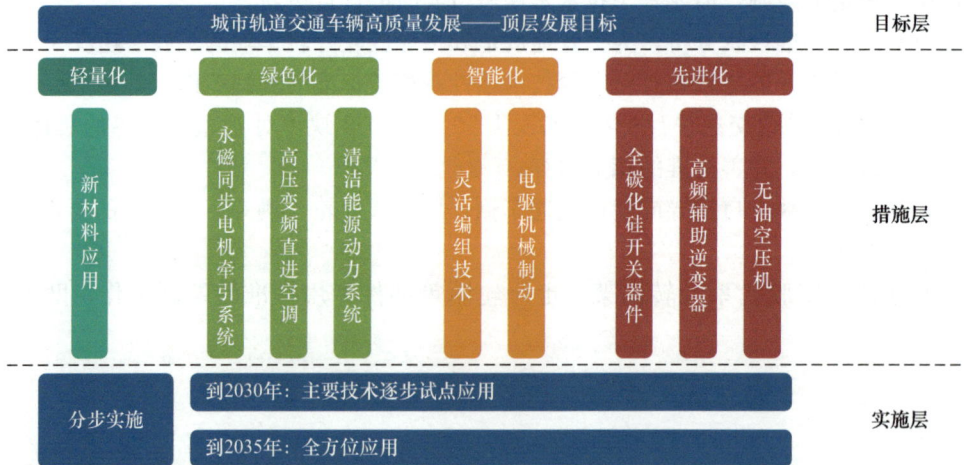

图 7.1-1　城市轨道交通车辆高质量发展目标

7.1.1 目标

城市轨道交通是现代城市中不可或缺的一部分，它对城市的可持续发展、交通效率和环境保护起着至关重要的作用。车辆作为城市轨道交通的核心，通过技术创新和智能化的应用以及绿色低碳发展步伐，将会显著提升城市轨道交通的运行效率和服务品质。高质量发展的城市轨道交通车辆将更好地为城市居民提供便捷、高效、安全的出行服务，满足人民日益增长的美好生活需要，同时实现社会、经济和环境的可持续发展。

7.1.2　发展方向

展望未来，城市轨道交通车辆的智能化、绿色低碳和标准国际化是未来发展的重要方向，这些方向将带来更高效、更环保和更智能的轨道交通车辆系统。

（1）智能化

灵活编组：采用灵活编组技术，提高列车运行的智能化水平，达到提高服务水平、降低运营成本和节能效果的目的。

电驱机械制动：将电机和机械制动系统结合起来，实现更精确和安全的智能控制，可有效缩短制动距离，确保行车安全。

（2）绿色低碳

利用先进材料：采用轻量化材料和先进制造技术，降低车辆自重，提高能效和运行效率。

精简设计：优化车辆结构和设备布局，实现轻量化设计，提升运行效率和节能减排效果。

减少能耗：车辆采用新型装备技术，减少能耗，提高效率。

采用清洁能源：城市轨道交通系统将逐渐向清洁能源转型，减少对环境的污染和能源消耗。

（3）标准国际化

技术创新：引入最新的轨道交通先进技术，对车辆子系统部件进行更新和升级，提高系统可靠性和安全性。

7.1.3　具体措施

7.1.3.1　智能化

智能化是现代交通发展的重要趋势，通过集成先进的控制系统、信息处理技术和自动检测技术，使轨道交通车辆具备自主状态感知、决策、执行和学习的能力，从而实现全寿命成本低且更加安全、可靠、高效的运营。

（1）灵活编组

近年来，我国轨道交通发展迅速，且未来较长一段时期内仍将保持较快的增长态势。与此同时，很多线路在运营过程中，客流时空分布不均衡逐渐显现，高峰时期部分线路区段运力紧张、平低峰时期大量线路与车辆资源利用率低，随着轨道交通网络规模的扩大有进一步扩大的趋势，采取降低旅行速度或服务频次的方式势必降低运营服务质量，影响客流吸引力。未来车辆的设计和生产建议以灵活编组为前提，提升各制式运力—运量匹配度。

（2）电驱机械制动

电驱机械制动（EMB）是一种通过电机驱动机械传动机构输出直线运动，实现制动摩擦副夹紧动作，输出可控动力的新型摩擦制动技术。即通过电机输出刹车力，把原来通过空压机产生的压缩空气驱动的部分改为通过电动机来驱动。

传统空气制动系统通过空气压缩机将电能转换为压缩空气能储存于风缸，由制动控制器接收制动指令并通过阀驱动电路驱动气路控制阀组，输出可控压力输入空气制动缸，产生制动力。EMB 系统由制动控制器通过电机驱动电路直接驱动夹钳产生制动力；区别于空气制动电信号—流体介质压力—机械动作的转化过程，EMB 无须流体介质，能够实现电信号—机械动作的直接转化，实现真正的全电驱摩擦制动。

7.1.3.2 绿色化

绿色低碳高质量发展是我国轨道交通发展的必然选择，秉持"生态优先、绿色发展"原则，在新材料、低能耗及清洁能源等方面探索车辆减重节能、低耗、低污染的技术发展。如碳纤维材料、合金材料在部件上的使用以及自身结构优化带来的减重实现节能运营，永磁电机和高压变频直进空调的使用实现高效、低耗的运营，氢能源和二氧化碳空调的使用实现低污染的运营。

（1）碳纤维车体材料

碳纤维复合材料凭借低密度、高强度、隔热、耐疲劳、阻燃、耐腐蚀、可设计性强等优点，其强度及耐磨性优于钢材，可用于某些受力稳定处，既能满足使用性能要求，又能减轻整体重量，可以满足轨道交通车辆在复杂环境下的使用要求。与钢、铝合金等传统金属材料相比，碳纤维复合材料应用于地铁车辆的车体、司机室、设备舱分别减重 30％以上，转向架构架减重 40％，整车减重 13％。

碳纤维在轨道交通中具有广泛的应用前景，然而，也存在一些不足，如制造成本高、生产周期长和耐高温性能有待提高等。随着技术的进步和成本的降低，碳纤维在城市轨道交通中的应用将会越来越广泛。

（2）碳陶制动盘

铝合金制动盘以其低成本、低密度、易加工的特点广泛应用于交通领域，而碳陶制动盘以其耐高温、轻量化、耐磨性以及使用寿命长的优势逐渐崭露头角。

碳陶制动盘是一种高性能的制动系统，它采用碳纤维增强碳化硅陶瓷基复合材料制成。这种材料组合提供了优异的机械强度、断裂韧性以及耐高温性能。

碳陶制动盘除了自重轻、耐高温外，还具有较高的摩擦系数，在紧急制动时，列车能够更快地减速至停止。碳陶制动盘的耐磨性能优于传统材料，这意味着它们可以在高负荷和频繁制动的情况下保持较长的使用寿命。这不仅减少了更换频率，也降低了维护成本。碳陶制动盘为城市轨道交通车辆提供了一种高性能、安全可靠的制动系统部件，实现列车安全、高效的运行。

（3）永磁同步电机

永磁同步电机采用永磁体提供励磁，减少了励磁损耗，提高了效率；转子绕组中不存在电阻损耗，定子绕组中较少有或几乎不存在无功电流，从而减少了能源浪费和热量产生，有利于环保和节能。永磁同步电机能够实现更平滑的调速性能，可以实现精准控制。永磁同步电机的体积小、重量轻，便于在有限的空间内安装和布局。永磁同步电动机的工作原理使其具有较好的运行稳定性，且在高速运转时仍能保持较高的效率。

（4）高压变频直进空调

高压变频直进空调采用高压直接送风、变频调速等先进技术，具有以下优点：1）节能环保，高压变频直进空调采用变频调速技术，可以根据实际需求调节制冷量，提高能效比，节约能源，降低能耗，减少对环境的影响。2）更为舒适，高压变频直进空调可以根据室内外温度、湿度等参数进行智能控制，保持室内空气质量和舒适度，提供更加舒适的环境。3）制冷效果好，采用高压直接送风技术，能够快速降温，制冷效果更好，提升乘客体验。4）空间尺寸灵活，高压变频直进空调的机身尺寸、外观、安装方式等可以适应更加多样的车辆空间需求。

（5）清洁能源动力系统

氢能是一种清洁低碳、灵活高效、来源广泛及应用多元的能源形式，在我国经济社会发展和能源绿色低碳转型中具有重要的地位和作用。发展氢能，一方面可以打破可再生能源并网消纳的瓶颈，加速其开发利用；另一方面，可替代煤炭、石油等传统化石能源，减少对化石燃料和传统油气资源的依赖性，提高我国能源的自给率和安全保障。

7.1.4　实施战略

（1）第一阶段：主要技术逐步试点应用。

城市轨道交通车辆主要新技术、新材料得到试点推广应用：全碳化硅开关器件、高频辅助逆变器及高压变频直进空调得到全面推广试点应用；永磁牵引电机得到普遍使用；碳纤维车体材料得到全面推广应用；灵活编组车辆推广应用，实现运能运力的精准匹配。

（2）第二阶段：全方位应用。

城市轨道交通车辆全面实现轻量化、绿色化、智能化及先进化，技术水平跻身世界前列。

城市轨道交通车辆全面采用高质量技术产品，建立现代化的城市轨道交通装备产业链，实现车辆技术能力达到国际领先水平：车辆轻量化技术产品全面应用；绿色化技术产品得到全面推广；智能化技术深度应用，建立智能化故障预警；灵活编组技术全面投入运营，系统节能效率大幅提高。

7.2　标准需求

目前由住房和城乡建设部归口的涉及城市轨道交通车辆的标准分为通用标准与专用标准。通用标准中涵盖了地铁车辆、轻轨铰接车辆、跨座式单轨、有轨电车、自导向轮胎式车辆、磁浮交通车辆、直线电机多种制式车辆的通用技术条件，以及车辆防火、组装后的检查与试验等规范。专用标准中涵盖了车辆车体及车内设施、车门系统、车端连接、转向架、牵引及辅助电气系统、制动系统、空调及通风系统七大系统的标准，还增加了网络及辅助监控系统、主供电系统、乘客信息系统、专用类生产和维护设备系统的相关标准。

目前，住房和城乡建设部颁布的标准还未能完全覆盖城市轨道交通车辆的通用条件以及车辆主要系统的范围。此外，结合对轨道交通全行业车辆标准的梳理，建议从以下几个方面对缺失的标准进行新增或修订。

7.2.1　制定标准体系内缺失的通用标准

（1）部分通用标准覆盖不全面，无法覆盖所有车辆制式、所有系统的技术要求，如《城市轨道交通车辆　电空制动系统》GB/T 44853-2024 仅对电空制动系统进行了要求，未涉及其他形式制动系统。建议尽快对已编制的部分专用子系统标准进行梳理修订或新编以扩大覆盖范围。

（2）通用标准中还缺失有关环保、振动、动力学等相对应的标准。城市轨道交通车辆动力学性能与试验鉴定技术要求主要采用 UIC 518，需制定同级别的国内标准以替代。

（3）通用标准中有关防火标准为《城市轨道交通车辆防火要求》CJ/T 416-2012，国内城市轨道交通车辆的防火要求主要采用 EN 45545 标准，为了更好地适应国内城市轨道交通发展的需要，需制定同级别的国内标准替代 EN 45545，据了解，已有《城市轨道交通车辆防火设计要求》相关计划，建议尽快开始标准编制工作。

7.2.2 制定不同车辆制式专有子系统专用标准

开展编制不同车辆制式具有特殊性而无法执行现有通用标准要求的专用标准，如：

（1）中低速磁浮车辆牵引、制动及测速定位等属于磁悬浮车辆特有的系统，目前还缺少相应的专用标准。

（2）胶轮导轨系统的转向架等属于该制式车辆特有系统，目前还缺少相应的专用标准。

7.2.3 制定新技术应用的相关标准

基于提及的新技术展望，结合车辆目前的标准梳理，建议从以下几个方面开展新技术应用的标准编制工作：

（1）全自动运行技术下针对车辆的标准。

（2）车辆智能运维相关标准。

（3）灵活编组相关标准。

第三篇
通信信号篇

本篇介绍了城市轨道交通系统通信信号的基本要求，并对相关产品标准进行解析，通过介绍相关应用案例，对城市轨道交通通信信号的行业发展和标准需求提出展望。

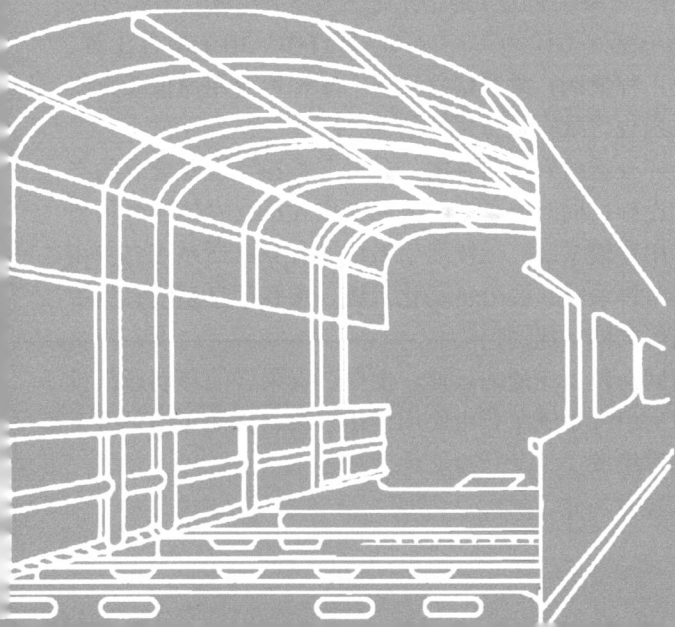

第8章 通信信号系统基本要求

8.1 相关标准

GB/T 12758　　《城市轨道交通信号系统通用技术条件》

GB/T 15941　　《同步数字体系（SDH）光缆线路系统进网要求》

GB/T 37291　　《基于LTE技术的宽带集群通信（B-TrunC）系统总体技术要求（第
　　　　　　　　一阶段）》

GB/T 38707　　《城市轨道交通运营技术规范》

GB 50157　　　《地铁设计规范》（修订中）

GB 50382　　　《城市轨道交通通信工程质量验收规范》（修订中）

GB 50395　　　《视频安防监控系统工程设计规范》

GB/T 50622　　《用户电话交换系统工程设计规范》

GB/T 50760　　《数字集群通信工程技术标准》

GB/T 51398　　《光传送网（OTN）工程技术标准》

GB 55033　　　《城市轨道交通工程项目规范》

CJ/T 407　　　《城市轨道交通基于通信的列车自动控制系统技术要求》

8.2 通信系统架构及基本功能

8.2.1 系统组成部分

通信系统由专用通信系统、民用通信引入系统和公安通信系统三大部分组成（图8.2-1）。根据《城市轨道交通通信工程质量验收规范》GB 50382-2016（修订中）中子单位工程、分部工程、分项工程划分，并结合行业工程惯例，乘客信息系统一般作为专用通信系统组成部分考虑，故本书描述的专用通信系统也将乘客信息系统纳入。

专用通信系统是为轨道交通行车指挥及运营管理服务的，是行车指挥、运营管理的必备工具，也是各种监控信息传递的基础设施，同时也是向乘客和工作人员实时传递各种信息的设施之一。专用通信系统主要由专用传输系统、无线通信系统、公务电话系统、专用电话系统、视频监视系统、广播系统、时钟系统、办公自动化系统、乘客信息系统、集中告警系统、通信电源及接地、通信线路等共同组成。

民用通信引入系统是地面公众通信网在轨道交通的延伸，主要负责乘客的移动通信设备在轨道交通范围的正常使用。民用通信引入系统主要由民用传输系统、移动通信引入系统、集中监测告警系统、民用电源系统等组成。

公安通信系统是根据公安及消防部门的要求设置的,是地面公安通信网在轨道交通的延伸,是公安及消防部门在轨道交通领域进行治安防范、防灾救灾的必备工具。公安通信系统主要由公安传输系统、公安视频监视系统、公安无线通信引入系统、公安数据网络、公安电源系统等组成,不同地域公安通信系统组成结合当地公安及消防等政府部门的需求,存在一定差异。

目前,在国内轨道交通行业民用通信引入系统一般由各移动运营商或铁塔公司自主建设,轨道交通建设公司仅负责配合提供相关的设备用房、用电接地、管线敷设等基础条件;公安通信系统是市域当地公安通信系统在轨道交通的延伸,不同市域公安通信系统的组成和方案要结合当地公安及消防部门的需求开展针对性设计,具有一定地域特色。另外,从各部分系统组成可见,民用通信引入系统、公安通信系统与专用通信系统的大部分设备和材料的组成、功能和技术要求是类似的,在建设、使用和运营因素允许的情况下,可以合并建设。因此,本书主要分析描述专用通信系统相关内容。

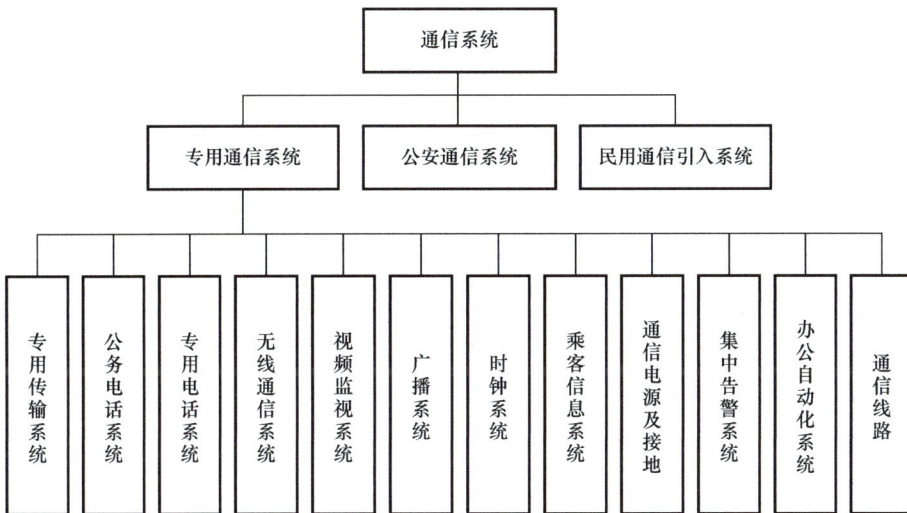

图 8.2-1　通信系统子系统组成架构

8.2.2　各系统基本架构

通信系统各子系统的系统架构分述如下。

8.2.2.1　传输系统

传输系统一般包括线路传输和线网骨干传输两层架构,未来面对多网融合需求,实现城市群的轨道交通互联,将增加城际骨干传输层(图 8.2-2)。

(1)城际骨干传输

在各城市线网指挥中心设置城际骨干传输节点,并提供接入各城市线网指挥中心骨干节点的接口。根据各城市间的带宽容量需求灵活配置 mesh 结构、波道数量和单波带宽。

(2)线网骨干传输

在各城市区域控制中心设置骨干传输节点,并提供接入各线路中心传输节点的接口。根据各传输节点间的带宽容量需求灵活配置 mesh 结构、波道数量和单波带宽。

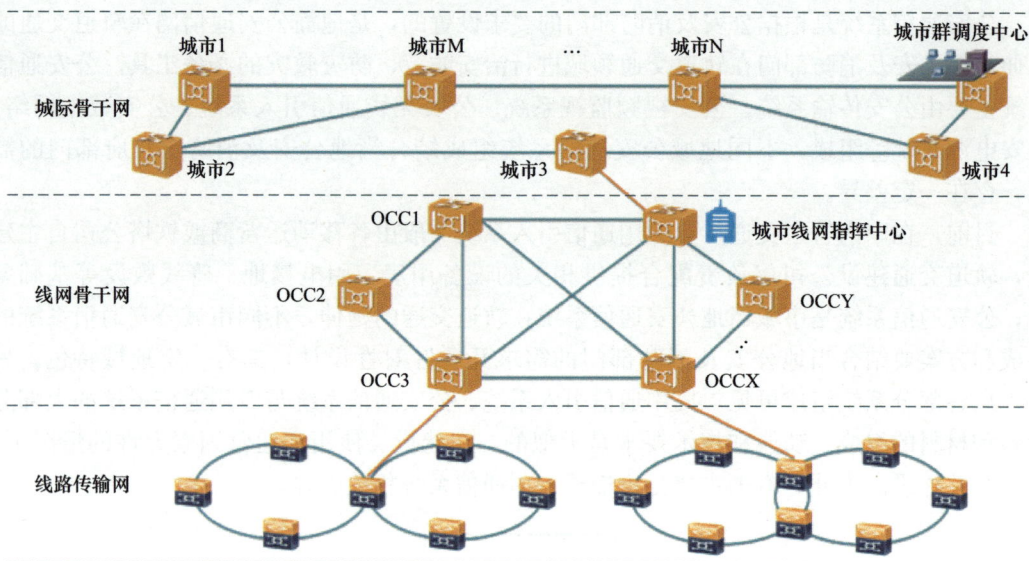

图 8.2-2　传输系统架构示意图

（3）线路传输

在线路车站、车辆基地及区域中心设置传输节点，以控制中心节点为切点或以控制中心和车辆基地节点为交点组成若干相切环或相交环。

8.2.2.2　无线通信系统

目前，无线通信系统主要从窄带数字集群调度通信系统往宽带数字集群调度通信系统发展，当前使用的技术主要有基于 TETRA 和基于 LTE-M 两种技术体系，并往 5G 方向演进。当前城市轨道交通非旧线延长线的新建线路多采用基于 LTE-M 的宽带数字集群技术，本书以该技术为代表阐述系统架构。

无线通信系统主要由线网层设备（可选）、线路控制中心层设备、车站/车辆基地层设备、列车设备组成。中心层和车站/车辆基地层通过传输通道连接。

中心层设备主要由无线核心网、调度服务器、网管服务器、接口服务器、录音/录像服务器、调度台、网管等组成。中心层关键设备热备冗余设置，多同期或近期线路合建。

车站/车辆基地层设备主要由 RRU、BBU、固定台、天馈系统、手持台等组成。

列车设备主要由二次开发车载台、TAU 及天线等组成。

8.2.2.3　公务电话系统

有线电话系统采用的交换技术主要有数字时分程控电话交换技术和软交换机技术，两种技术均已成熟，国内新建轨道交通有线电话系统基本都采用软交换技术方案，并不断对采用程控交换技术的既有线路进行升级改造。

线路公务电话系统主要由中心层设备、车站/车辆基地接入层设备组成，各层间通过传输通道连接。

中心层设备主要由中心交换设备、以太网交换机、录音服务器、应用服务器、各类电话终端等组成。中心层关键设备热备冗余设置，多同期或近期线路合建。其中录音服务器可以与专用电话、广播等多系统共用。

车站/车辆基地接入层设备主要由车站/车辆基地级接入设备、以太网交换机、各类电话终端等组成。

8.2.2.4　专用电话系统

专用电话系统采用的交换技术同公务电话系统交换技术，但系统功能上存在差异。线路专用电话系统主要由中心层设备、车站/车辆基地接入层设备组成，各层间通过传输通道连接。

中心层设备主要由中心交换设备、以太网交换机、调度服务器、各调度台等组成。中心层关键设备热备冗余设置，多同期或近期线路合建。

车站/车辆基地接入层设备主要由车站/车辆基地级接入设备、以太网交换机、值班员操作台、调度分机、自动电话等组成。

专用电话系统和公务电话系统可采用合设方式，但应保证调度专用功能。

8.2.2.5　视频监视系统

视频监视系统经历了模拟视频阶段，数字和模拟混合应用阶段并逐步完成向全数字系统的过渡，视频清晰度越来越高（D1→720P→1080P→4K），视频图像压缩比不断提升（H.262/MPEG-2→MPEG-4→H.263→H.264→H.265），存储技术也不断演进（DVR→DAS/NAS/SAN→云存储）。

线路视频监视系统由中心级和车站/车辆基地级/列车两级组网，各级间通过传输通道连接。列车级视频监控系统相关设计要求见本书车辆篇，地面视频监控系统应能将列车级视频监控系统统一纳入监控调用和管理。

中心级由核心以太网交换机、管理服务器、智能分析服务器、存储设备、解码器组、网管终端、监控终端等组成。

车站/车辆基地级由以太网交换机、管理服务器、智能分析服务器、存储设备、监控终端、司机监视器、枪型摄像机、球形摄像机、半球摄像机、特殊功能摄像机等组成。

设置线网级视频监控平台的，应实现对多条线路视频监视设备的集中监控。视频监视系统也应纳入综合安防集成管理平台。

8.2.2.6　广播系统

广播系统由正线运营广播系统、车辆基地广播系统组成。

正线运营广播系统由中心级和车站级两级构成，各级间通过 IP 传输通道连接。中心级由控制设备、网络设备、操作台、话筒等组成。车站级由控制设备、功放设备、各类扬声器、噪声感应器、操作台、话筒等组成。

车辆基地广播系统为一套独立广播系统，系统构成与车站级类似。车辆基地广播系统可接入运营广播系统。

列车广播设备与车辆配套设置。列车广播设备应兼有自动和人工播音方式，同时可接受控制中心调度员通过无线通信系统对运行列车中乘客的语音广播。列车广播系统的具体内容见本书车辆篇。

通信系统宜建立统一的录音系统，具备对公务电话和专用电话重要通话、人工广播等重要语音的录音及查询播放功能。

8.2.2.7　时钟系统

时钟系统由中心级和车站/车辆基地级两级构成，各级间通过 IP 传输通道连接。

中心级由 GSP/北斗接收装置、中心一级母钟、NTP 服务器、PTP 服务器（可选）、网管设备、各类子钟等组成。

车站级/车辆基地级由二级母钟，NTP 服务器、PTP 服务器（可选）、各类子钟等组成。

8.2.2.8 乘客信息系统

乘客信息系统通过设置线网编播中心、控制中心子系统、车站子系统、网络子系统及车载子系统，实现了旅客服务质量的提高及各类重要信息的实时传递。

控制中心子系统通过线网编播中心接口，可从总编播中心接收、编辑和发布各种信息。

网络子系统由有线网络子系统和无线网络子系统两部分组成。

车站子系统设置各类显示屏，播放发布各类乘客资讯信息。

车载子系统主要包括车载媒体播放系统和车载视频监视系统，在确保功能完整性的基础上，可由 PIS 系统负责设计，车辆专业负责安装，也可车辆专业自行设计和实施。本书车载子系统的具体内容见车辆篇。

8.2.2.9 办公自动化系统

办公自动化系统一般分为线网数据中心和线路基础设施两部分。线路基础设施包含基础网络和综合布线两部分。

线网数据中心宜围绕城市轨道交通线网建设、运营管理服务的各项整体业务需求进行多条相关线路的统筹考虑，应用框架可分为建设管理、运营管理、支撑管理、决策支持、综合管理等应用域。

线路基础网络宜分为数据中心网络、车辆基地网络、车站网络。线网数据中心的网络规划也是数据中心重要组成部分，网络规划可根据数据中心功能分区划分。各线路应遵循线网的整体规划，新建或扩容接入数据中心核心交换机。

车站网络和车辆基地网络也由各级以太网交换机组成，通过传输系统提供的 IP 传输通道或光缆直连将不同位置的交换机连通。

系统宜搭建综合布线系统，任何一个信息点均可提供高速数据及语音的应用，并可以进行互相间的切换使用。

8.2.2.10 电源系统及接地

通信电源系统可按独立的电源设备设置，也可纳入综合电源系统。通信设备应按一级负荷供电。

交流供电的通信设备，宜采用交流不间断电源方式集中供电。直流供电的通信设备，可采用高频开关电源方式集中供电。直流电源基础电压为 -48V，其他种类的直流电源电压可通过直流变换器供电。

电源设备主要由整流器/充电器、逆变器、自动静态旁路开关和外部手动旁路开关、UPS 内置隔离变压器（选型工频机时设置）、电池组系统、电池组断路器、高频开关电源（可选）、蓄电池在线均衡监测（可选）、网管终端等组成。

控制中心、车站和车辆基地宜采用综合接地方式，车辆基地也可采用分设接地方式。室外综合接地体电阻值不应大于 1Ω。

8.2.2.11 集中告警系统

专用通信系统宜设置集中告警系统，集中告警系统设备宜设置于控制中心或维护中心。

系统由服务器、以太网交换机、工作站、打印机及外置声光报警设备等组成，其中服务器及工作站可由城市轨道交通云提供，集中告警系统可在云平台上部署相应软件实现功能。

8.2.3　各系统基本功能分析

根据《地铁设计规范》GB 50157-2013，通信系统应具备下列总体功能：

地铁通信系统应适应运输效率、保证行车安全、提高现代化管理水平和传递语音、数据、图像等各种信息的需要，并应做到系统可靠、功能合理、设备成熟、技术先进、经济实用。

专用通信系统应满足正常运营方式和灾害运营方式的通信需求。在正常运营方式时，应为运营管理提供信息；在灾害运行方式时，应为防灾、救援和事故处理的指挥提供保证。

民用通信引入系统应满足地铁公众通信服务，可将电信运营商移动通信系统覆盖至地铁地下空间，也可引入公用电话。

公安通信系统应满足公安部门在地铁范围内的通信需求，并应在突发事件发生时，为公安部门在地铁内的应急调度指挥提供保证。

通信系统各子系统均应具有网络管理功能。主要通信设备和模块应具有自检和报警功能，中心网管设备可采集和监测系统设备运行状态和故障信息。

8.2.3.1　传输系统

（1）总体功能

1）根据《地铁设计规范》GB 50157-2013 和《城市轨道交通运营技术规范》GB/T 38707-2020 要求，传输系统应具备下列功能：

地铁应建立以光纤通信为主的专用通信传输系统，并应满足地铁专用通信各子系统和信号、综合监控、电力监控、防灾、环境与设备监控和自动售检票等系统信息传输的要求。

网络级传输系统宜为各线路级间、线路级与网络级间的以下系统通道提供传输功能：

① 无线系统所有基站与核心交换机的中继通道。

② 公务电话系统的中继通道。

③ 视频监视系统图像与控制信号的通道。

④ 乘客信息、广播、时钟、自动售检票、综合监控等系统的通道。

2）传输宜具备下列主要功能：

① 以太网透传、交换和以太环网功能。

② 支持组播协议，实现乘客信息、视频监视等组播侦听功能。

③ 网络保护功能。

④ 网管功能。

（2）基本功能

轨道交通传输系统涉及的传输技术主要有 SDH、MSTP、PTN、OTN、SPN 等技术，结合技术标准规定，传输系统应具备如下基本功能：

1）SDH 的基本功能应符合国家现行标准《同步数字体系（SDH）光缆线路系统进网要求》GB/T 15941、《同步数字体系（SDH）设备功能要求》YD/T 1022 和《光同步传送网技术体制》YDN 099 的相关规定。

2）基于 SDH 的多业务传送节点（MSTP）的基本功能应符合现行行业标准《基于 SDH 的多业务传送节点技术要求》YD/T 1238、《基于 SDH 的多业务传送节点（MSTP）技术要求——内嵌弹性分组环（RPR）功能部分》YD/T 1345 和《基于 SDH 的多业务传送节点（MSTP）技术要求——内嵌多协议标记交换（MPLS）功能部分》YD/T 1474 的相关规定。增强型多业务传送节点（MSTP）除满足现行行业标准《基于 SDH 的多业务传送节点技术要求》YD/T 1238 规定的 SDH、ATM、以太网业务相关功能要求外，新增功能：支持增强型以太网处理功能；可选支持 MPLS-TP 层处理功能；提供基于分组的频率同步（可选功能）和时间同步（可选功能）；具体要求见现行行业标准《增强型多业务传送节点（MSTP）设备技术要求》YD/T 2486。

3）PTN 的基本功能应符合现行行业标准《分组传送网（PTN）总体技术要求》YD/T 2374 和《分组传送网（PTN）设备技术要求》YD/T 2397 的相关规定。

4）SPN 在继承了现行行业标准《分组传送网（PTN）总体技术要求》YD/T 2374 等 PTN 相关技术要求的基础上，其基本功能应符合现行行业标准《切片分组网络（SPN）总体技术要求》YD/T 3826、《切片分组网络（SPN）设备技术要求》YD/T 4172 和《切片分组网络（SPN）细粒度承载技术要求》YD/T 4610 的相关规定。

5）OTN 应具备接口适配功能、线路接口处理功能、ODUk 调度功能、OCh 调度功能、光复用段和传输段处理功能及 OTN 开销处理功能，基本功能应符合国家现行标准《光传送网（OTN）工程技术标准》GB/T 51398、《光传送网（OTN）工程技术规范》YD/T 5208 和《光传送网（OTN）网络总体技术要求》YD/T 1990 的相关规定；分组增强型光传送网（OTN）是指具有 ODUk 交叉、分组交换、VC 交叉和 OCh 交叉等处理能力，可实现对 TDM 和分组等业务统一传送的设备；具备多业务接口功能，ODUk 适配功能，ODUk 线路接口处理功能，分组处理功能，分组交换功能，VC 交叉功能（可选）；ODUk 交叉功能、层间适配功能等，具体符合现行行业标准《分组增强型光传送网（OTN）设备技术要求》YD/T 2484 的相关规定。

8.2.3.2 无线通信系统

（1）总体功能

根据《地铁设计规范》GB 50157-2013、《城市轨道交通工程项目规范》GB 55033-2022 和《城市轨道交通运营技术规范》GB/T 38707-2020 要求，无线通信系统应具备下列功能：

无线通信系统应提供地铁控制中心调度员、车辆基地调度员、车站值班员等固定用户与列车司机、防灾、维修等移动用户之间的通信手段，应满足行车指挥及紧急抢险需要。

无线通信系统应具有选呼、组呼、全呼、紧急呼叫、呼叫优先级权限等调度通信功能，并应具有语音存储、监测功能等。

无线通信系统应为运行列车与行车指挥人员之间提供双向宽带数据交互服务。

下文以基于 LTE-M 的宽带数字集群技术为代表阐述系统功能要求。

（2）基本功能

根据现行国家标准《数字集群通信工程技术标准》GB/T 50760 和《基于 LTE 技术的宽带集群通信（B-TrunC）系统总体技术要求（第一阶段）》GB/T 37291 的要求，并结合轨交行业的实际需求情况，无线通信系统应具备下列功能：

1）单呼、组呼、全呼等一般呼叫以及紧急呼叫，采用宽带集群技术时还可根据需要支持视频呼叫。

2）在全自动运行的模式下，无线通信系统应满足中心调度员可与列车客室乘客之间实现语音对讲功能。

3）通过与列车广播系统接口，应具备无线调度台对线路列车广播功能。

4）与公务电话进行互联，实现无线调度台、手持台等终端设备与公务电话的全双工通话。

5）预定义状态信息传送、短数据传输、分组数据传输、数话同传功能。

6）单站集群功能。

7）直通模式呼叫、来电显示、缩位拨号、遇忙排队、呼叫限时等。

8）故障显示、故障弱化功能；迟后进入、超出服务区指示。

9）终端设备遥毙、复活功能。

10）设置通话组功能。

11）通话组扫描/优先监视、强拆功能。

12）无线通话录音录像及回放功能，录音质量应清晰，不存在串音和杂音，并发录制路数应满足全线用户需要；录制信息存储时间不少于 3 个月，且在存储时间范围内不可删改；录制内容可筛选回放，支持批量下载。

13）网管功能。

14）LTE 系统网络应支持基于 IP 的分组数据传输业务和集群业务，宜综合承载信号系统的列车运行控制、通信系统的集群调度等行车类业务。

8.2.3.3　公务电话系统

（1）总体功能

根据《地铁设计规范》GB 50157-2013、《城市轨道交通工程项目规范》GB 55033-2022 和《城市轨道交通运营技术规范》GB/T 38707-2020 要求，公务电话系统应具备下列功能：

公务电话系统应满足城市轨道交通各部门间进行公务通话及业务联系的需要，并应接入公用网络；公务电话系统设备应具备综合业务数字网络的交换能力。

（2）基本功能

根据现行国家标准《用户电话交换系统工程设计规范》GB/T 50622 要求，公务电话系统应具备下列基本功能：

1）数字程控系统应支持基本业务与新业务功能，应符合下列规定：

① 应支持音频、传真、数据等电信业务，支持对用户的目的码进行限制或接续，支持来电显示业务等基本业务功能。

② 应支持缩位拨号、热线服务、呼出限制、免打扰服务、转移呼叫、呼叫等待、会议电话、闹钟服务、遇忙回叫、缺席用户服务、三方通话、房间控制、房间状态、留言中心、自动叫醒等新业务功能。

2）软交换系统应支持基本业务、补充业务和增值业务，应符合下列规定：

① 基本业务功能除应支持上述数字程控系统业务功能外，还应支持 IP 终端到 IP 终端的 IP 语音电话业务和 IP 视频电话业务功能；IP 终端与 PSTN 终端间 IP 语音电话业务及

IP 传真业务功能。

② 应支持直接拨入业务、多用户号码业务和 IP VPN 业务功能，还应支持 Web 类业务、H.323 业务、呼叫保持等 IP 电话补充业务功能。

③ 应支持 Prensence、IPN、即时消息等增值业务功能。

3）数字录音功能：

对重要的通话应实现录音存储、检索、查询、放音、监听、管理等功能。电话、广播录音设备宜集中设置。

4）维护管理功能：

① 用户数据和局数据的更改。

② 号码的存储和译码。

③ 硬软件故障诊断、告警显示和记录，故障范围及性质确定。必要时可由中心采集诊断结果。

④ 性能测试及自动记录。

⑤ 市话、国内及国际长途使用权限用户的通话进行计费统计及自动记录。

⑥ 话务统计及自动记录。

⑦ 在中心能对系统进行集中监控告警、维护和管理。

8.2.3.4 专用电话系统

（1）总体功能

根据《地铁设计规范》GB 50157-2013、《城市轨道交通工程项目规范》GB 55033-2022 和《城市轨道交通运营技术规范》GB/T 38707-2020 的要求，专用电话系统应具备下列功能：

专用电话系统应为控制中心调度员、车站、车辆基地的值班员组织指挥行车、运营管理及确保行车安全而设置的电话系统设备。专用电话系统应包括调度电话，站间行车电话，车站、车辆基地专用直通电话及区间电话。

调度电话应为控制中心调度员与各车站/车辆基地值班员，以及与办理行车业务直接有关的工作人员提供调度通信，应主要包括行车、电力、防灾环控、维修等调度电话组；站间行车电话应提供相邻车站值班员间办理有关行车业务联系；车站专用直通电话应提供行车值班员或站长与本站内运营业务有关人员进行通话联系；可根据运营需求设置区间电话，供司机和区间维修人员与邻站值班员及相关部门联系。

（2）基本功能

专用电话系统应实现下列基本功能：

1）控制中心调度员应能按单呼、组呼、全呼等方式一键选叫车站/车辆基地值班员，车站/车辆基地值班员应能一般呼叫和紧急呼叫控制中心调度员，呼入、呼出拨通时均有回铃音。

2）调度分机呼叫控制中心调度台时，应能摘机即通，实现一般或紧急呼叫，并在控制中心调度台上显示呼叫类型。

3）控制中心调度台应有台间联络功能，应支持召开多方会议。

4）车站/车辆基地内部、相邻车站、换乘车站的直通电话应具备与对应值班台直接通话的能力。

5）具备降级运行能力，确保控制中心设备发生故障时仍可进行站内及站间通话。

6）具有通话实时录音功能。

7）具有集中维护管理功能，实时对中心、车站、车辆基地设备的运行状态进行监测、分析和告警，并对故障进行告警显示和记录。

8.2.3.5　视频监视系统

（1）总体功能

根据《地铁设计规范》GB 50157-2013、《城市轨道交通工程项目规范》GB 55033-2022 和《城市轨道交通运营技术规范》GB/T 38707-2020 的要求，视频监视系统应具备下列功能：

视频监视系统应为控制中心调度员、各车站值班员、列车司机等提供有关列车运行、防灾、救灾及乘客疏导等方面的视觉信息。

视频监视系统应具备独立控制和集成控制功能，应能监视站台、站厅、出入口、楼扶梯、换乘通道等公共区域。

视频监视系统可按运营需求分为中心级和车站级两级监视：各调度员应能任意地选择全线摄像机的图像，并应切换至相应的监视终端上；车站值班员应能任意地选择本车站中任一组或任一个摄像机的图像，并应切换至相应的监视终端。视频监视系统应具备列车驾驶员监视乘客上下车状态的功能。

（2）基本功能

1）视频监视系统应符合现行国家标准《视频安防监控系统工程设计规范》GB 50395 的功能规定。视频监视系统应具备视频采集功能、视频监视功能、云镜控制功能、字符和水印叠加功能、音视频存储功能、回放及检索功能、图像质量诊断功能、网管功能等。换乘车站应实现各线路换乘区域相互监视的功能。

2）视频监视系统应能对城市轨道交通区域进行实时、有效的视频监控。系统功能应符合下列规定：

① 应能实时显示和记录受监控区域内的人员和物体的特征。

② 应能按需要检索、回放、下载所录制的历史图像。

③ 监控画面的显示应能进行编程，并应能自动和手动切换；画面上应叠加摄像机的编号、位置、时间和日期信息。

④ 应与城市轨道交通时钟系统同步。

⑤ 应能根据设置的报警触发条件发出警示信息。

⑥ 应具有操作日志，断电或关机后信息不应丢失，记录信息保存时间不少于 90d，且在保存时间内不可删除。

3）基于视频监控系统的智能视频分析系统宜具备下列功能：

① 对预先设定的异常行为和可疑物体进行识别并报警的功能。

② 在预先设定的范围和时间内观察搜查预先设定的异常事件的工作能力。

③ 对预先设定的目标进行连续跟踪、显示和视频搜索的功能。

④ 客流统计功能。

4）基于视频监控系统的人脸识别系统宜具有采集、存储、布控和检索功能，并宜符合下列规定：

① 宜在适宜区域对人流拍摄人脸正面图像。

② 宜对采集到的人脸正面图像进行存储，保存人脸部分正面截取图像及场景照片，形成人脸图像抓拍库。

③ 宜将采集的人脸与布控库进行比对，或在存储的人脸图像抓拍库内检索出与特定检索目标相似的人脸供人工确认。

④ 系统多机大规模应用时，宜支持分布式联网功能。

8.2.3.6 广播系统

（1）总体功能

根据《地铁设计规范》GB 50157-2013、《城市轨道交通工程项目规范》GB 55033-2022 和《城市轨道交通运营技术规范》GB/T 38707-2020 的要求，广播系统应具备下列功能：

广播系统应满足控制中心调度员和车站值班员向乘客通告列车运行信息及提供安全、向导等服务信息的需要，应能向工作人员发布作业命令和通知；应具备与火灾自动报警系统的联动功能，且防灾广播优先级应高于行车广播。

控制中心广播控制台可对全线选站、选路广播，车站广播控制台可对本站管区内选路广播；列车进站时车站可自动广播乘客导乘信息；车辆基地广播系统应能提供车辆基地内行车调度指挥人员向与行车直接有关的生产人员发布作业命令及有关安全信息等。

（2）基本功能

根据《城市轨道交通运营技术规范》GB/T 38707-2020 和《公共广播系统工程技术标准》GB/T 50526-2021 的要求，广播系统应具备下列基本功能：

广播系统应具备多信源、跨区域广播功能，监听、检测、负载反馈功能，人工、自动预录和播放等功能。

广播系统应与火灾自动报警系统联动，并具备消防自动广播或人工广播的功能；列车进站时车站应自动广播乘客导乘信息。

广播子系统应能根据自定义的时间段自动调节各广播分区的输出音量，能够根据现场环境噪声级别自动调节，也可对单个或多个广播分区人工调节，并可设置最高、最低音量阈值；当其他音源播出时，背景音乐应能自动降低音量或停止播放。

根据现行国家标准《公共广播系统工程技术标准》GB/T 50526 的规定，广播业务可分为紧急广播、业务广播、背景广播。紧急广播用于发生自然灾害、突发事件、应急疏散等情况时的应急广播；业务广播用于进行车站公告、乘客引导、运营组织时的日常广播；背景广播用于气氛烘托、环境优化等的背景音广播。

广播子系统具有优先级设置功能，优先级从高到低依次为紧急广播、业务广播、背景广播，高优先级广播可打断低优先级广播。当多条与当前广播具有相同优先级的广播同时被触发时，在当前广播段完整播放后依次播放其他广播段。

广播系统宜具有预示音功能，在播报开始前有预示音播出，系统可提供多种预示音选项。

广播系统应具有对控制中心、车站、车辆基地广播操作终端录音功能，宜纳入电话、广播集中录音设备统一录音。

换乘车站应实现各线路换乘区域相互广播的功能。

8.2.3.7　时钟系统

根据《地铁设计规范》GB 50157-2013 的要求，时钟系统应具备下列功能：

时钟系统为车站值班员、各部门工作人员及乘客提供统一的标准时间信息。

时钟系统为本线路的通信系统及其他系统（信号、AFC、ISCS、电力监控、综合安防等系统）提供统一的时间信号。

8.2.3.8　乘客信息系统

根据《地铁设计规范》GB 50157-2013、《城市轨道交通工程项目规范》GB 55033-2022 和《城市轨道交通运营技术规范》GB/T 38707-2020 的要求，乘客信息系统应具备下列功能：

乘客信息系统应适应城市轨道交通网络化运营的需要，应实时提供准确的乘客乘车信息和服务信息，以及城市轨道交通设施、设备、装备、服务、故障、安全和应急指导等方面的公开信息。乘客信息系统应能在紧急情况下显示辅助引导信息。

乘客信息系统线网编播中心应具有获取外部信息、处理系统内数据、控制系统设备、编辑生成播出版式、制定播放优先等级、播出信息统计分析、提供系统安全机制的功能；线路中心系统宜具备线网编播中心同等功能并接收线网编播中心信息。

车站系统应能执行控制中心中央级系统的命令，车站子系统应能在控制中心中央级系统信息基础上叠加车站个性化信息。

乘客信息系统应具备全数字传输功能，信息采集、传输、显示宜采用全数字的方式。

乘客信息系统应支持文字、图片、视频信息等媒体格式。

乘客信息系统对于预制信息应具备根据节目列表定时自动播出功能；对于来自外部接口直播的视频信息，应具备自动延时缓存播出的功能。

乘客信息系统应支持数据传送及数据显示的优先级别定义功能，对定义级别高的数据应优先处理。

需同时显示多类信息的终端显示设备，应具有每个区域可独立控制的多区域屏幕分割功能，并应具备单独播出列表功能。

乘客信息系统的无线网络应能实现列车高速运行时的无缝切换，应提供可靠、稳定的车—地间信息传输。

系统应具有网管功能，能够集中监控各终端显示节点的状态以确保系统正常；提供远程管理控制以方便操作员可以实现中央控制和管理。

8.2.3.9　办公自动化系统

根据《地铁设计规范》GB 50157-2013 的要求，办公自动化系统应为地铁运营和管理提供电子办公、信息发布、日常运作和管理、资源管理、人员交流的信息平台。

办公自动化系统通过构筑网络化的信息平台，整合整个企业的信息资源，强化信息资源共享，实现企业业务流程智能化，经营和管理信息化，为企业管理提供实时、准确的决策支持，提高企业的工作效率和反应能力，最终提升企业的竞争力。

8.2.3.10　电源系统及接地

电源系统主要为控制中心、车站和车辆基地相关系统设备提供高质量、高可靠的电源供应，保证在主电源中断或发生超限波动的情况下，通信设备在规定的时间内仍能正常工作，维护地铁内部正常的运营管理工作。接地及防雷系统用以确保人身、设备安全和设备的正常工作，防止系统引入串杂音、强电干扰和雷害，确保弱电系统安全。基本功能要求如下：

（1）系统应具备输入和输出应具有过载、短路保护功能。

（2）系统应能显示系统输出电压、电流、频率、总功率、有功功率、无功功率、功率因数、输出分路状态等。

（3）当系统故障时，应有可闻、可见的告警信号，并能手动消除声音信号，故障消除后应能自动恢复，并能储存历史故障记录以便维护人员查阅。

（4）系统应具备两级防雷保护装置（交流输入侧和输出侧），防雷要求应符合现行行业标准《通信电源设备的防雷技术要求和测试方法》YD/T 944 的要求。交流输入输出分路应设保护装置。

（5）蓄电池组宜具有电池监测系统，应能够实现对蓄电池组运行数据自动测量、显示、记录和保存。系统 24h 连续工作，实时自动监测电池组电压、单体电池电压、标样温度、单体电池内阻（所有数据均对应电池位置及编号以及测量日期）。

（6）为确保人身和通信设备的安全以及通信设备的正常工作，机房设置接地系统，通信设备应良好接地。

8.2.3.11 集中告警系统

集中告警系统应利用通信各子系统具有的自诊断功能，采集通信各子系统的设备故障信息，并应进行记录和告警。

集中告警系统宜实现告警管理功能、性能管理功能、资源管理功能、系统管理功能。

8.3 信号系统架构及基本功能

城市轨道交通信号系统是根据列车与线路设备的相对位置和状态，人工或自动实现行车指挥和列车运行控制、安全间隔控制的自动控制系统，是轨道交通的大脑和神经中枢。其担负着路网上各种行车设备、运行列车的实时控制及状态监督任务，具有行车安全防护、提高运行效率、提高列车运行自动化水平的重要作用。

信号系统发生了几次革命性的变革。首先是 1841 年从无信号到手动闭塞信号的过渡，接着是向自动固定闭塞信号系统的演进，后续又发展出了基于轨道电路的自动闭塞系统。随着列车速度不断提升和密度不断加大，以及计算机、网络等新兴技术引入城市轨道交通中，基于轨道电路的准移动闭塞系统、基于有源应答器的点式系统、基于通信的移动闭塞系统相继诞生，信号系统进一步保障了城市轨道交通网络安全、高效地运行。

8.3.1 系统组成

信号系统主要由列车自动监控（Automatic Train Supervision，简称 ATS）子系统、列车自动防护（Automatic Train Protection，简称 ATP）子系统、列车自动运行（Automatic Train Operation，简称 ATO）子系统、联锁（Computer Interlocking，简称 CI）子系统、数据通信子系统、维护监测子系统和信号机、转辙机、列车占用-空闲检测、电源等基础设备组成。

8.3.1.1　ATS 子系统

ATS 子系统是信号系统的重要组成部分，主要负责站场信息、列车信息的监督和对列车运行的控制功能。为了实现上述功能，ATS 子系统在控制中心设置了服务器、工作站、接口设备等设备，工作站包含了调度员工作站、调度长工作站、时刻表编辑工作站、ATS 维护工作站等一系列设备。其相关基本功能如下：

（1）应用服务器是控制中心 ATS 子系统的核心处理设备。它从其他系统获取现场信号设备状态数据和列车状态数据，从调度员工作站接收控制指令，并进行相应处理。应用服务器具有自动功能，包括：自动列车追踪、自动进路办理、自动运行调整、自动分配运营任务。

（2）数据库服务器是 ATS 子系统的中心数据库。它所存储的数据至少包括：线路数据、列车数据、运行图数据、ATS 子系统设备数据、报警数据、日志数据、用户数据。数据库服务器能够保存 180d 的系统运行数据。

（3）接口设备实现了控制中心 ATS 子系统与外部系统（如时钟系统、无线系统、乘客信息系统、广播系统、综合监控系统等）的通信。同时，通信前置机也是 ATS 子系统的时钟服务器，利用通信前置机，可以完成 ATS 子系统各个设备的校时。

（4）运行图/时刻表编辑工作站是地铁运营计划的管理平台。它提供计划运行图/时刻表的编制、修改、删除、上传、下载、导入、导出、查询、浏览、打印等功能。该工作站提供人工和自动两种编图方式。所编制的计划运行图/时刻表在上传到数据库服务器之前，自动进行冲突检查、有效性检查，确保正确有效。利用计划工作站，还可以方便查询数据库中的既有计划运行图/时刻表。

（5）调度员工作站、调度长工作站是调度人员和系统的人机接口设备。它向调度人员显示站场状态、列车运行信息、当日计划运行图/时刻表和实际运行图/时刻表信息。调度人员可以在工作站上操作，控制现场信号设备和列车运行。调度员工作站、调度长工作站还具有控制区域管理、系统设备连接状态监视、历史数据备份与恢复、列车运行信息查询等功能。

（6）维护工作站是 ATS 子系统的维护平台。在 ATS 维护工作站上，可以和调度工作站一样监视全线现场信号设备状态和列车运行情况，监视接口状态，监视设备状态，报警管理与查询等；可以对整个系统的参数进行配置；可以对 ATS 维护工作站所显示的站场状态、列车运行和操作日志等历史数据进行回放；可以对系统保存的历史数据进行查询和备份。

8.3.1.2　ATP 子系统

ATP 子系统主要负责提供列车间隔控制和速度防护功能，保证列车安全运行，是轨道交通信号系统的核心子系统之一。ATP 子系统由地面设备和车载设备组成。

（1）车载 ATP 设备是 ATP 子系统安装在列车上并负责列车运行安全的重要设备，根据从车站设备获取的移动授权信息及线路上的障碍物信息，结合与车站设备进行了版本校验的电子地图，对列车的运行行为进行全面监控，一旦出现威胁列车运行安全的情况，将立刻采取措施，保证列车运行安全。

（2）地面 ATP 设备是 ATP 子系统安装在车站，向车载 ATP 设备传送允许速度指令或线路状态、目标速度、目标距离、站台屏蔽门状态等信息。与车载 ATP 设备配合实现列车间隔控制、列车速度防护、车站站台屏蔽门开闭安全监督等 ATP 子系统的功能。

8.3.1.3 ATO 子系统

ATO 子系统是安装在列车上并负责对列车进行自动驾驶的关键系统，在车载 ATP 子系统的安全防护下，ATO 子系统通过与车辆系统的接口，发出牵引、制动指令，控制列车进行站间运行及停站、启动作业，并能够根据控制中心设备所发出的控制、调整指令，实现站间运行调整的功能。

8.3.1.4 联锁子系统

联锁子系统是保证正线、场段内列车和调车作业安全，提高车站通过能力的关键子系统。利用对正线、场段作业人员的操作命令及现场设备状态表示的信息进行逻辑运算，从而实现对信号机、道岔及区段等按一定的规则和条件进行集中控制，使其达到相互关联、制约，以保证行车安全。

8.3.1.5 数据通信子系统

数据通信子系统的主要作用是在各个信号子系统之间传输列车控制信息、ATS 信息和维护信息，允许地面设备和车载设备之间在正线进行连续双向数据通信。

8.3.1.6 维护监测子系统

维护监测子系统是整个信号系统的设备状态监测和维护的辅助工具，对信号系统所有设备的状态的集中监视和报警，实时监测信号设备的使用情况，定位故障地点，统计故障时间，管理维修作业，以实现预防故障发生，提高系统维护管理水平。

8.3.1.7 其他设备

除了上述关键子系统及设备外，信号系统还包括信号机、转辙机、列车占用-空闲检测、电源等设备。其中，列车占用-空闲检测设备可主要分为轨道电路和计轴。

（1）轨道电路是由钢轨线路和钢轨绝缘构成的电路，用于自动、连续检测这段线路是否被机车车辆占用，也用于控制信号装置或转辙装置，以保证行车安全。

（2）计轴是通过比较轨道区段两端驶入和驶出计轴点的列车轴数，来完成轨道区段空闲与占用状态自动检查的专用轨道交通信号设备。

（3）信号机是利用不同颜色和数量的灯光或不同颜色显示指挥行车、调车命令的固定信号机。它是信号系统的重要组成部分，用于指示列车运行的条件，确保列车运行的安全和效率。

（4）转辙机是用以可靠地转换道岔位置，改变道岔开通方向，锁闭道岔尖轨，反映道岔位置的重要信号基础设备，它可以很好地保证行车安全，提高运输效率，改善行车人员的劳动强度。

（5）电源设备一般由智能电源屏、UPS 及蓄电池、稳压器、电源防雷箱、外电网监测箱等设备组成。它为信号系统提供高品质、纯净的电源，保证信号系统设备稳定、可靠、连续地运行。

8.3.2 基本功能

根据《城市轨道交通信号系统通用技术条件》GB/T 12758-2023、《城市轨道交通全自动运行系统通用技术条件》（国家标准，编制中）、《城市轨道交通基于通信的列车自动控制系统技术要求》CJ/T 407-2012 的规定，信号系统的基本功能主要分为五大类：

（1）保证行车安全；（2）保护和辅助乘客；（3）辅助列车运行；（4）辅助驾驶；（5）提供技术支持。

8.3.2.1　保证行车安全

保证列车运行、运营中的行车安全，是信号系统最主要的功能，为了实现对列车行车安全的保护，信号系统各子系统间需要协同工作，对列车运行进行全方位的监控。

（1）确定轨道占用信息

信号系统对于列车的追踪和控制基于对列车位置的安全、高分辨率的获取，区域控制器在接收到来自于车载设备的位置汇报后，根据安全算法，确认列车所占用的轨道区段状况，并以此为依据计算移动授权。

（2）列车追踪间隔控制

根据所确定的轨道占用信息、列车相对位置及障碍物状态，按照移动闭塞原则，为列车计算移动授权。列车移动授权以前车车尾作为闭塞终点，结合安全控制原则，在保证后续列车安全的前提下，缩短列车追踪间隔。

（3）列车轮径校正功能

列车的车轮轮径是车载设备进行测速测距的重要参数，因此信号系统需对列车轮径进行管理。一般而言，信号系统在车辆段或正线设置专门用于进行轮径矫正的应答器设备，布置于平直轨道上，间距固定。当列车匀速通过轮径矫正设备时，车载设备将计算列车轮径，并以计算所得的轮径作为计算依据。

（4）驾驶模式和系统控制级别管理

信号系统可以根据运行需要提供多种控制级别（连续式控制级别、点式控制级别和联锁控制级别等）和多种驾驶模式——FAM 模式（全自动运行驾驶模式）、CAM 模式（蠕动模式）、RRM 模式（远程限速运行模式）、AM 模式（列车自动驾驶模式）、CM 模式（受控人工驾驶模式）、RM 模式（限制人工驾驶模式）、EUM 模式（紧急非限制人工驾驶模式）等，根据当前的列车运行状况及线路条件，对驾驶模式及运行级别进行管理。一般情况下，由低级别模式向较高级别模式的转换是自动完成的，而高级别向低级别的转换，特别是安全防护的主体由信号系统变为司机的转换（转换至 RM 模式或 EUM 模式）必须停车并由司机进行人工确认。

（5）列车追踪速度曲线计算

信号系统的车载设备根据自身测速测距情况和移动授权等信息，实时计算用于列车追踪及安全防护的速度距离曲线。曲线包括紧急制动触发曲线、推荐速度曲线等。车载设备将严格根据速度距离曲线对列车的速度进行防护。

（6）退行防护

在列车运行过程中，信号系统不但监控列车的运行速度，也会监控列车的运行方向。若列车的运行方向与期望运行方向不相符，系统将判定列车进行了退行。系统允许列车在一定范围内有限的退行，但退行一段距离后即会实施紧急制动提醒司机谨慎操作。

（7）红灯误出发防护

当列车在车站停靠时，若出站进路未被排列或其他原因导致出站信号未开放时，信号系统将切断列车牵引回路，防止司机因误操作或误判断导致列车越过红灯信号，从而实现对列车安全出站的防护。

（8）列车完整性监督

列车本身的完整性是信号系统对列车运行进行安全防护的基础，若列车完整性不能保证，则信号系统无法实现对列车的控制和防护。因此，信号系统在列车运行过程中需要实时对列车完整性进行监督，一旦丢失列车完整性信号，信号系统将立即采取紧急制动措施，最大程度保证列车安全。

（9）管理临时限速

作为运营调整的有效手段，临时限速在出现突发情况需要对线路某一区段进行速度限制时使用。信号系统可以对调度人员下达的临时限速进行管理，包括临时限速设置、二次确认、存储、上电确认、取消等一系列作业，保证临时限速命令的完整性。

（10）管理数据库版本

在信号系统的各个子系统中，均存在数据库信息，为使系统整体的完整性和一致性得到保证，必须确保各子系统所使用的数据库版本统一。信号系统对各关键子系统提供版本检验，若数据版本不一致，则信号系统不能进入列车控制，确保系统的安全性。

（11）联锁功能

联锁子系统的主要任务是按一定程序和条件控制道岔、信号，建立列车或调车进路，实现与列车运行和行车指挥等系统的结合，实现进路的人工或自动控制、道岔操作控制、显示区段占用状态、进路状态、信号开放状态、道岔状态等各种表示和声光报警。

8.3.2.2 保护和辅助乘客

除保证列车运行安全外，保护和辅助乘客也是信号系统非常重要的功能，系统需要防护车门、站台屏蔽门、紧急停车按钮等与乘客相关的区域或设备，保证乘客在站台乘降、列车运行过程中的安全。

（1）管理列车车门

信号系统对于列车车门的监控是实时的，在区间运行时，若系统监测到车门失去"关闭且锁闭"状态，则将采取切断牵引或紧急制动措施，提醒司机确认车门状态，保证乘客安全。在站台区域，若车门控制方式为自动，则信号系统将按照停站时间自动打开、关闭车门，若出现非系统授权的车门打开，系统将限制列车移动，保证站台和车上乘客的安全。

（2）管理站台屏蔽门

站台屏蔽门也被信号系统纳入监控范围，在系统运行过程中，将持续监测各站的站台屏蔽门状态。若在列车进站前，某站站台屏蔽门打开，则系统将限制列车不可进入站台，以避免发生危险。列车在站台停准停稳后，系统将通过车地无线通信实现车门与站台屏蔽门间的同步开启和关闭。当列车在站台范围内监测到非预期的站台屏蔽门打开时，将立刻采取措施限制列车移动，保证站台和车上的乘客安全。

（3）检查列车安全停靠站情况

当列车到达站台停车时，为了保证车门与站台屏蔽门的对准以及乘客的安全乘降，只有当列车停靠在指定区域（称为"停车窗"）内时，系统才允许列车车门及站台屏蔽门打开，否则即便司机发出开门命令，系统也将禁止该命令的执行，以保护站台和车上乘客的安全。

（4）授权驶离站台

当列车进站开关门作业完成，旅客乘降完成后，信号系统将对列车的发车条件进行检查，当出站进路已排列且信号开放、所有站台屏蔽门关闭且锁闭、所有车门关闭且锁闭、紧急停车按钮全部未按下等安全条件全部具备后，系统将给出离站移动授权，确保列车能够安全离站。

（5）管理站台紧急停车按钮

站台紧急停车按钮是紧急情况下临时封锁站台的专用设备，也是信号系统的防护对象之一。在系统运行过程中，将持续监测各站的紧急停车按钮状态，若在列车进站前，某站紧急停车按钮按下，则系统将限制列车进入站台，以避免发生危险。当列车在站台范围内监测到紧急停车按钮按下时，将立刻采取措施限制列车移动，保证站台和车上的乘客安全。

8.3.2.3　辅助列车运行

除去安全防护功能外，信号系统为了辅助列车运行，也提供了一系列的功能，这些功能涵盖设备自检、提供驾驶信息、进路控制及运营调整等各个方面，使得运营人员可以方便地对系统工作状态进行了解，并通过信号系统对列车运行状态进行监控。

（1）设备上电自检

信号系统设备在断电后再次上电时，将进行全面的自检作业，若设备存在故障情况，则将进行声光报警，提示运营人员对设备状况进行检查。

（2）设备自诊断

在运行过程中，系统设备将实时不间断对自身运行情况进行诊断，若出现故障情况，将视故障的严重程度进行不同的处理，从而给出报警提示、声光报警直至导向安全侧。

（3）车载设备日检

车载信号系统设备是系统与车辆、车载广播等系统的直接接口，除进行设备自身的上电自检外，车载设备还提供了日检功能，以便运营人员对关键接口情况进行验证。日检包括列车试闸、车地无线网络状态监测等内容，还可根据运营需求，实现车载广播测试等功能。

（4）向司机显示详细驾驶信息

信号系统车载设备中，包括与司机进行人机交互的车载人机界面（MMI）设备，MMI 将向司机显示详细的驾驶信息，包括列车当前最高预设驾驶级别及模式、列车当前实际驾驶级别及模式、列车实时速度、紧急制动触发速度、推荐速度、故障信息、时间信息、车门/站台屏蔽门状态信息、列车完整性信息、目的地及下一站信息、跳停/扣车/提前发车信息、是否在停车窗内信息、牵引/制动/惰行状态信息等，这些信息用于辅助司机了解系统运行情况，在信号系统的安全防护下驾驶列车。

（5）运营调整

为应对运营中可能出现的情况，信号系统为运营人员提供了运营调整功能，当偏差较小时，系统自动调整列车运行计划并控制列车运行至正点状态。当偏差较大时，系统发出报警，经调度员确认后对全线列车运行进行调整。

（6）时刻表/运行图管理与编辑

时刻表/运行图是信号系统对列车运行进行自动控制的基础，在系统交付时，将提供基本的时刻表/运行图供运营方使用。系统也提供了强大的时刻表/运行图编辑功能，运营方可在基本时刻表/运行图的基础上进行修改，也可创建全新的时刻表/运行图以供使用。

系统提供时刻表/运行图的检查功能，以保证修改/新建的时刻表/运行图是合理且可用的。

8.3.2.4 辅助驾驶

信号系统提供了列车自动驾驶功能，以减轻司机工作量，辅助司机对列车进行驾驶。同时，ATO子系统与其他子系统相互配合，能够提供更多的功能。

（1）列车自动启动

当列车在站台停车时，由于发车时机受到诸多因素的影响和限制，因此需要由司机对列车的发车时机进行判断并启动列车。但列车在区间信号机前停车时，由于没有站台乘降作业，因此情况较为单一。在这种情况下，当列车的移动授权已经向前延伸，系统判断列车继续向前运行安全时，若驾驶模式为AM模式，则ATO子系统可在ATP子系统的防护下自动启动列车，继续向前运行。

（2）列车运行时分调整

ATS子系统可对列车的站间运行进行调整，此项功能是在ATO子系统的配合下实现的。为保证ATO子系统对站间运行时间的精确控制，根据ATS子系统发送的站间运行时间，ATO子系统对牵引、制动与巡航阶段分别调整，来控制列车准点节能运行，ATO子系统可根据ATS子系统的指令实现秒级精度的区间走行时间调整。

（3）管理跳停

跳停作业是列车运营调整的手段之一，用于控制列车在指定站台不停车，直接运行通过。AM模式下的列车可以在接收到ATS子系统的跳停命令后，在ATP子系统的授权下直接驾驶列车越过指定站台。

（4）管理扣车

扣车作业也是列车运营的调整手段之一，用于控制列车在指定站台不发车。AM模式下的列车在接收到ATS子系统的扣车命令后，将自动停于指定站台，若门控方式为自动，在接收到扣车命令后，ATO子系统不会自动关闭车门，保持车门、站台屏蔽门处于打开状态。

（5）列车节能运行

当列车在区间运行时，反复的牵引制动会导致耗电量远大于经常处于惰行状态下的列车，所以节能最大化就是列车惰行时间最大化。ATS子系统根据列车运营情况，可通过ATO子系统采用节能运行曲线控制列车运行实施不同的节能运行方案。ATO子系统根据地面控制中心发送的到达目的站的时间和当前运行时间之差，调整对列车牵引制动的控制，保证列车在这个时间段内惰行最大化。

（6）控制列车进站停车

列车进站时，在进站停车过程中，考虑到运行舒适度与效率，ATO子系统计算出既高效且冲击率较小的一次性制动曲线。ATO子系统根据进站停车制动曲线，控制列车采用连续的制动、恒定的制动率，一次性制动至目标停车点。

8.3.2.5 提供技术支持

在为运营人员提供用于列车监控功能的同时，信号系统还提供了用于系统问题分析、维护管理的技术支持功能。

（1）时钟同步

为保证信号系统使用统一的时钟信息，系统提供时钟同步功能。ATS通过与时钟系统的接口，周期性地获得当前的时钟信息，并向信号系统内其他各子系统发出校时命令，各子系统通过 ATS 发送的时钟信息，统一校准自身时间，从而保证系统整体的时钟同步。

（2）数据记录

为了便于出现故障后的问题分析及了解设备运行状态，信号系统各子系统均配备了数据记录功能，记录各子系统的运行状态、命令发送时间、接收时间、执行时间、故障代码、设备报警等信息。基于时钟同步功能，数据记录能够实现出现问题时各系统时间点的统一，便于问题的分析和查找。

（3）系统故障报警

信号维护监测子系统对正线信号系统（包括 ATS、ATP、ATO、联锁、数据通信等各子系统设备，配套电源设备，计轴设备，室外信号设备，微机监测设备，道岔缺口监测设备等）和车辆段/停车场信号系统（包括联锁系统设备、配套电源设备、微机监测设备、室外信号设备、道岔缺口监测设备等）的工作状态进行监测和报警，并在相应的人机界面上进行集中显示。

第9章 通信信号系统标准实施

9.1 相关标准

GB/T 4208　　　《外壳防护等级（IP 代码）》

GB 4943.1　　　《音视频、信息技术和通信技术设备　第 1 部分：安全要求》

GB 8702　　　　《电磁环境控制限值》

GB/T 12758　　《城市轨道交通信号系统通用技术条件》

GB/T 13849　　《聚烯烃绝缘聚烯烃护套市内通信电缆》（所有部分）

GB/T 14715　　《信息技术设备用不间断电源通用规范》

GB/T 15279　　《自动电话机技术条件》

GB/T 15542　　《数字程控自动电话交换机技术要求》

GB/T 15874　　《集群移动通信系统设备通用规范》

GB 16806　　　《消防联动控制系统》

GB/T 18287　　《移动电话用锂离子蓄电池及蓄电池组总规范》

GB/T 18380.12　《电缆和光缆在火焰条件下的燃烧试验　第 12 部分：单根绝缘电线
　　　　　　　　电缆火焰垂直蔓延试验　1kW 预混合型火焰试验方法》

GB/T 19286　　《电信网络设备的电磁兼容性要求及测量方法》

GB/T 19638.1　《固定型阀控式铅酸蓄电池　第 1 部分：技术条件》

GB/T 19638.2　《固定型阀控式铅酸蓄电池　第 2 部分：产品品种和规格》

GB/T 20185　　《同步数字体系设备和系统的光接口技术要求》

GB/T 20281　　《信息安全技术　防火墙安全技术要求和测试评价方法》

GB/T 21563　　《轨道交通　机车车辆设备　冲击和振动试验》

GB/T 22080　　《信息技术　安全技术　信息安全管理体系　要求》

GB/T 22239　　《信息安全技术　网络安全等级保护基本要求》

GB/T 23636　　《铅酸蓄电池用极板》

GB/T 23754　　《铅酸蓄电池槽、盖》

GB/T 24338.4　《轨道交通　电磁兼容　第 3-2 部分：机车车辆　设备》

GB/T 24338.5　《轨道交通　电磁兼容　第 4 部分：信号和通信设备的发射与抗扰度》

GB/T 25338.1　《铁路道岔转辙机　第 1 部分：通用技术条件》

GB/T 25724　　《公共安全视频监控数字视音频编解码技术要求》

GB/T 26718　　《城市轨道交通安全防范系统技术要求》

GB/T 28181　　《公共安全视频监控联网系统信息传输、交换、控制技术要求》

GB/T 28535　　《铅酸蓄电池隔板》

GB/T 30147	《安防监控视频实时智能分析设备技术要求》
GB/T 31488	《安全防范视频监控人脸识别系统技术要求》
GB 35114	《公共安全视频监控联网信息安全技术要求》
GB/T 37287	《基于 LTE 技术的宽带集群通信（B-TrunC）系统　接口技术要求（第一阶段）　集群核心网到调度台接口》
GB/T 37289	《基于 LTE 技术的宽带集群通信（B-TrunC）系统　接口技术要求（第一阶段）　终端到集群核心网接口》
GB/T 37290	《基于 LTE 技术的宽带集群通信（B-TrunC）系统　接口技术要求（第一阶段）　空中接口》
GB/T 37291	《基于 LTE 技术的宽带集群通信（B-TrunC）系统总体技术要求（第一阶段）》
GB 37300	《公共安全重点区域视频图像信息采集规范》
GB/T 39276	《信息安全技术　网络产品和服务安全通用要求》
GB/T 39839	《基于 LTE 技术的宽带集群通信（B-TrunC）系统　终端设备技术要求（第一阶段）》
GB/T 39845	《基于 LTE 技术的宽带集群通信（B-TrunC）系统　网络设备技术要求（第一阶段）》
GB/T 42323	《铅酸蓄电池用水》
GB/T 42391	《铅酸蓄电池用电解液》
GB/T 42889	《基于 LTE 技术的宽带集群通信（B-TrunC）系统　接口技术要求（第二阶段）　TCF 与 eHSS 间接口》
GB/T 42890	《基于 LTE 技术的宽带集群通信（B-TrunC）系统　接口技术要求（第二阶段）　TCF 间接口》
GB/T 43770	《室内 LED 显示屏规范》
GB 50116	《火灾自动报警系统设计规范》
GB 50157	《地铁设计规范》
GB 50169	《电气装置安装工程　接地装置施工及验收规范》
GB 50198	《民用闭路监视电视系统工程技术规范》
GB 50217	《电力工程电缆设计标准》
GB/T 50299	《地下铁道工程施工质量验收标准》
GB 50311	《综合布线系统工程设计规范》
GB/T 50312	《综合布线系统工程验收规范》
GB 50339	《智能建筑工程质量验收规范》
GB 50343	《建筑物电子信息系统防雷技术规范》
GB 50348	《安全防范工程技术标准》
GB 50373	《通信管道与通道工程设计标准》
GB/T 50374	《通信管道工程施工及验收标准》
GB 50382	《城市轨道交通通信工程质量验收规范》
GB/T 50526	《公共广播系统工程技术标准》

GB/T 50578	《城市轨道交通信号工程施工质量验收标准》
GB/T 50622	《用户电话交换系统工程设计规范》
GB 50689	《通信局（站）防雷与接地工程设计规范》
GB/T 50760	《数字集群通信工程技术标准》
GB/T 51117	《数字同步网工程技术规范》
GB 51151	《城市轨道交通公共安全防范系统工程技术规范》
GB 51158	《通信线路工程设计规范》
GB 51171	《通信线路工程验收规范》
GB 51194	《通信电源设备安装工程设计规范》
GB/T 51242	《同步数字体系（SDH）光纤传输系统工程设计规范》
GB/T 51278	《数字蜂窝移动通信网 LTE 工程技术标准》
GB/T 51292	《无线通信室内覆盖系统工程技术标准》
GB/T 51310	《地下铁道工程施工标准》
GB/T 51398	《光传送网（OTN）工程技术标准》
GB 55033	《城市轨道交通工程项目规范》
GB 55036	《消防设施通用规范》
GB 55037	《建筑防火通用规范》
CJ/T 407	《城市轨道交通基于通信的列车自动控制系统技术要求》
CJ/T 500	《城市轨道交通车地实时视频传输系统》
CJ/T 543	《城市轨道交通计轴设备技术条件》

9.2 设计要点

9.2.1 通信系统

9.2.1.1 传输系统

（1）设备选型

传输系统应采用基于光同步数字传输制式或其他宽带光数字传输制式，主要有 SDH、MSTP、PTN、OTN、SPN 等技术制式，应以保证通信质量为基础，进行多方案比较，选择适配技术方案，提高经济效益，降低工程造价。

设备选型应符合技术先进、安全可靠、经济实用、便于维护的原则；综合考虑设备供应商在设备升级、网管升级、技术研发和售后服务等方面的能力；设备应具有灵活的、较少品种的硬件配置，并应易于系统扩容及升级；设备选型应符合节能减排的原则和要求。

SDH 设备应符合国家现行标准《同步数字体系（SDH）光纤传输系统工程设计规范》GB/T 51242、《同步数字体系设备和系统的光接口技术要求》GB/T 20185 和《同步数字体系（SDH）STM-256 总体技术要求》YD/T 2273 的相关规定。

MSTP 设备在具备 SDH 设备特征的基础上，还应符合现行行业标准《增强型多业务传送节点（MSTP）设备技术要求》YD/T 2486 的相关规定。

PTN 设备应符合现行行业标准《分组传送网（PTN）工程技术规范》YD/T 5200、

《分组传送网（PTN）总体技术要求》YD/T 2374 和《分组传送网（PTN）设备技术要求》YD/T 2397 的相关规定。

SPN 设备宜引入面向综合承载的 SPN 小颗粒技术及提升网络覆盖和接入能力的小型化设备，增强面向用户的智能运维能力及面向"双碳"目标的节能机制等，应符合现行行业标准《切片分组网络（SPN）总体技术要求》YD/T 3826、《切片分组网络（SPN）设备技术要求》YD/T 4172 和《切片分组网络（SPN）细粒度承载技术要求》YD/T 4610 的相关规定。

OTN 设备应符合国家现行标准《光传送网（OTN）工程技术标准》GB/T 51398、《光传送网（OTN）工程技术规范》YD/T 5208、《光传送网（OTN）网络总体技术要求》YD/T 1990 和《光传送网（OTN）接口》YD/T 1462 的相关规定。分组增强型光传送网（OTN）设备的设备形态并非 SDH 设备、PTN 设备与 OTN 设备构建的堆叠设备，设备应符合现行行业标准《分组增强型光传送网（OTN）设备技术要求》YD/T 2484 的相关规定。

对于国内尚未制定的标准，设备选型应符合相应的国际电信联盟电信标准分局（ITU-T）建议要求。

架式设备机架高度可采用 2200mm、2000mm，厚度可为 300mm、600mm，宽度可为 600mm。同一机房内宜保持机架高度的统一。

设备的总体机械结构应考虑安装、维护的方便和扩充容量或调整设备数量的灵活性，实现硬件模块化。

设备的电磁兼容性应符合现行国家标准《电信网络设备的电磁兼容性要求及测量方法》GB/T 19286 的相关规定。

（2）光纤选型

光纤类型的选用应根据业务需求预测，综合考虑业务类型、网络结构和业务量的发展趋势，并应具有支持未来传输系统的能力。

光缆线路应选用 ITU-T G.652 或 G.655 建议的单模光纤。传输系统工作波长可选用 1550nm 或 1310nm。

地下车站及区间线路的光缆应采用阻燃、低烟、无卤、防腐蚀、防鼠咬的防护层；地上区间的通信主干光缆还应具有防雨淋和抗阳光辐射能力。

在轨道交通沿线敷设的光缆、电缆等管线结构，应选择符合杂散电流腐蚀防护的材质、结构设计和施工方法。

光缆与电力电缆同径路敷设时或地面高架区间敷设时，宜采用非金属加强芯。

当光缆引入室内时，应做绝缘接头，室内外金属护层及金属加强芯应断开，并应彼此绝缘。

（3）设备配置

传输业务预测应依据既有通信网的使用情况和各种业务对传输网的需求确定。传输系统的速率、系统容量应根据业务预测、网络冗余、安全性要求、光纤资源条件、设备成熟化水平进行选择和配置。

传输设备应具有模块化结构和可扩展性，便于通过改变单元数量、种类及调整软件对设备进行扩容、升级和重新配置；各承载业务在预留容量范围内应能扩展传输带宽。

设备的交换容量应满足工程和模型要求，整机满配置下无阻塞交换。传输系统容量按各承载业务的传输需求确定。开通运行时，有线传输横截面带宽、各类用户接口预留不宜少于总容量的 30%，骨干光缆预留不宜少于总容量的 50%。

传输系统由不同物理径路的光缆构成自愈保护网络结构，同一环内或上下行的 2 个光方向应设置在不同光线路板上，并优先选用上下行区间的不同光缆。

传输系统应实现不同业务间隔离，同一业务的主备通道、端口宜配置在不同板卡上，重要业务可根据需要单独配置业务板卡。

传输系统应满足各业务的接口需求，提供多种速率、类型的传输通道，根据需要提供 2Mb/s（电）、FE（光/电）、GE（光/电）、10Gb/s（光）等业务接口。

传输系统光线路接口应结合节点间光缆路由长度，合理配置光接口及衰减、色散补偿模块等。

各传输节点提供的传输设备业务插槽应通用，支持不同业务板卡的混插使用。客户侧业务板卡的配置应在满足各类业务需求的基础上，简化网络配置和减少维护备品备件的种类和数量。

传输设备应避免单点故障，传输系统设备的主控、交叉、电源、时钟等重要单元应采用 1+1 配置（包括扩展子架）；对 2M 业务板卡宜提供 1：N（$N \geqslant 1$）保护功能；系统所有关键板卡可带电热插拔。

（4）网络保护

传输系统的网络保护功能应满足下列要求：

具备网络自愈保护切换功能，切换时间应小于 50ms，切换不造成业务中断并具有事件的记录。

采用可靠的网络保护方式，结合技术选型和需要提供复用段保护（MSP）、子网连接保护（SNCP）、双节点互联（DNI）、以太网快速生成树协议（RSTP）、弹性分组环网（RPR）、多协议标记交换-传送子集（MPLS-TP）等保护方式。

（5）同步要求

传输系统宜优先选用 BITS 直接引入高精度频率同步信息。

承担传送同步网基准信号的 SDH 系统应满足相关同步网设计的要求，并应符合现行国家标准《数字同步网工程技术规范》GB/T 51117 的相关规定。

外同步接口可选择 2048kHz 和 2048kbit/s。宜选用 2048kbit/s，接口和帧结构应符合现行行业标准《基于 2048kbit/s 系列的数字网抖动和漂移技术要求》YD/T 1420 中的相关规定。

PTN、SPN、OTN 设备应支持频率同步和高精度时钟（IEEE 1588V2）时间同步。采用 IEEE 1588V2 协议实现高精度的时间同步信号传送时，技术和性能要求应满足现行行业标准《高精度时间同步技术要求》YD/T 2375 中的相关规定。

传输系统同步设备的主要配件应冗余配置；同步设备宜至少配备 2 个 2048kbit/s 的外同步时钟输入接口并将基准信号送往时钟单元，可根据需要配备 2 个 1588V2 或其他符合精度、可靠的外同步时间输入接口。当时钟单元发生故障时，输入接口能够将基准信号直接送往输出单元，以确保同步功能的正常运行。需要同步的传输设备应支持同步源优先级选择功能。

（6）网络管理

传输系统应设置传输网络管理终端，负责对传输网络进行集中管理。传输网络管理设备应具有自诊断功能，可进行故障管理、性能管理、配置管理、安全管理，并且能与集中告警终端相连，实现集中告警。

SDH 网络管理系统组成、一般要求、SDH 层面的管理功能以及 DCN 网络组织应参考 SDH 相关标准的相关规定，对 MSTP 层面的管理功能还应符合现行行业标准《基于SDH 的多业务传送节点技术要求》YD/T 1238、《基于同步数字体系（SDH）的多业务传送节点（MSTP）网络管理技术要求　第 1 部分：基本原则》YD/T 1768.1、《基于同步数字体系（SDH）的多业务传送节点（MSTP）网络管理技术要求　第 2 部分～第 5 部分》YD/T 1620.2～1620.5 的相关规定。

OTN 传输系统的网络管理系统应符合现行行业标准《波分复用（WDM）光纤传输系统工程网管系统设计规范》YD/T 5113 和《光传送网（OTN）网络总体技术要求》YD/T 1990 的相关规定。

PTN 传输系统的网络系统要求应符合现行行业标准《分组传送网（PTN）工程技术规范》YD/T 5200 中网管系统的相关规定。

SPN 传输系统的网管系统要求应符合现行行业标准《切片分组网络（SPN）设备技术要求》YD/T 4172 的相关规定。

网管系统应提供统一的北向接口。

9.2.1.2　无线通信系统

（1）技术制式

无线通信网的建设应充分调查分析和预测业务需求及运营维护需求，结合技术演进合理应用新技术制式，有效使用无线电频率等网络资源，保证工程建设方案的安全可靠和最优化，满足轨交线路的使用需求。

无线通信网建设应符合国家相关技术体制和频率使用规定，并应根据项目所属满足相关技术要求。

根据轨交用户业务需求、产业链成熟程度和在用情况，城市轨道交通无线通信网技术制式主要有基于 TETRA 的窄带数字集群技术制式和基于 LTE 的宽带数字集群技术制式，分别对应《数字集群通信工程技术标准》GB/T 50760 中基于数字集群体制（A）的技术体制和基于 B-TrunC 的技术体制。但目前 TETRA 系统主要在既有线路或其延长线路中延续使用，新建线路已大多应用 LTE 系统。

（2）网络规划

1）一般要求

无线通信网建设应贯彻集群专网尽量共用原则，提高系统资源利用率，降低工程造价。

核心网、无线网建设规模以及对承载网的需求应根据近远期用户和业务发展预测、业务密度分布、覆盖区域范围、设备参数及网络环境等进行规划。

网络应根据业务应用和发展对网络结构、网络服务质量、网络覆盖方位、网络容量配置的需求进行规划。

TETRA 系统网络架构应符合国家现行标准《集群移动通信系统设备通用规范》

GB/T 15874 和《数字集群移动通信系统体制》SJ/T 11228 的相关规定。

LTE 系统网络架构应符合现行国家标准《基于 LTE 技术的宽带集群通信（B-TrunC）系统总体技术要求（第一阶段）》GB/T 37291 中 B-TrunC 系统总体技术要求的相关规定，调度指挥业务需求应选择宽带集群接入方式。

无线通信系统工程可根据规范定义的开放接口要求采用不同设备商的调度台、核心网、无线网和终端设备进行混合组网。

无线通信网接入公务电话网时，应满足公务电话网的进网要求，并应具备根据公务电话网要求提供来去业务统计和计费的功能。

工程中应选用出具合格检验报告、符合国家有关技术要求的设备和材料，所选设备应符合标准要求的开发接口能力，应优选经多厂家 IOT 测试，获得认证的设备。

在抗震设防烈度 6 度以上地区建设通信网络时，应满足抗震设防的要求。

2）业务功能要求

TETRA 系统应以网内调度业务为主，以互联电话业务为辅，可以传送文本和传真等数据业务。业务功能应符合国家现行标准《集群移动通信系统设备通用规范》GB/T 15874 和《数字集群移动通信系统体制》SJ/T 11228 的相关规定。

LTE 系统网络应支持基于 IP 的分组数据传输业务和集群业务。系统应支持基于 IP 的分组数据传输业务与集群业务的并发。集群业务包括集群语音、集群多媒体、集群数据和集群补充业务四种类型，这四种类型集群业务的细分及其业务功能要求应满足现行国家标准《基于 LTE 技术的宽带集群通信（B-TrunC）系统总体技术要求（第一阶段）》GB/T 37291 的相关规定。

根据当前城市轨道交通 LTE 系统的实际建设情况，通信系统和信号系统宜共建共享无线通信网，无线通信网应综合承载信号系统的列车运行控制、通信系统的集群调度等行车类业务，以及紧急文本下发、列车运行监测等非行车类业务（可选）。为进一步保障信号系统列车运行控制业务的安全性，无线承载网宜按 A、B 双网承建，A、B 双网应在信号要求的区域实现全覆盖，在调度通信区域，可采用 A 网或 B 网进行覆盖。LTE 网络宜使用漏缆对区间进行覆盖。

系统应具备虚拟专网（VPN）功能，并具备分级控制（QoS）功能，支持多级业务优先级定义。

城市轨道交通运营调度管理等业务场景下应支持终端跨不同宽带集群网络的漫游和切换。不同技术的集群系统间宜支持业务互通。

3）网络质量要求

TETRA 系统网络服务质量指标应满足《数字集群通信工程技术标准》GB/T 50760-2021 中表 3.3.2 的规定。LTE 系统网络业务质量指标应符合表 9.2-1 的要求，网络切换质量指标要求应符合表 9.2-2 的规定。

集群语音业务服务质量指标要求   表 9.2-1

性能	指标要求
语音组呼的呼叫建立时间	≤300ms
全双工集群单呼建立时间	≤500ms
半双工集群单呼建立时间	≤500ms

续表

性能	指标要求
话权申请时间	≤200ms
切换时延	单核心网场景下≤100ms，跨核心网场景下≤200ms
组呼容量	应支持 7.5 组语音/小区/MHz

网络切换质量指标要求　表 9.2-2

性能	指标要求
越区切换成功率	≥99.92%（列车控制业务和调度语音业务）
	≥95%（其他业务）
越区切换延时时间	≤150ms（98%，不含跨核心网切换）
	≤2s（99.98%，列车控制业务和调度语音业务）

（3）设计要求

TETRA 系统核心网、调度台、基站及无线网设计应符合现行国家标准《数字集群通信工程技术标准》GB/T 50760 的相关规定。

TETRA 系统的设备基本特性、安全性要求、同步要求、工作频段、信道配置、接口及编号要求等应符合现行行业标准《数字集群移动通信系统体制》SJ/T 11228 的相关规定。

LTE 系统由核心网、LTE 终端、LTE 基站、业务管理平台和无线网组成。LTE 系统设计要求见下文。

1）核心网设计

LTE 宽带集群核心网应提供宽带集群业务和分组数据传输业务，应设置网元 eMME、xGW、TCF、TMF、eHSS，核心网网元可根据设备商产品形态有不同的合设方式，但合设网元应满足所有逻辑网络的设置要求。

根据业务场景和工程规模，LTE 系统核心网可采用单核心网架构、本地多核心网架构和多本地网架构，并应符合下列规定：

① 单核心网组网宜采用双节点备份方式。

② 本地多核心网架构中各核心网网元间应通过共用 eHSS 对等互通，可共享或不共享用户数据。

③ 多本地网架构中各本地网核心网元间应对等互通，通过漫游地 eMME 与归属地 eHSS 之间的数据连通实现漫游。

新建核心网网元容量配置和容灾备份机制：

① eMME、xGW 容量配置应满足所辖区域内及漫游集群用户的业务处理和数据存储的需求。

② TCF、TMF 容量配置应满足所辖区域内集群用户的业务处理和数据存储的需求。

③ 设备处理能力宜设置冗余。

④ eHSS 宜采用分布式设备，关键部件应做容灾备份。

⑤ 核心网网元应采用主备方式实现容灾备份。

宽带集群核心网应通过网关与公务电话系统实现互通。

核心网与基站间应采用 IP 承载方式，应通过光传输网连接，核心网与集群业务平台等内外部平台应通过 IP 方式互联。

集群核心网的基本功能和集群功能要求应满足现行国家标准《基于 LTE 技术的宽带集群通信（B-TrunC）系统　网络设备技术要求（第一阶段）》GB/T 39845 中的相关规定。

2）LTE 终端设计

结合城市轨道交通的业务应用场景，LTE 终端包括调度台、固定台、车载台和手持台。

LTE 系统应支持 LTE 终端的二次开发，应能提供二次开发接口。

LTE 终端应包括数据终端和宽带集群终端两种。数据终端仅支持基于 IP 的分组数据传输业务，如信号系统专用车载台，而集群系统终端除了支持基于 IP 的分组数据传输业务之外，还应支持宽带集群业务和功能。

LTE 终端功能要求应满足现行国家标准《基于 LTE 技术的宽带集群通信（B-TrunC）系统　终端设备技术要求（第一阶段）》GB/T 39839 中的相关规定；LTE 终端的吞吐量指标和终端支持的存储并使用的组数量应满足现行国家标准《基于 LTE 技术的宽带集群通信（B-TrunC）系统　终端设备技术要求（第一阶段）》GB/T 39839 的相关规定。

手持台的环境和可靠性要求应满足现行行业标准《移动通信手持机可靠性技术要求和测试方法》YD/T 1539 的要求；手持台配备的锂电池性能应满足现行国家标准《移动电话用锂离子蓄电池及蓄电池组总规范》GB/T 18287 的要求，各种锂电池安全要求应满足现行行业标准《移动通信手持机用锂离子电池组及充电器的安全要求和试验方法》YD/T 1268 要求；充电器及接口特性应满足国家现行标准《音视频、信息技术和通信技术设备　第 1 部分：安全要求》GB 4943.1、《移动通信手持机用锂离子电池组及充电器的安全要求和试验方法》YD/T 1268 和《移动通信终端电源适配器及充电/数据接口技术要求和测试方法》YD/T 1591 的要求。

车载设备应采用防振、抗冲击设计，防振指标应满足现行国家标准《轨道交通　机车车辆设备　冲击和振动试验》GB/T 21563 的要求。

3）LTE 基站设计

LTE 基站包括数据基站和集群基站两种。数据基站支持基于宽带数据接入，如信号系统专用基站，集群基站除支持基于宽带数据接入，还应支持集群业务和功能。

基站设备的关键板卡、电源模块、控制器、接口板、风扇应支持"$N+1$"冗余配置。

基站设备应支持表 9.2-3 所示的系统带宽。

系统带宽要求		表 9.2-3
系统带宽	要求	支持 PRB 数
20MHz	必选	100 个 PRB
10MHz	必选	50 个 PRB
5MHz	必选	25 个 PRB
3MHz	可选	15 个 PRB
1.4MHz	可选	6 个 PRB

在 1785～1805MHz 频段，基站天线端口的发射功率限值为 33dBm/MHz，基站频率容限为 0.1×10^{-6}。

基站设备的功能要求、发射机和接收机性能要求及管理要求见现行国家标准《基于 LTE 技术的宽带集群通信（B-TrunC）系统　终端设备技术要求（第一阶段）》GB/T 39839。基站的操作维护、环境、电源和接地、电磁兼容能力、安全等其他要求见现行行业标准《TD-LTE 数字蜂窝移动通信网　基站设备技术要求（第一阶段）》YD/T 2571，同时也应满足行业的特定要求。

4）无线网设计

无线网设计应满足集群通信网服务区的覆盖、容量、质量和投资等建设目标的要求；应具备前瞻性，并应兼顾网络的质量和架构的稳定性；宜遵循与城市轨道交通其他无线系统的共建共享原则，无线网部署应符合国家和地方无线电管理部门对频段占用度、年时间占用度、区域覆盖率以及用户承载率的指标要求。

结合城市轨道交通的用户和业务需求，具有集群调度通信功能的无线通信系统的覆盖范围宜包括但不仅限于：

① 全线车站（包括站台公共区域、站厅公共区域、主要设备用房区域、办公用房区域、出入口区域及换乘通道等）。

② 正线区间线路、折返线、停车线、渡线，建筑限界内联络线，车辆基地与正线的出入段线。

③ 车辆基地内车辆可达区域（含车辆基地内试车线），车辆基地内移动终端用户活动区域。

④ 控制中心调度大厅、移动终端用户活动区域。

⑤ 主变电所、区间风井等其他建筑区域。

系统场强应符合国家及地方无线电管理部门的相关规定。在满足信噪比的要求下，场强覆盖的地点、时间可靠概率在漏泄同轴电缆区段不小于 98%，在天线区段不小于 95%。无线场强覆盖质量指标用 RSRP 和 SINR 表示：

① 系统无线覆盖在不小于 98% 概率条件下，LTE 车载终端天线处输入信号应符合车地通信区域 RSRP 不小于 -95dBm，且 SINR 不小于 3dB。

② 系统无线覆盖在不小于 95% 概率条件下，LTE 手持终端天线处输入信号应符合 RSRP 不小于 -105dBm；语音业务质量应符合 ITU-TP.800 定义的要求，MOS 不小于 3。

系统无线覆盖设计应进行理论预测和现场勘测，以及无线电环境调查和检测，避让干扰频率；无线覆盖设计时应根据线路特点合理选择无线传播方式，适当预留保护余量，综合考虑业务要求，合理布设基站，避免频繁的小区切换；无线覆盖设计链路预算宜考虑阴影衰落、多径衰落、环境等干扰及工程预留的保护余量。

结合工程需要，可采用小区合并技术优化小区的覆盖范围。在网络边界地带，除应进行资源分配的协调外，还应针对边界的具体情况，采取必要的工程措施，做好邻边地带无线覆盖区控制的设计。

系统无线覆盖应满足业务承载系统对传输可靠性的要求。采用 A/B 双网时，双网应采用不同频率，双网冗余覆盖宜采用同站址接入。

无线网的专网频率配置、频道配置及对应的 RB 数量应符合现行国家标准《无线通信室内覆盖系统工程技术标准》GB/T 51292 的相关规定。

1785～1805MHz 频段系统与邻频的 GSM1800、LTE FDD 系统以及重耕后的 LTE

FDD 系统间应设置 5MHz 保护频带，必要时应在射频端加装滤波器。

建筑应为室外天馈线系统提供防雷接地设施，并应符合现行国家标准《通信局（站）防雷与接地工程设计规范》GB 50689 和《建筑物电子信息系统防雷技术规范》GB 50343 的相关规定。

无线网的电磁辐射限值应符合现行国家标准《电磁环境控制限值》GB 8702 的相关规定。

无线网其他系统参数和天馈系统设计应符合现行国家标准《数字蜂窝移动通信网 LTE 工程技术标准》GB/T 51278 的相关规定。

（4）接口要求

TETRA 系统空中接口、系统接口要求应符合现行行业标准《数字集群移动通信系统体制》SJ/T 11228 的相关规定。

LTE 系统空中接口应符合现行国家标准《基于 LTE 技术的宽带集群通信（B-TrunC）系统　接口技术要求（第一阶段）　空中接口》GB/T 37290 的相关规定；终端到集群核心网的接口应符合现行国家标准《基于 LTE 技术的宽带集群通信（B-TrunC）系统　接口技术要求（第一阶段）　终端到集群核心网接口》GB/T 37289 的相关规定；集群核心网到调度台接口的接口应符合现行国家标准《基于 LTE 技术的宽带集群通信（B-TrunC）系统　接口技术要求（第一阶段）　集群核心网到调度台接口》GB/T 37287 的相关规定；核心网设备 TCF 间接口应满足现行国家标准《基于 LTE 技术的宽带集群通信（B-TrunC）系统　接口技术要求（第二阶段）　TCF 间接口》GB/T 42890 的相关规定；核心网设备 TCF 与 eHSS 间接口应满足现行国家标准《基于 LTE 技术的宽带集群通信（B-TrunC）系统　接口技术要求（第二阶段）　TCF 与 eHSS 间接口》GB/T 42889 的相关规定。

城市轨道交通线网的核心网设置宜统一规划，具有同站台换乘、跨线、共线运行需求的线路，线路间核心网互联接口宜满足现行行业标准《基于 LTE 技术的宽带集群通信（B-TrunC）系统（第二阶段）接口技术要求　集群核心网间接口》YD/T 3853 的相关规定。

（5）同步要求

核心网网元及网管系统宜从统一的时钟源 NTP 服务器提取时间同步信号，LTE 终端、无线网管系统应支持 NTP 时间同步机制，并网管系统应满足事件的时间标记要求。

TETRA 系统基站同步要求和移动台的同步要求应符合现行行业标准《数字集群移动通信系统体制》SJ/T 11228 的相关规定。

LTE 基站应支持频率同步和时间同步，频率同步精度应为 ± 50ppb，时间同步误差不应大于 $1.5\mu s$；基站宜支持 GNSS、IEEE1588V2 和外接 1PPS＋ToD 的时间同步方式和同步以太网的频率同步方式，GNSS 同步应包括北斗系统。

（6）编码要求

城市轨道交通系统用户终端应线网统一编码，号码资源统一分配；应分类编码，便于用户身份识别和权限限制；应尽量缩短号码长度，节约号码资源；编码应具有唯一性、层次性和可扩展性，并考虑未来的发展；编码应符合互联互通要求，保证网络之间的互操作性；具体编码应包含所属线路、通话组类别、工作岗位等字段，反映使用人员的岗位信息。

TETRA 系统编号应符合现行行业标准《数字集群移动通信系统体制》SJ/T 11228 的

相关规定，LTE 系统编号应符合现行国家标准《基于 LTE 技术的宽带集群通信（B-TrunC）系统总体技术要求（第一阶段）》GB/T 37291 的相关规定。

（7）网管要求

网管系统的功能应包括配置管理、告警及故障管理、性能管理、安全管理。

网管系统宜实现对交换机、路由器、服务器、同步设备、终端设备等的统一管理；宜实现对传输通道服务质量、资源使用情况的监视、查询和统计，并可视化显示网络可用性、系统负载、无线信号强度、网络资源利用率等关键指标；宜具备设备故障检测、识别和定位功能，故障可定位至板卡等现场可更换单元并提供修复建议和告警信息；宜支持故障等级和故障告警过滤、遮蔽设置等功能。

9.2.1.3　公务电话系统

公务电话系统工程设计应做到技术先进、经济合理、安全适用、节能节材、可持续发展，保障用户电话交换系统建设。

工程中所采用的电信设备，必须取得工业和信息化部电信设备进网许可证。

在我国抗震设防烈度 7 度以上（含 7 度）地区公用电信网中使用的主要电信设备必须经电信设备抗震性能检测合格。

（1）网络结构

公务电话系统由电话交换机、话务台、各类终端及辅助设备等组成。电话交换机应根据用户使用业务功能需要，提供与终端、专网内其他通信系统、公网等连接的通信业务接口。公务电话交换网络应统一规划、分期实施。

当前城市轨道交通行业应用的电话交换机主要有数字程控电话交换机和软交换电话交换机，但目前数字程控电话交换机主要在既有线路中延续使用，新建线路主流采用软交换电话交换机。公务电话系统由多局点组成，可分为中心局点和远端局点，中心局点应设置电话交换机，远端局点可设置电话交换机、远端模块或接入设备。终端可分为模拟电话终端、数字电话终端、IP 电话终端等。

软交换网络是下一代网络（NGN）的实现方式之一，是指软交换设备为呼叫控制核心，采用多种接入手段，在分组交换网上为用户提供基本话音业务、传真业务、各类补充业务、点到点视频业务、各种智能网业务和各种增值业务等多种业务种类。软交换网络从网络层次上可以划分为四个平面：接入平面、传送平面、控制平面、业务平面（图 9.2-1）。

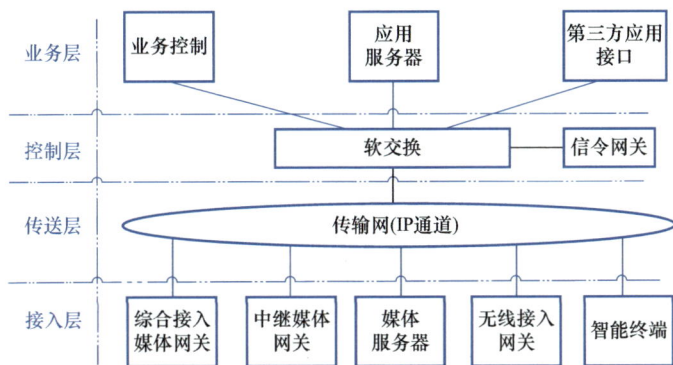

图 9.2-1　软交换网络结构

根据现行国家标准《用户电话交换系统工程设计规范》GB/T 50622 的相关规定，城市轨道交通公务电话系统一般设置多个中心局专网电话交换机，专网接入公用电话网的组网方式可采用汇接组网方式（图 9.2-2）、网状组网方式（图 9.2-3）和混合组网方式（图 9.2-4）。

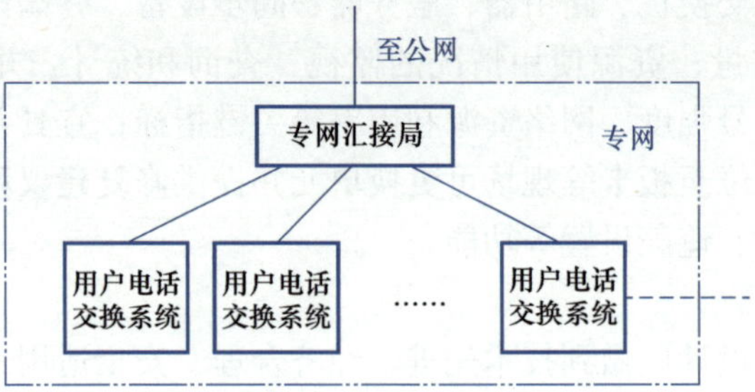

图 9.2-2　汇接组网方式

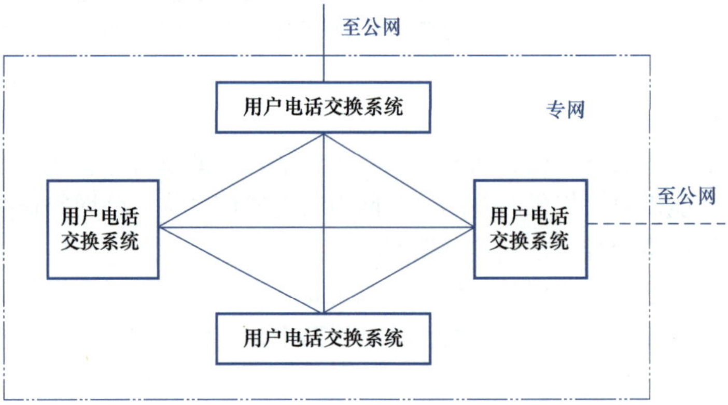

图 9.2-3　网状组网方式

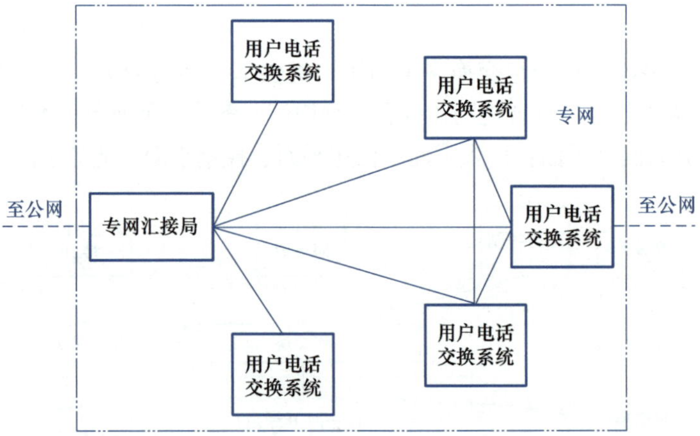

图 9.2-4　混合组网方式

（2）设备配置

电话交换机应采用模块化的硬件结构，便于扩容，并便于引入新的硬件模块。提供的设备，应全部采用经过老化测试及严格筛选的优质元器件，组装过程应有严格的质量控制，确保长期使用的高稳定性、高可靠性，系统构成应具有冗余和容错等安全措施。

系统软件应采用分层模块化结构，任何一层的任何一个模块的维护和更新以及新模块的追加都不影响其他模块；软件应有容错能力，一般小的软件故障不应引起各类严重的系统再启动。软件设计应有防护性能，某一软件模块内的软件错误应限制在该模块内，而不应造成其他软件模块的错误；应具有软件运行故障的监视功能，一旦软件出现死循环等重大故障时，应能自动再启动，并作出即时故障报告信息；在未达设备的终局容量时，增加或减少用户或交换设备只需要使用一般的人机命令即可，不应影响正常通信。同种型号的交换设备，不同时间的软件版本应能兼容。

1）数字程控设备配置

数字程控电话交换机的设备配置一般应按工程设计要求的系统容量、中继方式、话务数据及新业务项目的数量与比例等要求进行计算确定。交换设备的基本业务性能和技术要求应符合现行国家标准《数字程控自动电话交换机技术要求》GB/T 15542 的相关规定。

交换机的设备配置应满足忙时话务量和忙时试呼次数的设计要求，当实际情况超出设计要求时，交换设备可进入过负荷控制状态；工程设计配置设备时应有一定的备用量，备用量的取定原则如下：

① 设计计算求得的每个方向的中继线数应按标准中继模块的容量取整。

② 为保证交换局对某局向的中继系统只有一个数字中继模块时的通信安全，全局应增加少量备用的中继模块。

③ 当系统要求模块间有互助功能时，模块应成对配置。

2）软交换设备配置

软交换设备控制和处理分离，控制和处理设备由软交换机（SS）、中继网关（TG）、信令网关（SG）、接入网关（AG）、综合接入设备（IAD）、媒体服务器（MS）、应用服务器（AS）等组成。

① SS 的设备配置应符合以下要求：

➤ SS 的功能和性能应符合现行行业标准《软交换设备总体技术要求》YD/T 1434 的有关要求。

➤ SS 应具有 TCP/IP 接口，应配置物理上相互独立的信令、网管和计费接口。

➤ SS 内部重要模块应双备份冗余设置。

② TG 的设备配置应符合以下要求：

➤ TG 的功能和性能应符合现行行业标准《媒体网关设备技术要求——IP 中继媒体网关》YD/T 1243.1 的有关要求。

➤ TG 应具有 TCP/IP 接口和数字中继接口，应配置物理上相互独立的媒体、信令和网管接口。

③ SG 的设备配置应符合以下要求：

➤ SG 的功能和性能应符合现行行业标准《No.7 信令与 IP 的网关设备技术规范》YD/T 1203 的有关要求。

➤ SG 应具有 E1 接口和 TCP/IP 接口，能够提供 No.7 信令链路和 SIGTRAN 信令链路，应配置物理上相互独立的信令和网管接口。

④ AG 的设备配置应符合以下要求：

➢ AG 的功能和性能应符合现行行业标准《媒体网关设备技术要求——综合接入媒体网关》YD/T 1243.3 的相关规定。

➢ AG 应具有 TCP/IP 接口，可具备提供 POTS 用户接入、ISDN 接入、V5 接入、xDSI 接入和 LAN 接入的能力，并根据实际应用环境进行配置。

⑤ IAD 的设备配置应符合以下要求：

➢ IAD 的功能和性能应符合现行行业标准《基于软交换的综合接入设备技术要求》YD/T 1385 的有关要求。

➢ IAD 应具有 TCP/IP 接口，应具备提供 POTS 用户接入的能力。

⑥ MS 的设备配置应符合以下要求：

➢ MS 的功能和性能应符合现行行业标准《基于软交换的媒体服务器技术要求》YD/T 1386 有关要求。

➢ MS 应具有 TCP/IP 接口，宜配置物理上或逻辑上独立的媒体、信令和网管接口。

➢ MS 内部重要模块应双冗余设置。

⑦ AS 的设备配置应符合以下要求：

➢ AS 的功能和性能应符合现行行业标准《基于软交换的应用服务器设备技术要求》YD/T 1390 的有关要求。

➢ AS 应具有 TCP/IP 接口，支持统一的业务编程接口。

➢ AS 应提供用于与计费中心间传送计费文件的 TCP/IP 物理链路，同时还应配有用于在本地存储计费文件的硬盘。

➢ AS 本身宜采用双机热备，每个独立主机中的重要模块应双冗余设置。

⑧ 软交换设备应具有良好扩展性。SS 应按工程设计要求的处理能力、存储容量、对外连接需求等要求进行计算确定。TG、SG、AG、IAD 按工程设计要求的处理能力、对外连接需求等要求进行计算确定；MS、AS 应由提供设备的厂家按设计要求的业务种类、处理能力、存储能力等要求进行计算确定。

3）终端设备配置

模拟电话终端一般指接入电话网模拟接口的脉冲和双音多频式的固定式自动电话机，自动电话机技术要求应满足现行国家标准《自动电话机技术条件》GB/T 15279 的相关规定。

IP 电话终端设备可以采用多种协议，包括 H.323 协议族、MGCP 协议、H.248 协议以及 SIP 协议等。但无论采用何种协议，IP 用户终端设备在网络中都需要接入控制设备的控制下才可正常工作，与其他设备进行通信。基于 H.323 协议的 IP 用户终端技术要求应符合现行行业标准《基于 H.323 协议的 IP 用户终端设备技术要求》YD/T 1922 的相关规定，基于 MGCP 协议的 IP 用户终端技术要求应符合现行行业标准《基于 MGCP 协议的 IP 用户终端设备技术要求》YD/T 1923 的相关规定，基于 SIP 协议的 IP 用户终端技术要求应符合现行行业标准《基于 SIP 协议的 IP 用户终端设备技术要求》YD/T 1924 的相关规定，基于 H.248 协议的 IP 用户终端技术要求应符合现行行业标准《基于 H.248 协议的 IP 用户终端设备技术要求》YD/T 1925 的相关规定。

数字电话终端的技术要求应符合现行行业标准《窄带 ISDN 终端设备进网基本要求》YD/T 1023 的相关规定。

话机终端的平均无故障工作时间（MTBF）应不少于 5000h。

（3）线缆选型

根据《地铁设计规范》GB 50157-2013 要求，公务电话交换机至所管辖范围内的地区用户线传输衰耗不应大于 7dB。地下车站及区间线路的通信电缆应采用阻燃、低烟、无卤、防腐蚀、防鼠咬的防护层。地上车站站内宜采用无卤、低烟的阻燃电缆；地上区间的通信主干电缆还应具有防雨淋和抗阳光辐射的能力。

市内通信电缆的技术要求按照现行国家标准《聚烯烃绝缘聚烯烃护套市内通信电缆　第 1 部分～第 5 部分》GB/T 13849.1～GB/T 13849.5 的相关规定执行。

语音和数据信息点布线设计宜采用综合布线系统统一开展。

（4）信令与接口

电话交换机支持的用户信令、局间信令应符合《用户电话交换系统工程设计规范》GB/T 50622-2010 中第 6.1 节的相关规定，电话交换机配置用户侧接口和中继侧接口、接口方式应符合该规范中第 6.2 节的相关规定。

（5）网管与计费

公务电话系统应设置网络管理系统，对设备性能、设备配置、故障告警、安全管理和系统网络结构进行管理；宜采用 PAMA 独立计费方式对主叫用户内部通话、本地电话、长途电话、特种业务或相关增值业务等进行计费。网管功能及接口和协议应符合《用户电话交换系统工程设计规范》GB/T 50622-2010 中第 10 章的相关规定，计费方式和计费性能要求应符合《用户电话交换系统工程设计规范》GB/T 50622-2010 中第 11 章的相关规定。

（6）同步要求

电话交换机网同步应支持主从时钟同步和外时钟同步两种同步方式，公务电话系统一般采用主从时钟同步方式，控制中心为主控局，受市话局网同步信号控制。时间同步宜采用 NTP 协议通信。

（7）编号计划

号码编制应近远期结合，以远期预测用户数和网络规划为依据，尽量避免改号；公务电话交换网采用全自动直拨呼入中继进入公用电话网，用户编号应纳入公用本地电话网统一编号；应进行线网内统一用户编号，具体编号应在实施时与使用方协商确定，首位编号计划宜符合下列规定：

1）"0" 或 "9" 为呼叫公用网的首位号码。

2）"1" 为特种业务、新业务首位号码。

3）"2～8" 为城市轨道交通用户的首位号码。

9.2.1.4　专用电话系统

根据《地铁设计规范》GB 50157-2013 相关要求，专用电话系统采用的交换技术同公务电话系统交换技术，专用电话系统可与公务电话系统合设，故设计要点内容可参考公务电话系统，但应保证其系统调度专用功能。

调度电话应为控制中心调度员与各车站/车辆基地值班员，以及与办理行车业务直接有关的工作人员提供调度通信，应主要包括行车、电力、防灾环控、维修等调度电话组。

（1）总体结构

专用电话系统应由中心交换设备、车站/车辆基地交换设备、终端设备及网管设备等组成，中心级与车站级通过有线传输通道连通。中心交换设备宜热备冗余配置。终端设备可包括调度台、值班台、调度分机、直通电话、区间电话、端门电话、招援电话等。

区间电话功能可选择由轨旁固定电话或无线手持台等类型终端实现，固定区间电话亦可纳入公务电话系统，无线手持可纳入无线通信系统。值班台、直通电话、招援电话功能亦可由公务电话系统实现。

（2）终端配置

专用电话终端设备配置宜满足下列要求：

1）控制中心应设置行车调度台，并可根据需要设置维修、电力、环控等调度台；车站控制室、车辆基地应设置行车调度分机，根据需要设置维修等调度分机；变电所控制室应设置电力调度分机。

2）车站控制室、车辆基地应设置值班台。

3）车站行车值班员处应设置直通电话或由值班台提供直通功能，实现相关业务人员与相邻车站、换乘车站值班台的通话联系。

4）车站重要设备室、客服中心等处以及车辆基地区域宜设置直通电话，实现车站内部相关业务人员与本站值班台的通话联系。

5）车站站台门端门外（区间侧）根据需要设置端门电话。

6）车站站厅、站台等公共区应设置招援电话，实现与车站控制室或控制中心的电话直通。招援电话应具备联动视频监视系统或视频通话功能。

调度电话应符合下列要求：

1）调度电话终端可选呼、组呼和全呼分机，任何情况下均不应发生阻塞。

2）调度电话分机对调度值班台应可实现一般呼叫和紧急呼叫。

3）控制中心调度电话终端之间应有台间联络等功能。

4）应具有召集固定成员电话会议和实时召集不同成员的临时会议的能力。

5）采用的触摸屏式或按键式的调度台具备指示灯、手柄及麦克风等部件，可采用双手柄并支持扬声器和麦克风方式；支持双接口热备份"1＋1"冗余。

9.2.1.5 视频监控系统

视频监控系统的主要发展面向数字化、网络化、高清化、智能化，与音视频编解码技术、视频图像处理技术、嵌入式系统开发技术等多项核心技术及云计算、大数据、深度学习、视频结构化等前瞻技术结合，成为轨道交通安全防范的重要手段和保障。

视频监控系统应为调度员、值班员、列车司机等提供作业监控、乘客疏导、抢险救灾等视觉信息，其系统架构、系统功能、视频采集范围、摄像机类型、监视终端设置位置、监视画面显示方式、视频调用路数、系统联动、优先级设置等应满足运营管理需要。

视频监控系统制式应与我国电视制式一致。

视频监控系统应以标准化、集成化、结构化、模块化和网络化的方式实现，应具有平滑可扩展性，应适应系统维护、升级、扩容及技术发展的需要，系统升级扩展时应确保历史记录无障碍地继续使用。

视频监控系统应具有高可靠性，并应采用冗余和备份，用于数据记录的数据库系统和软件系统应具备存储功能；系统应满足城市轨道交通运营对监控持续时间的要求，重点防护区域、重点部位和无人值守场所的监控设备应满足 24h 不间断运行的要求。

视频监控系统应具有使用灵活性，并应能按管理要求灵活制定操作流程、符合用户管理性能和安全要求。系统图像传输的本地延时不宜大于 300ms，远程延时不宜大于 400ms；图像切换的本地延时不宜大于 1s，远程延时不宜大于 2s；联动告警信号的延时不宜大于 1s；联动告警记录的时间精度不宜大于 500ms；系统安全性设计、电磁兼容性设计应符合现行国家标准《安全防范工程技术标准》GB 50348 的相关规定。

（1）系统规划

视频监控系统按照运营需求分为中心级和车站/列车级两级监视。设置线网中心级监视设备的，应实现对多条线路视频监视设备的集中监控。列车级视频监控系统相关设计要求见本书车辆篇，地面视频监控系统应能将列车级视频监控系统统一纳入监控调用和管理。

根据现行国家标准《城市轨道交通公共安全防范系统工程技术规范》GB 51151 的相关规定，视频监控系统是安全防范系统的重要子系统之一，与其他安防子系统包括出入口控制系统、安全检查及探测系统、入侵报警系统、电子巡查系统进行对接融合和集成，搭建安防集成平台（图 9.2-5）。目前大部分城市已建或规划建设城市轨道交通云，视频监控系统与其他安全防范子系统依托城市轨道交通云的中心云＋边缘云模式，实现平台业务上云，满足各层级业务使用不同的需求。

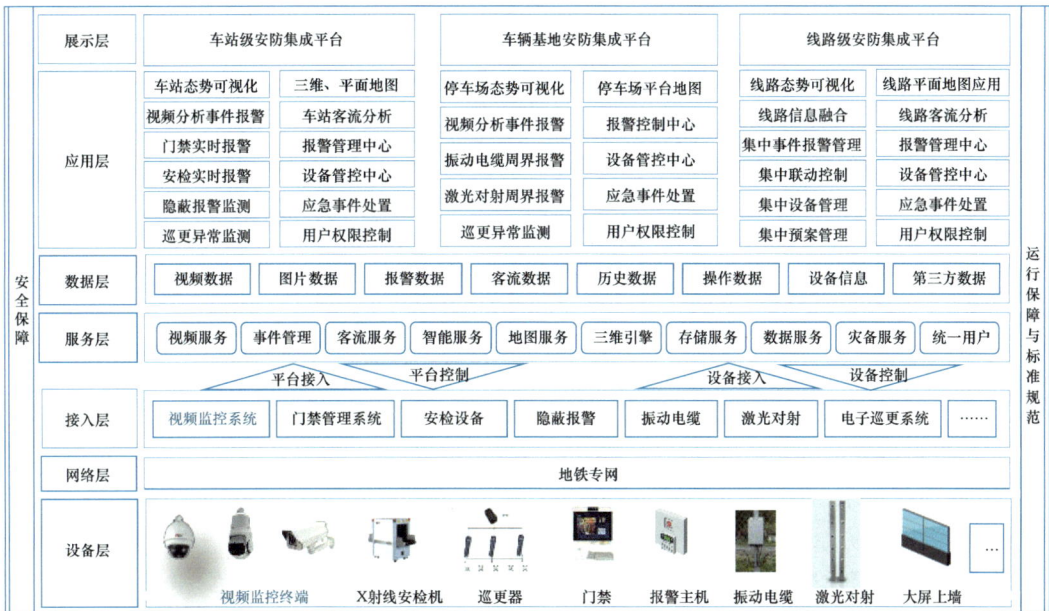

图 9.2-5　安全防范系统整体框架示意图

根据现行国家标准《城市轨道交通公共安全防范系统工程技术规范》GB 51151 的相关规定，视频监控系统应能独立运行和操作；能接入综合安防集成管理平台，并与安全技术防范系统中的其他子系统实现联动；具备多级联网的能力，能与公安信息平台、上级指挥平台等联网，各级监控联网系统信息传输、交换、控制应符合现行国家标准《公共安全视频监控联网系统信息传输、交换、控制技术要求》GB/T 28181 的规定（图 9.2-6）。

163

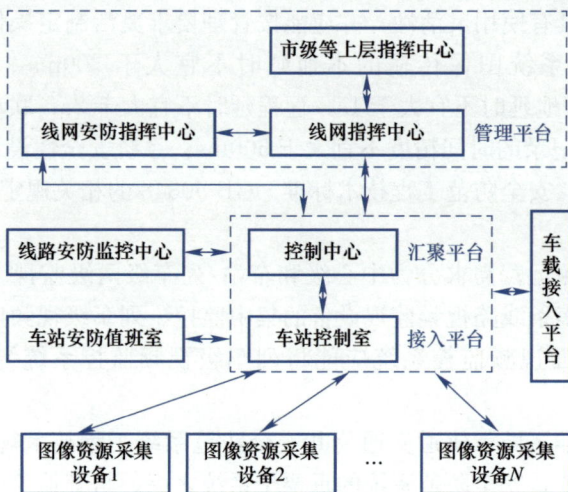

图 9.2-6　视频监控系统联网架构图

目前线路视频监控系统多采用全数字高清视频方案，由摄像机、编解码器（如需）、视频处理设备、存储设备、监控终端、管理软件、网络传输设备和附属设备组成（图 9.2-7）。

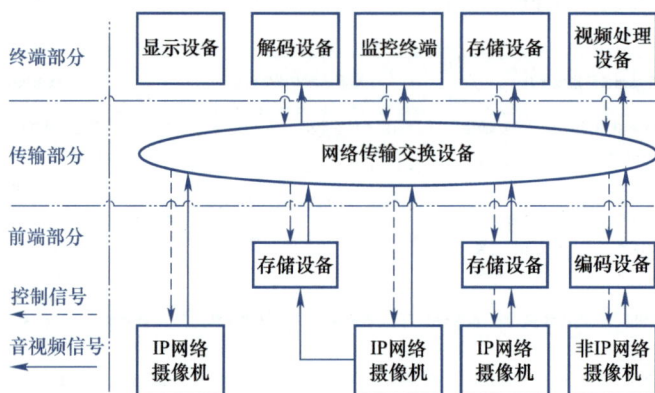

图 9.2-7　全数字高清视频监控系统构成框图

（2）设备要求

1）摄像机要求

① 摄像机布防原则

根据现行国家标准《城市轨道交通公共安全防范系统工程技术规范》GB 51151 的相关规定，线路摄像机布防场所包括运营控制中心、车站、车辆基地、区间、变电所或其他有关建筑场所。各场所的布防区域和部位原则见表 9.2-4。摄像机的具体定位、选型、数量及安装方式应根据乘客流向、乘客聚集场所、运营安全保障要求、现场安装条件和装修环境等因素综合确定。

轨道交通各场所的布防区域和部位原则　　　　　　　　　　　　　　　表 9.2-4

序号	位置	备注
一	运营控制中心场所	
1	与外界相通的出入口	

序号	位置	备注
2	围栏或围墙	
3	楼宇出入口	
4	楼宇内各楼层主要通道	
5	垂直电梯内	
6	楼梯口	
7	调度大厅出入口	
8	设备机房出入口	
9	安防监控分中心出入口	如有
10	调度大厅内	可选
11	安防监控分中心内	可选
二	车站	
1	出入口及通道	
2	站厅公共区	
3	进出站检票口	
4	售票设施	
5	乘客服务中心	
6	垂直电梯内	
7	公共区楼梯口、自动扶梯口	
8	站台公共区及候车区	
9	换乘区域	
10	票务室及收款室内	
11	设备区及办公区出入口及主要通道	
12	车站控制室出入口	
13	车站控制室内	可选
14	安防监控分中心出入口	如有
15	安防监控分中心内	可选
16	电力设备房等重要设备用房内	可选
17	车站风亭口	可选
三	区间	
1	区间风井	
2	轨行区人防门	
3	防淹门	
4	隧道出入口	
5	地下至地面（含高架）的开口过渡段	
6	联络通道	可选
四	车辆基地	
1	车场出入口	
2	主要干道	
3	安防监控分中心出入口	
4	安防监控分中心内	可选
5	信号楼出入口、调度室出入口	

续表

序号	位置	备注
6	车辆基地列检库、月检库人员及列车出入口、调度室出入口	
7	检修联合库人员及列车出入口、调度室出入口	
8	各调度室内	可选
9	综合楼、员工宿舍等其他建筑单体的出入口	
10	车场内变电所出入口	
11	存放重要物品、资料、财务的地方	
12	列车从车场出入正线处	
13	围栏和围墙	
14	电力设备房等重要设备用房内	可选
五	变电所或其他有关建筑	
1	与外界的出入口	
2	围栏和围墙	
3	建筑单体出入口	
4	存放重要物品、资料、财务的地方	
5	电力设备房等重要设备用房内	可选

② 关键部位的拍摄要求

根据现行国家标准《城市轨道交通公共安全防范系统工程技术规范》GB 51151 和《城市轨道交通安全防范系统技术要求》GB/T 26718 的相关要求，摄像机在关键部位的拍摄要求如下：

➢ 安装于车站各出入口的摄像机中，应至少有 1 路能清楚拍摄出入口外 15m 范围内的人和物的活动情况。人员从进入车站到离开车站期间应被拍摄到不少于 2 次的正面图像。

➢ 安装于车站站台的摄像机应能覆盖列车客室门的区域，清楚拍摄人员候车和上下车的情况，且拍摄画面应可连续拼接。站台土建结构为增加车厢编组预留长度的，视频监控系统的建设也应预留摄像机布设条件。

➢ 售票亭、自动售票机、自助票款充值设备、客户服务中心处的画面应能清晰反映服务设施的全貌，及其与乘客双方的交互行为。

➢ 票款储存场所的画面应能清晰反映票款交接、存放的具体情况。

➢ 电梯轿厢内的监控画面应能看清轿厢内的全部人员情况，并配有楼层显示功能。

➢ 各区域的人行出入口、通道、车站检票出入口的拍摄画面应能清晰反映人的脸部正面特征，摄像机安装角度和摄录图像质量宜满足人脸识别及智能视频分析的需要。

➢ 应能利用云台可控式变焦摄像机对人员从进入车站到离开车站进行全程跟踪。

➢ 拍摄列车进出地面洞口的摄像机画面应能反映人员进出洞口的情况。

➢ 摄像机画面应尽量避免被 PIS 屏幕、导向等现场其他吊挂设备遮挡。

➢ 安装于车辆基地各出入口处的摄像机应能清楚地拍摄到所有进出机动车辆的车牌号。

③ 摄像机选型要求

为适配视频监控系统面向数字化、网络化、高清化、智能化的发展，目前轨道交通行业摄像机一般选用高清/超高清 IP 网络摄像机。摄像机的功能和性能要求应满足现行行业标准《安全防范视频监控摄像机通用技术要求》GA/T 1127 和《安全防范监控变速球型摄像机》GA/T 645 中针对网络摄像机的相关规定，配套拾音器技术要求应满足现行行业标准《安防拾音器通用技术要求》GA/T 1758 的相关规定。

结合当前视频技术发展，摄像机宜采用清晰度不低于 1080P 的高清制式。摄像机宜以固定式摄像机为主，根据需要辅助设置一体化球型摄像机，特殊功能摄像机等。摄像机的灵敏度应与环境照度相适应。

室外摄像机宜适应最低 0.2lx 的照度，室内摄像机宜适应最低 1lx 的照度或应急照度，环境照度不满足要求时可配置辅助照明，或采用微光、补光摄像机等设备；安装在轨道沿线的摄像机应具有强光抑制功能。

云台可控式变焦摄像机应能进行云台转动、转动速度、预置位、保持时间，以及镜头变焦、光圈调节等设置；云台可控式变焦摄像机应设有预置位，云台或变焦停止操作后，摄像机宜在（2 ± 0.5）min 内自动复位至预置状态；云镜控制用户优先级进行统一规划，实现高优先级可抢占低优先级控制权、相同优先级按时间排序、云镜控制保持时间内同级别及低级别不可抢占等功能。云镜控制协议应支持现行国家标准《公共安全视频监控联网系统信息传输、交换、控制技术要求》GB/T 28181 中规定的控制协议。

摄像机视频编解码应支持 H.265、H.264 或 MPEG-4 标准，前端拾音设备应支持 G.711 或 G.723.1 或 G.729 标准，应具有不同分辨力、帧率等的双码流及其以上码流输出功能。音视频编解码若选用 SVAC 标准，则应满足现行国家标准《公共安全视频监控数字视音频编解码技术要求》GB/T 25724 的相关规定。

摄像机靶面通常为 1in、2/3in、1/1.8in、1/2in、1/3in、1/4in 或其他规格（1in＝25.4mm）。在摄像机选用镜头时，应保证镜头成像面尺寸和摄像机靶面规格完全匹配，视频图像不应有黑色边框或暗角。镜头的技术要求应满足现行行业标准《视频监控镜头》GA/T 1352 的相关规定。

室内型防护罩应至少符合现行国家标准《外壳防护等级（IP 代码）》GB/T 4208 中 IP52 等级的要求，室外型防护罩应至少符合现行国家标准《外壳防护等级（IP 代码）》GB/T 4208 中 IP66 等级的要求。

2）监控终端要求

① 监控终端设置原则

控制中心行车调度员、电力调度员等处应设置监视终端，能调看全线摄像机的视频资源并切换至相应的监视终端。行车调度员应能调看全线列车的视频资源。

车站值班员处应设置监视终端，能调看本站任意一组或一个摄像机的视频资源并切换至相应的监视终端。

车辆基地调度员处应设置监视终端，能调看权限范围内摄像机的视频资源并切换至相应的监视终端。

列车司机可利用站台或司机室内的监视终端监视乘客上下车。

② 监控终端选型要求

显示设备应满足系统视频图像的原始完整性和系统实时性要求，显示设备的分辨力不应低于摄像机的分辨力，地下车站 LCD 显示屏的亮度不应低于 $350cd/m^2$（高架站不低于 $1000cd/m^2$），高架站应结合车站的光照环境适当增加显示屏亮度指标。

PC 类终端主机应选用高性能主流产品，能在主流操作系统平台环境下运行，并应安装防病毒软件。

3）存储设备要求

① 存储要求

车站、车辆基地设置存储设备，满足本地全部视频同时存储、不间断图像记录功能，支持全时、定时、手动存储等多种存储方式；在带宽、存储容量和系统平台等具备条件的情况下，车站、车辆基地全部视频可由控制中心集中统一存储；前端 IP 摄像机宜具备本地存储卡；前端采集音频信息（若有）应与相应视频信息同步存储和回放。存储系统并发写入、回放和下载的能力应满足工程需求。如 4K 前端摄像机的视频流信息的存储及回放的视频图像的分辨率宜不小于 1080P，图像帧率大于或等于 25fps，存储图像均应采用编码算法进行压缩，存储码流相较实时调用码流的大小宜适当降低，不大于 2Mbit/s，以降低存储成本。

存储设备应能完整记录指定的视音频信息，其容量设计应综合考虑记录视频的路数、存储格式、存储周期长度、数据更新等因素，确保存储的视频图像信息质量满足安全管理要求。根据现行行业标准《城市轨道交通安全防范要求》GA/T 1467 的相关要求，视频监控图像应采用集中管理，存储时间应大于或等于 90d。

实时音视频存储采用流媒体服务器转发方式或 SIP 设备直存方式，公共安全视频监控联网系统（见现行国家标准《公共安全视频监控联网系统信息传输、交换、控制技术要求》GB/T 28181）可选择其中一种或两种结合的实现方式。流媒体服务器转发方式下的命令流程应符合现行国家标准《公共安全视频监控联网系统信息传输、交换、控制技术要求》GB/T 28181 中第三方呼叫控制流程。SIP 设备直存方式下的命令流程应符合现行行业标准《公安视频监控视频存储技术要求》GA/T 2019 中的要求。协议接口应符合现行国家标准《公共安全视频监控联网系统信息传输、交换、控制技术要求》GB/T 28181 中的要求。

参考现行行业标准《公安视频监控视频存储技术要求》GA/T 2019 的相关要求，存储设备应具备视音频存储功能（图 9.2-8）、资源池功能和管理功能。

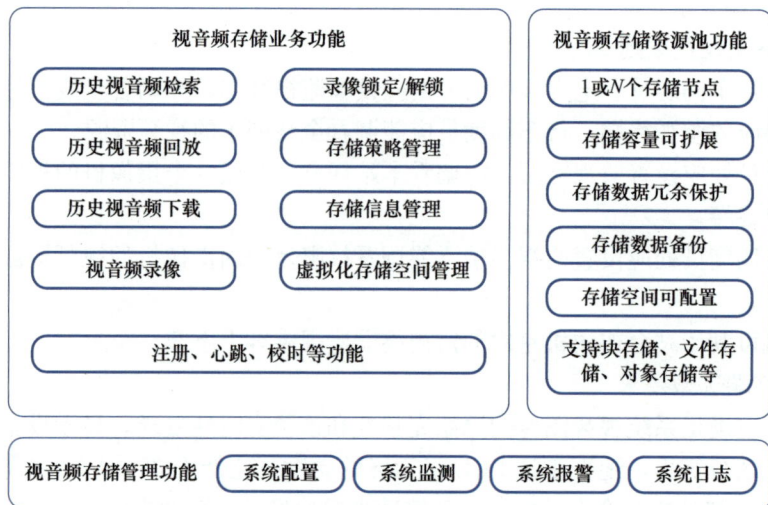

图 9.2-8　视音频存储功能组成

随着云计算在安防行业的大规模推广应用，目前轨道交通的音视频存储也多推荐采用视频云存储系统，另外伴随生物识别分析技术的引入，系统存储管理内容除了实时音视频信息，还增加了图片和结构化数据信息。根据现行行业标准《视频云存储系统通用技术要求》SJ/T 11787 的相关要求，视频云存储系统分为采集层、介质层、存储层、接口层和应用层（图 9.2-9），其中介质层为视音频、图片等数据存储的最终载体，存储层由存储集群和管理集群组成，分别进行数据的存储和存储资源的管理调度。

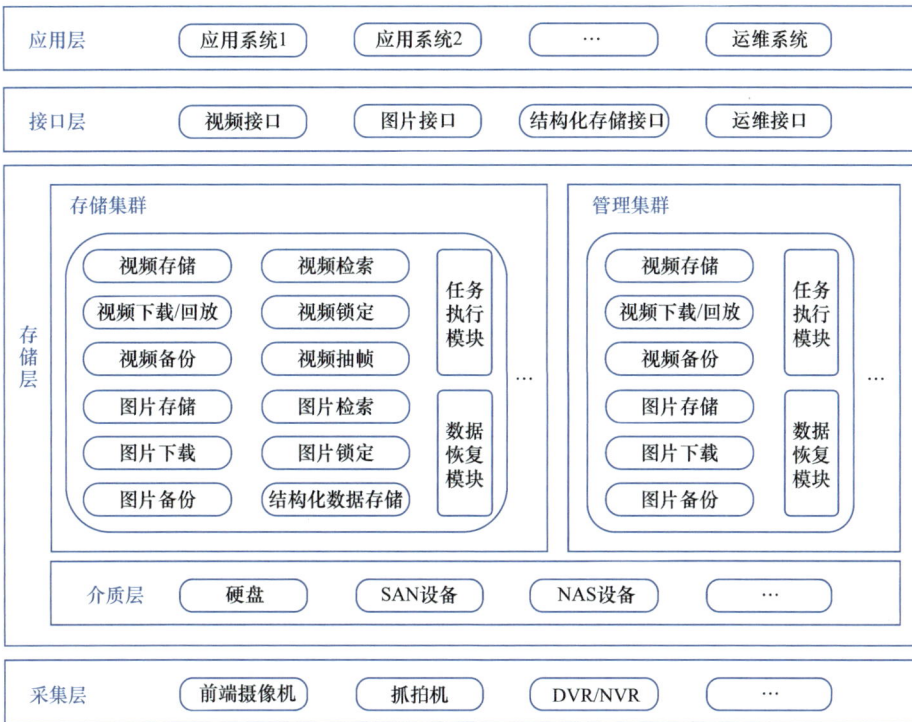

图 9.2-9　视频云存储系统框架

视频云存储系统应支持通过标准存储协议写入通用存储设备：应支持 iSCSI 协议接入 IP-SAN 存储设备，应支持 FC 协议接入 FC-SAN 存储设备，应支持 CIFS/NFS 协议接入 NAS 存储设备。

视频云存储系统应支持以下接口协议：支持前端采集音视频数据写入存储系统，视频数据上传方式应支持 ONVIF；支持将抓拍设备图片数据写入存储系统，图片数据上传应支持 HTTP 协议，应符合现行行业标准《公安视频图像信息应用系统　第 4 部分：接口协议要求》GA/T 1400.4 的要求；应支持视频应用管理平台通过 HTTP 协议从存储系统查询、下载、回放相关音视频和图像数据，应符合现行行业标准《公安视频图像信息应用系统　第 4 部分：接口协议要求》GA/T 1400.4 的要求；应支持运维平台通过 SNMP 或 HTTP 协议与存储系统对接，对系统运行状态信息、软硬件资源情况实时采集、统计分析。

视频云存储系统应保障数据可靠性，支持提供 RAID5、RAID6、网络 RAID 等多种级别的数据可靠性保护方式，支持应用纠删码技术，支持数据容错恢复过程中制定业务类型的数据优先恢复等。

② 回放、检索及下载要求

存储系统应支持历史音视频信息检索、回放及下载。视频图像信息应与相关音频信息同步记录、同步回放；回放模式支持单画面、多画面回放；支持根据日期与时间范围、线路名称、车站/车辆基地名称、车次号、摄像机位置等进行录像检索，回放时可进行播放、暂停、停止、倍速、快放、慢放、逐帧、拖拽等操作；支持对制定时间段的历史音视频系统进行下载；支持并发调用多路录像的能力，录像回放、导出不得影响正常视频存储业务。

历史视音频文件检索、回放和下载的控制、传输流程及协议接口应分别符合现行国家标准《公共安全视频监控联网系统信息传输、交换、控制技术要求》GB/T 28181 的要求。

（3）信息质量

根据现行国家标准《公共安全重点区域视频图像信息采集规范》GB 37300 的相关要求，系统采集的视频和图像信息应满足对目标识别的要求，应能覆盖监控范围。大范围宏观观察应与特定目标区域的固定监控相结合，分时扫描应与实时跟踪特定目标相结合。采用多个摄像机分区域监控时，监控区域应相互衔接，达到对整个监控区域的有效覆盖；低光照、尘雾、雨雪、光照度变化范围大或强逆光等监控环境下，采集的视频信息和图像信息根据应用需求应能分清目标的外观特征、出入人员的体貌特征等信息，采集视频不应有晕光，采用图像增强和红外热成像技术时，采集的视频信息和图像信息应能识别目标的属性轮廓；应采取有效的防抖动措施，保证采集图像的稳定性。

视频图像信息及与之相关的其他信息分为视频信息（连续视频流和视频片段）、图像信息（单帧视频和图片）、音频信息（与视频信息相关联的音频）及相关的报警信息、设备信息等，根据现行国家标准《公共安全重点区域视频图像信息采集规范》GB 37300 的相关要求，各信息质量应满足以下要求：

1）视频信息质量要求

① 图像尺寸：像素不低于 1920×1080。

② 水平分辨力：环境光照不低于 300lx 时，不低于 900TVL；环境光照在 0.1lx 以下的分辨力不低于 650TVL。

③ 帧率：不低于 25 帧/s。

④ 色彩还原：环境光照不低于 300lx 时，平均 $\Delta E \leqslant 15$。

⑤ 最大亮度鉴别等级不低于 10 级。

⑥ 视频质量主观评价按《民用闭路监视电视系统工程技术规范》GB 50198-2011 中第5.4.3 条的评价标准和评价项目，在环境光照不低于 300lx 时，应不低于 5 级。

⑦ 具有宽动态能力的采集设备，其宽动态能力不低于现行行业标准《安全防范视频监控摄像机通用技术要求》GA/T 1127 中规定的综合指标评分要求。

⑧ 红外热成像设备输出图像尺寸像素不低于 320×240、采样帧率不低于 25 帧/s、噪声等效温差（NETD）不大于 50mK。

2）图像信息质量要求

① 支持的图像格式包括 JPEG、JPEG2000、BMP、PNG、TIF 等，图像尺寸像素不宜低于 1920×1080。

② 水平分辨力：环境光照不低于 300lx 时，不低于 900TVL；环境光照在 0.11x 以下的分辨力不低于 650TVL。

③ 最大亮度鉴别等级不低于 10 级。

④ 色彩还原：环境光照不低于 300lx 时，平均 $\Delta E \leqslant 15$。

3）用于目标识别的视频信息和图像信息，目标像素数要求目标在摄像机成像面成像，最能反映目标特征的摄取位置和条件：

① 需要辨别人员体貌特征（如性别、衣着、身型等）时，目标的垂直像素数不小于 200。

② 需要辨别人员携带物（如携带方式、物品类别等）时，目标的垂直像素数不小于 300。

③ 需要辨别人员面部特征（发型、五官、配饰）时，人员头部的水平像素数不小于 300。

4）音频信息质量要求

采集的音频信息，只用于语音对讲的，其数字音频采样频率不低于 8kHz，采样位数不低于 8 位；用于环境声音采集的，其数字音频采样频率不低于 16kHz，采样位数不低于 16 位。

5）采集信息延时要求

采集设备采集信息产生的延时不超过 200ms，由加密运算所引起的延时不大于 400ms。采集设备应保证输出视频图像信息的流畅性。

（4）智能分析

根据现行国家标准《城市轨道交通公共安全防范系统工程技术规范》GB 51151 的相关要求，视频监控系统宜结合人脸识别和智能视频分析技术，实现自动分析统计、报警和联动功能。

1）智能视频分析

车站站厅、站台、出入口通道、换乘通道、自动扶梯等公共区域可根据需要设置具有视频分析功能的摄像机或通过后台处理分析，可对预先设定的异常行为和可疑物体进行识别并报警，可在预先设定的范围和时间内观察搜查预先设定的异常事件，可对预先设定的目标进行连续跟踪、显示和视频搜索；可对设定区域的客流密度实时监测并超限自动预警等，以辅助运营人员实施安全管理。具体宜满足下列要求：

① 客流统计分析，支持按照时间段、区域、客流方向等条件对客流进行统计分析，并具备按照日、周、月、季等周期以图表、文字等形式输出统计结果，便于运营人员及时掌握客流动态。

② 人员聚集分析，支持对选择区域内的客流密度进行监测，提供拥挤程度的量化数据。客流密度预警值可灵活设置，超过预警值时具有报警提示，并在监视终端上自动显示监视画面。

③ 人员和物品遗留分析，选择区域内有人员和特定形状的物品滞留超过设定时间后具有报警提示，并在监视终端上自动显示监视画面。

④ 人员逆行及进入禁行区分析，选择区域内有人员在禁行方向运动、未经允许而进入禁行区时具有报警提示，并在监视终端上自动显示监视画面。

⑤ 扶梯运行异常监测分析，支持实时监测自动扶梯急停、逆行等异常状态，以及梯上人员逆行、途中翻越等异常事件，事件发生时具有相应提示，并在监视终端上自动显示监视画面。

视频实时智能分析设备的性能要求应不低于《安防监控视频实时智能分析设备技术要求》GB/T 30147-2013 中第 7 章的相关规定。

2）人脸/人像识别

结合属地公安要求和运营部门需求，人脸识别系统可由公安和运营共建或独立建设。根据国家现行标准《安全防范视频监控人脸识别系统技术要求》GB/T 31488 和《公安视频监控人像/人脸识别应用技术要求》GA/T 1756 的相关规定，人像/人脸识别主要包含人像/人脸获取、人像/人脸检测、人像/人脸特征提取及分析、人像/人脸应用等功能模块（图 9.2-10）。

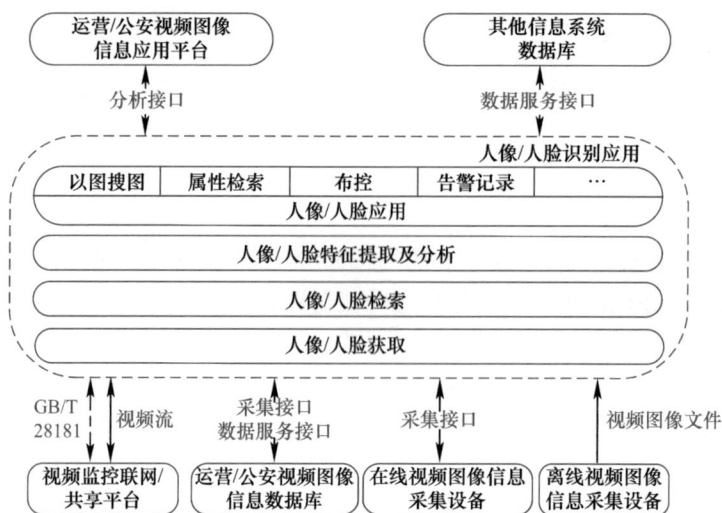

图 9.2-10　人像/人脸识别结构图

城市轨道交通宜选择在车站通道或车站检票口布防相应摄像机，宜对出入该区域的人流拍摄人脸正面图像。人像/人脸应用宜包括人像/人脸图像和属性信息的以图搜图、属性查询、布控、告警记录等。人脸识别系统功能应满足现行国家标准《安全防范视频监控人脸识别系统技术要求》GB/T 31488 中的要求。

3）视频图像质量诊断

根据现行行业标准《城市轨道交通安全防范要求》GA/T 1467 的相关规定，视频监控系统应能对视频图像的丢失、遮挡、卡顿、模糊、亮度异常、色彩失真等实时监测。视频监视系统的图像质量诊断功能具体宜满足下列要求：

① 支持对视频图像质量、云镜控制有效性自动监测，监测异常时应告警并具有告警日志。

② 可选择需要诊断的视频资源和诊断内容，支持单路或多路视频资源的多个图像同时进行质量诊断，支持图像质量诊断的告警规则设置。

③ 图像质量诊断内容宜满足表 9.2-5 的要求。

图像质量诊断内容　　　　　　　　　　表 9.2-5

诊断类型	诊断内容
对比度异常	诊断全屏单一偏色或多种颜色混杂的带状偏色
图像模糊	诊断视频画面主体或部分区域图像模糊
亮度异常	诊断视频画面过亮或过暗
外部干扰	诊断视频图像出现雪花、条状、带状条纹、滚屏、折叠
视频画面冻结	诊断视频画面停滞
视频画面抖动	诊断视频图像上下抖动、左右抖动
视频信号缺失	诊断间发性或持续性的视频缺失
云台控制诊断	诊断云台全部或部分无法正确执行指令
视频遮挡	诊断视频画面主体部分图像被遮挡

（5）网管要求

视频监视系统的网管系统应满足下列要求：

① 支持对摄像机、编解码设备、视频管理设备、存储设备、视频分析设备、网络设备、电源控制设备、设备接口等运行状态进行监测并提供报表。发生故障时实时显示故障信息并告警，并能实时导出故障性质、时间、内容、设备等故障信息。

② 支持对不同用户的视频资源调看、云镜控制和视频回放的范围、优先级等权限进行配置。

③ 支持字符和水印叠加、修改设置。

④ 支持对系统登录、视频资源调看、设备配置、告警处理等操作进行记录，记录文件支持查询和导出。

（6）安全保护

按照现行国家标准《城市轨道交通公共安全防范系统工程技术规范》GB 51151 的相关规定，视频监控系统安全设计应满足《信息安全技术　网络安全等级保护基本要求》GB/T 22239-2019 规定的信息系统安全保护等级第 2 级要求，并应符合国家现行标准《信息技术　安全技术　GB/T 22080 具体行业应用　要求》GB/T 38631 和《城市监控报警联网系统　技术标准　第 8 部分：传输网络技术要求》GA/T 669.8 的相关规定。视频监控系统与外网系统的接口处应配置防火墙等防攻击设备，网络内不应配置防病毒软硬件设备。

视频监控系统传输、交换、控制的安全性要求应符合现行国家标准《公共安全视频监控联网系统信息传输、交换、控制技术要求》GB/T 28181 的相关规定；在高安全级别情况下，设备身份认证、数据加密、SIP 信令认证、数据完整性保护、访问控制应符合现行国家标准《公共安全视频监控联网信息安全技术要求》GB 35114 的相关规定。

9.2.1.6　广播系统

广播系统采用数模结合或全数字技术组网。广播系统由正线运营广播系统、车辆基地广播系统组成。正线运营广播系统由中心级和车站级两级构成，各级间通过 IP 传输通道连接。若规划搭建的线网广播平台、线路广播系统开放相应的权限，宜实现广播系统线网中心—线路中心—车站的三级控制功能。

车站站厅、上下行站台、出入口通道、设备办公区域等重点区域应设置广播分区，换乘通道、安检区、自动扶梯、出入口客流集散地等特定区域可选择设置定点广播分区；广播系统的扬声器组网应符合广播分区的划分要求；同一时间不同分区可播放不同的预录制广播或音源。

广播系统可选择支持语音广播转换功能，工作人员通过输入广播词等文字信息转换为语音广播，并可选择语种及播放频率。

（1）系统要求

广播系统应符合《公共广播系统工程技术标准》GB/T 50526 的相关规定。广播系统架构可分为中心控制层、车站/车辆基地/列车控制层及终端设备层，根据《城市轨道交通通信系统运营技术规范（试行）》及相关标准要求，广播系统各层应分别满足下列要求：

1）中心控制层要求

① 对全线车站、任意车站、一个或多个广播分区下发广播播报指令和实时音频流，并能对分区进行灵活编组；车辆基地广播接入运营广播系统时，控制中心若需要也可选择车辆基地全段、任意一个或多个广播分区进行广播。

② 防灾广播功能，线路控制中心具备对全线所有车站或选择站点紧急广播的能力，线网控制中心具备对所有线路、选择线路或站点紧急广播的能力。

③ 大小交路自动广播功能，支持灵活调整大小交路广播站点（如需）。

④ 广播素材远程更新功能，对指定线路或车站的广播素材进行远程修改、新增、删除等操作。

⑤ 配置管理功能，对站点数量、各站点广播分区及广播操作终端的优先级进行配置。

⑥ 设备监测功能，监测线路广播设备、接口的运行状态，具备故障定位、故障告警及远端维护功能，查看全线广播分区状态、设备状态，记录操作信息，记录操作业务信息，记录并输出故障信息，支持监听广播分区音频流。

2）车站/车辆基地控制层要求

① 接收中心控制层下发的广播播报指令和实时音频流，并根据接收信息进行实时播报；车站/车辆基地控制层应支持降级广播。

② 支持选择本站/车辆基地单个或多个广播分区进行广播，具备分区占用提示，并可对广播分区进行灵活编组。

③ 支持预录制、实时录制、话筒等不同信源选择。

④ 支持防灾紧急广播功能，支持预录制广播单次播报、循环播报等播报方式，播报过程中支持人工中止，播报完毕后自动释放占用的广播分区。

⑤ 车站控制层宜提供特定工况一键播报功能，特定工况宜包括早晚高峰大客流，列车故障或事故工况，车站关闭、停运、恢复运营，公共安全事件等。

⑥ 可选择支持站务人员通过无线手持台选择本站站台等单个或多个广播分区进行广播。

⑦ 车站/车辆基地控制层应具有扬声器线路故障监测和告警功能。模拟扬声器线路应具有短路保护功能。

⑧ 换乘车站应实现各线路换乘区域相互广播的功能。

3）终端设备层要求

① 控制中心、车站、车辆基地应结合作业需求设置广播控制盒，广播控制终端可选择与综合监控系统终端集成。

② 驱动无源扬声器的广播功率放大器宜选用定压式功率放大器，定压式功率放大器

的标称输出电压应与广播线路额定传输电压相同。

③ 功率放大器标称额定输出功率不应小于其所驱动的广播扬声器额定功率总和的 1.5 倍；功率放大器总容量应按所有广播负荷区额定功率总和及线路的衰耗确定。

④ 功率放大器应按 $N+1$ 的方式热备用，任意一台功放设备故障时，应自动切换到备用功放设备工作；广播功放设备宜具备过流、过压、过温等监测功能，监测到异常时应自动断开负载并进入待机状态，异常消除后应自动恢复至工作状态。

⑤ 广播设备使用的声频功率放大器应满足要求：失真限制的有效频率范围为 80～8kHz，总谐波失真不大于 5%，信噪比不小于 70dB。

⑥ 当采用无源扬声器且传输距离大于 100m 时，宜选用定压式扬声器。定压式扬声器的额定工作电压应与广播线路额定传输电压相同。

⑦ 扬声器应使用阻燃材料，或具有阻燃外壳结构。

⑧ 扬声器在额定频率范围内，阻抗模的最低值不应小于额定阻抗的 80%；扬声器在 800～3150Hz 频率范围内，频率响应特性曲线应分布在图 9.2-11 所示的阴影区域之内。

⑨ 扬声器应采用奇偶串接或其他方式，避免因单路扬声器网失效导致该广播区广播功能完全丢失。根据现行国家标准《消防设施通用规范》GB 55036 的规定，消防应急广播传输线路应采用燃烧性能不低于 B_2 级的铜芯电线电缆。

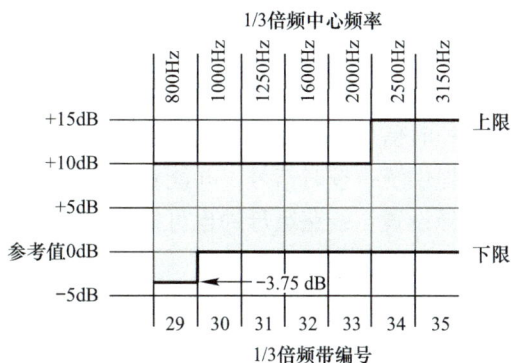

图 9.2-11　扬声器频率响应特征曲线

（2）消防联动

公共广播系统兼做消防应急广播系统，合用广播的各设备应符合消防产品 CCCF 认证的要求。与火灾自动报警系统联动控制设计应满足现行国家标准《火灾自动报警系统设计规范》GB 50116 和《消防联动控制系统》GB 16806 的相关规定，主要内容如下：

① 火灾声警报器单次发出火灾警报时间宜为 8～20s，消防应急广播的单次语音播放时间宜为 10～30s。消防应急广播应与火灾声警报器分时交替工作，可采取 1 次火灾声警报器播放、1 次或 2 次消防应急广播播放的交替工作方式循环播放。

② 消防应急广播系统的联动控制信号应由消防联动控制器发出。当车站确认火灾后，应同时向全站进行广播。

③ 在控制室应能手动或按预设控制逻辑联动控制选择广播分区、启动或停止应急广播系统，并应能监听消防应急广播。在通过传声器进行应急广播时，应自动对广播内容进行录音。控制室内应能显示消防应急广播分区的工作状态。

④ 消防应急广播与业务广播和背景广播合用，应具有强制切入消防应急广播的功能。

⑤ 扬声器设有开关或音量调节器的日常业务广播或背景广播系统中的应急广播方式，应将扬声器用继电器强制切换到消防应急广播线路上。

⑥ 消防应急广播设备应设红色应急广播状态指示灯，当设备进行应急广播时，该指示灯应点亮。

⑦ 消防应急广播设备进入应急广播状态后，声频功率放大器的输出功率应不能被改变。

（3）广播质量

广播语音质量应满足现行国家标准《火灾自动报警系统设计规范》GB 50116 和《消防联动控制系统》GB 16806 的相关规定。负荷区各点的声场均匀度及混响指标应保证广播声音清晰、稳定；在环境噪声大于 60dB 的场所设置的扬声器，在其播放范围内最远点的播放声压级应高于背景噪声 15dB；消防应急广播语音在距扬声器正前方 3m 处，应急广播声压级（A 计权）不应小于 65dB，且不应大于 115dB。

9.2.1.7　时钟系统

时钟系统为轨道交通工作人员和乘客提供统一的标准时间，并为轨道交通有关系统提供统一的标准时间信号，使各系统的定时设备与本系统同步，从而实现全线统一的时间标准。

（1）系统规划

时间同步系统的上层母钟应具备接收至少 GPS 和北斗两种时钟信号作为基准信号源的能力，并可主备切换。上层母钟应按北京时间标准显示年、月、日、时、分、秒信息，并向下一级母钟和子钟提供校时信号。

母钟可根据需要分为线网级、线路级、车站/车辆基地级，其中，线网级母钟为各线路提供统一校时信号，并可根据需要冗余设置；线路级母钟为本线路车站、车辆基地提供统一校时信号，并能获取线网级母钟校时信号；车站或车辆基地级为本站或车辆基地所有子钟提供统一校时信号，并能获取线网级和线路级母钟校时信号。线网级母钟可以根据需要选择设置，线路级母钟也可根据需要区域多线路合设。

（2）系统要求

时钟系统为通信、信号、综合监控/环境与设备监控、自动售检票、火灾自动报警、门禁、电力监控等系统提供统一的校时信号。时钟系统应与被授时各系统相互配合，确保被授时的各系统终端、服务器、存储等设备任意时间与时钟系统的时间偏差不宜超过 2s。时钟系统授时异常时，网管需告警提示并具有告警日志。时钟系统的功能和性能要求应满足现行行业标准《时间同步设备技术要求》YD/T 2022 的相关要求。

线网级和线路级母钟自走时精度应在 10^{-7} 以上，车站/车辆基地级母钟自走时精度应在 10^{-6} 以上，子钟的自走时累计误差不大于 $\pm 0.1 \mathrm{s/d}$。

母钟的高稳晶振模块应冗余配置，并能自动和手动切换。当接收装置故障、信号源丢失等无法获取外部标准时间信号时，母钟具备利用自身高稳晶振产生的时间信号驱动下级母钟正常工作的能力，并向时钟系统网管发出告警。母钟或子钟脱网时，时钟系统网管应告警提示，子钟脱网时应能独立运行且其设备有脱网提示。

根据现行行业标准《时间同步设备技术要求》YD/T 2022 的相关要求，时钟设备应具备时间同步输出功能，应用系统和子钟根据需要选择使用：

① 宜选择支持一种或多种时间输出接口，接口有 1PPS＋ToD 接口、DCLS 接口、IRIG 接口、PTP 接口、NTP 接口等。

② 宜多路时间输出接口，其中 1PPS＋ToD 接口至少 4 路。

③ 对于多路 NTP 和 PTP 输出接口，宜支持不同接口间的物理隔离。

④ 对于每个 NTP 输出接口，宜能处理每秒不少于 500 个 NTP 客户端的响应。

⑤ 对于每个 PTP 输出接口，宜能处理每秒不少于 100 个 PTP 客户端的响应。

⑥ 支持输出接口冗余配置的功能，具有提供扩展输出口的能力。

⑦ 以上各种时间输出接口具体介绍和接口类型见《时间同步设备技术要求》YD/T 2022-2009 中的附录 B。

⑧ 时间同步协议（NTP）应满足 IETF RFC 1305 网络时间协议（版本 3）的相关规定。

⑨ 精准时间协议（PTP）应满足 IEEE 1588 网络测量和控制系统的精确时钟同步协议（版本 2）的相关规定。

时钟系统的网管功能应监测时间信号接收单元、母钟、接口箱及子钟等运行状态。发生故障时，应能告警提示并实时显示故障设备、故障性质、故障时间和内容等信息。告警信息应能实时输出。

（3）子钟设置

控制中心调度大厅、车站控制室、车辆基地控制中心、牵引变电所值班室以及与行车有关办公室等处应设置子钟。在设置乘客信息系统显示终端的站台、站厅等处，可由乘客信息系统显示终端的时钟代替子钟功能。

轨道交通应用子钟主要有数显式子钟和指针式子钟两种，均可选择双面显示和单面显示。子钟可根据需要按"时:分"或"时:分:秒"格式进行显示，也可选用带日期显示。

办公用房内一般选用数显式子钟，公共区等大空间区域可以结合空间环境、装修条件等选择数显式或指针式子钟，也可考虑结合嵌入导向牌或装修板安装。

可根据空间大小选择适宜的子钟字高和尺寸，普通办公用房子钟一般选择 3in（1in=2.54cm）字高的数显式子钟，公共区等大空间用子钟根据区域大小选择 5in 或 8in 等字高的数显式子钟或 600mm 等直径尺寸的指针式子钟。

9.2.1.8　乘客信息系统

乘客信息系统（简称 PIS）应提供乘车信息、服务信息和安全应急引导信息，以及根据需要提供轨道交通设施设备、运行故障等信息，保证乘客在乘车过程中能够获得相关运营正常、异常和公共资讯等信息。

乘客信息系统的信息采集、传输、显示应采用全数字方式；系统所有编辑、处理、传输、显示等设备应支持 HD-SDI 或 HDMI 标准。

乘客信息系统应支持滚动、全屏、指定区域等方式显示文本信息，并可中英文切换显示。下发至列车的直播视频分辨率不应低于 1280×720，宜不低于 1920×1080，其他视频分辨率不应低于 1920×1080，宜不低于 3840×2160。支持 H.265、H.264、MPEG2 或其他主流视频流编码格式。系统高清制式应向下兼容标清制式，超高清制式应向下兼容高清、标清制式。

乘客信息系统直播视频的延迟播放时间宜在 $0 \sim 30s$ 范围内并能灵活设置；操作工作站响应人员操作指令的时间不宜大于 0.2s；信息发布、解除指令的响应时间均不宜大于 0.5s。

（1）系统规划

乘客信息系统应符合现行国家标准《地铁设计规范》GB 50157 的相关规定。乘客信息系统宜分为控制中心子系统、车站子系统、车载子系统、网络子系统等子系统。乘客信息系统按照控制功能架构宜分为中心控制层、车站/列车控制层和终端设备层等层次。若规划搭建的线网编播平台、线路乘客信息系统开放相应的权限，宜实现线网中心层—线路中心层—车站/列车层的三级控制功能，线路中心层亦可结合整体建设规划多线路合设（图 9.2-12）。

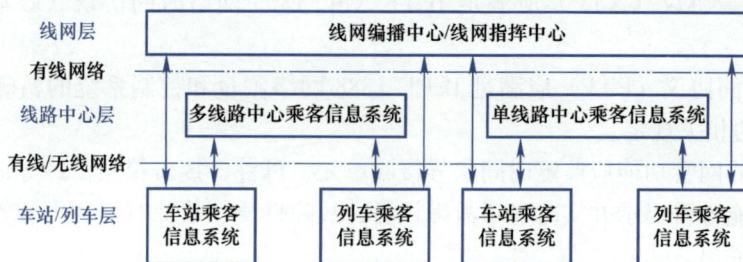

图 9.2-12　乘客信息系统总体架构框图

列车层乘客信息系统具体设计要求见本书车辆篇，列车层通过无线和有线网络与地面乘客信息系统联通，并纳入地面乘客信息系统实现统一信息发布和管理。

目前大部分城市已建或规划建设城市轨道交通云，乘客信息系统所采用的通用计算、存储、网络及安全等资源宜由城市轨道交通云平台进行统一规划、部署和管理。专用的各类控制器、接入设备、终端设备及安全设备等则由乘客信息系统自行部署和管理。

（2）系统要求

根据《城市轨道交通通信系统运营技术规范（试行）》及相关要求，乘客信息系统各层宜分别满足下列要求：

1）中心控制层要求

① 中心控制层的信息采集功能宜支持采集列车运行、安全提示、应急引导等信息，支持文本、图片、视频、音频等媒体类别和 MPEG1/2/4、H.264、H.265、BMP、JPG、PNG、TXT 等多种素材常用格式。采集的信息宜包括：

➤ 运营异常信息：线路列车延误、车站/出入口封闭、换乘站停止换乘、线路/区段停止运营、延长/缩短运营时间、灾害引导等运营异常情况下需告知乘客的引导信息。

➤ 运营正常信息：列车运行时刻、列车即将到达、终点站提示、站务公告等信息。

➤ 公共资讯信息：安全文明乘车提示、设施设备使用、乘车服务指南、应急避险知识等服务信息。

② 中心控制层的信息制作功能宜满足下列要求：

➤ 支持制作终端设备显示的版面格式，能对不同终端设备的显示区域进行划分和叠加，并能由用户自行设置各显示区域的媒体类别以及字体颜色、大小、滚动速度。

➤ 支持版面格式、播放内容按时间顺序分别生成列表进行定时、循环等播放。

➤ 支持对多媒体原始材料进行剪辑、格式转换等制作。

③ 中心控制层的信息审核、发布、解除功能宜满足下列要求：

➤ 支持版面格式、版式列表、播放列表、信息发布时间、信息发布范围等两级审核，未通过审核不予发布。

➤ 信息发布遵循高优先级优先发布、同级别信息先进先出的原则，优先级从高到低依次为运营异常信息、运营正常信息、公共资讯信息。

　➤ 信息发布范围根据运营需求确定，分为全线网（可选）/多条线路（可选）、单线路、多车站/单车站、车站指定显示分区、在线多列车/单列车。其中，车站指定显示分区可根据需要分为站厅区、站台区（分上下行）、出入口通道区、换乘通道区、出入口等。

　➤ 信息发布具备二次密码验证、二次确认或其他防误操作措施并反馈发布结果。

　➤ 支持实时解除已发布的播放列表和播放内容，并反馈解除结果。

　④ 中心控制层的设备控制与监视功能宜满足下列要求：

　➤ 支持对全线网（可选）/多条线路（可选）、单线路、多车站/单车站、车站指定显示分区、在线多列车/单列车的终端显示设备的远程重启、开关机、调整音量等操作。

　➤ 支持查看播放列表的执行情况、播放控制器的当前播放画面，对播放内容进行监视，可随时中止错误信息的播放并及时切换。

　➤ 支持对服务器、工作站、播放控制器等设备及其接口运行状态的监视和故障告警。

　⑤ 中心控制层的网管功能宜满足下列要求：

　➤ 支持对乘客信息子系统的基础数据、日志、备份、统计和报表、后台系统监控与维护、磁盘空间、数据库和用户等进行管理。其中，基础数据管理包括对预定义信息、信息优先级、多区域屏幕分割、系统运营开始及结束时间、直播延时时间、文件下载速率、滚动字幕速率范围等的设定。

　➤ 支持对用户操作、信息发布、软硬件告警故障、系统接口状态等日志的记录、查询和导出。

　⑥ 中心控制层的硬件设备宜满足下列要求：

　➤ 中心控制层宜配备中心数据服务器、应用服务器、接口服务器、视频流服务器、音视频切换矩阵、直播数字电视编码器、操作工作站、网管工作站、播出控制工作站等硬件设备。可根据需要配备预览设备，对预播放内容在发布前进行预览和确认。

　➤ 对于构建云平台的线路，中心数据服务器、应用服务器、接口服务器宜采用冗余的虚拟机部署方式，不同虚拟机宜部署在不同物理机上；中心数据服务器单节点云资源配置标准可参考不低于 vCPU 64 核、内存 128GB、存储 3TB，节点数量宜不少于 2 个；中心应用服务器单节点云资源配置标准可参考不低于 vCPU 64 核、内存 128GB、存储 1TB，节点数量宜不少于 2 个；可根据具体项目要求对总量进行调整。中心接口服务器单节点云资源配置标准可参考不低于 vCPU 32 核、内存 64GB、存储 1TB，节点数量宜不少于 2个；具体资源需求仅作参考，可根据具体项目要求对总量进行调整。系统各工作站可采用云桌面部署方式，终端主机可采用瘦客户机（TC）、PC 机等。

　➤ 直播数字电视编码器应采用广播级编码器。采用标准压缩格式；编码码率范围可适应从标清到高清/超高清的格式；宽高比 4：3 和 16：9 可选；1＋1 冗余电源；直播数字电视编码器应把工作状态（包括端口输入信息、IP 组播信息、编码码率等信息）在系统网管里进行反馈并显示。

　2）车站/车载控制层要求

　① 车站及列车控制层宜满足下列要求：

　➤ 接收中心控制层下发的版式和播放列表，控制车站及列车显示终端进行信息播放。车站及列车控制层可单独控制指定的显示分区。

　➤ 无法接收到中心控制层下发的信息时，能控制终端设备自动切换至本地预录制信息播放，故障修复后自动恢复播放中心控制层下发信息。

➤ 车站控制层经授权具备紧急信息编辑和发布功能，能对中心控制层发布的信息进行解除的能力，解除结果报告中心控制层。

➤ 与中心控制层的数据传输支持断点续传。

➤ 列车实时视频直播补包功能，当车地网络短时间丢包时，不应出现列车实时视频播出不流畅现象。

➤ 支持通过截图或实时视频的形式将当前播放画面回传至中心控制层。

➤ 具有完整的日志记录并上传至中心控制层。

➤ 列车控制层播放控制设备具有自检功能，故障信息自动发送至列车控制与管理系统。

➤ 支持对车站终端设备进行远程重启、开关机、调整音量等操作；车站及列车控制层播放控制设备具备来电自启动功能；列车控制层播放控制设备具备断电保护功能。

② 车站控制层的硬件设备宜满足下列要求：

➤ 车站控制层由车站服务器、各类显示控制器、电源控制器（可选）、车站工作站等组成。

➤ 显示控制器具备音视频流解码能力，配置高质量的图像处理卡和声卡，符合所控制显示屏的最佳分辨率要求。

➤ 车站控制层显示控制设备可集中设置于设备机柜或分散设置于终端设备内部或前端。当集中设置于设备机柜时，每个车站的 LCD 显示控制器宜采用 $N+1$ 配置，当一台播放控制器故障时，应自动切换到备机，切换应不影响正常播放，不出现黑屏等现象；机柜式安装的显示控制器宜采用 ARM 架构的工业级控制器，19 英寸标准机箱安装，无风扇架构。

➤ 车站控制层宜实现对车站所有乘客信息显示屏一键关闭或切换至指定显示信息的功能，宜实现一键开启功能。车站显示系统可通过电源控制器或系统配电柜的 PLC 模块实现远程开关机和顺时上下电功能。

➤ 车站可不设置独立的操作工作站，可通过与综合监控系统的接口，由综合监控工作站实现车站的紧急信息发布和监控管理等功能。

➤ 对于构建云平台的线路，车站服务器宜采用虚拟机部署方式；车站服务器云资源配置标准可参考不低于 vCPU 32 核、内存 64GB、存储 1TB；可根据具体项目要求对总量进行调整；具体资源需求仅作参考，可根据具体项目要求对总量进行调整。

③ 列车控制层设备应满足本书车辆篇的相关技术要求。

3）终端设备层要求

乘客信息终端设备主要包括各类型的显示终端及接口配件等。主流采用的显示屏有 LCD 显示屏和 LED 显示屏，除 LCD 和 LED 之外，还可结合车站的装修风格和多样化需求，利用一些其他信息显示和交互技术，涵盖声音提示、语音交互、触摸屏技术、全息投影技术等。

① 显示屏设置原则

车站站厅、站台和列车客室宜设置 LCD 显示屏，布置数量和显示内容满足表 9.2-6 的要求；也可根据需要在车站进站口、出站口、出入口通道、换乘通道、站台门等位置设置 LCD 和 LED 显示屏。

站厅、站台和列车客室 LCD 显示屏的布置数量和显示内容　　　　表 9.2-6

位置	布置数量	显示内容
站厅	不宜少于 4 块	宜显示日期和时间、上下行列车运行目的地、首末车信息，也可根据需要显示其他视频、文字及图片信息
站台	宜满足 20m 范围内至少设置 1 块，结合站长度，参考数据如下： 6B 编组站台：不宜少于 6 块/单边站台； 6A 编组站台：不宜少于 8 块/单边站台； 8A/8D 编组站台：不宜少于 10 块/单边站台	宜显示日期和时间、本站名称、本方向列车运行目的地、列车到站等信息，也可根据需要显示车厢拥挤度、强冷弱冷车厢以及其他视频、文字及图片信息
列车客室	客室相对的两个侧门宜至少配置 1 块，并保持客室两侧均衡配置	宜显示日期和时间、列车运行目的地、列车到站信息等，也可根据需要显示其他视频、文字及图片信息

站台显示屏的规划数量适用于垂直于站台安全屏蔽门吊挂安装 LCD 显示屏的情形，若 LCD 显示屏规划嵌入站台安全屏蔽门顶箱安装，每块显示屏的所辖视距范围减小，显示屏的密度宜适当加大，再结合站台安全屏蔽门顶箱的结构特点，每节车厢对应的站台安全屏蔽门一般可最大设置 2 块屏。

在重点车站可根据商业需求利用 LED 显示屏创建大型信息墙或 LED 滚动屏，以提供更为直观的多媒体信息展示。

② 终端硬件要求

系统设计应根据车站结构形式（地下、地面或高架）及安装条件选择相适应的乘客信息显示屏种类，并根据需要采取加装温控装置、通用安装支架等措施，满足设备使用环境和便于维修等要求。显示屏宜具备 CE 或 UL 或 CCC 认证报告。

LCD 显示屏宜配置光纤接口直接接收光信号；当集成 OPS 的显示终端出现故障时，须能够实现对单台显示终端的单个模块的快速维修或更换，不得采用整机更换的方式；高架站台用 LCD 屏宜屏幕表面宜带防反射涂层，整体防护等级可达 IP54。

LED 显示屏封装材质宜采用防眩光光学元件，封装方式可采用 SMD 或 COB 方式；LED 显示屏在室内环境宜采用自然散热，无风扇设计；LED 显示屏整屏宜采用前维护设计，所有元器件皆可从正面拆装、维护；LED 显示屏在室外环境下，整体设计应散热良好，有效防尘防水，适应当地天气，整体防护等级应达 IP65。

室内 LED 显示屏可根据播放信息需求，选择小间距［P1.0～P2.5（含）］或微小间距［P0.3～P1.0（含）］显示屏，技术要求应满足现行国家标准《室内 LED 显示屏规范》GB/T 43770 的相关规定。

显示屏在设定时间内（可调）无信号输入时，应自动切换屏幕保护画面，接收到信号时重新正常工作。

为防止乘客随意控制显示屏，显示屏应不带控制按键，或采用隐藏式按键，按键功能应由系统设定为触控无效；显示屏遥控功能应加密码锁。

列车的乘客信息显示屏应满足本书车辆篇的相关技术要求。

（3）网络要求

乘客信息系统网络需求包括有线网络需求和无线网络需求两部分。有线网络需求包括车站—线路中心—线网中心的信息传输，由传输网络、以太网交换机及光缆等来共同实现。无线网络需求是列车—轨旁设备间的无线通信，再结合有线网络实现列车与地面的全系统通信。

结合当前移动无线通信技术的发展和演进，主要以无线局域网技术和蜂窝移动通信技术两个技术方向为代表。随着轨道交通对列车全车实时视频监控需求变得越来越强烈，及与司机和乘客的互动需求直线上升，轨道交通行业紧跟无线技术的发展进程不断更新建设方案。无线局域网技术中的 Wi-Fi6 技术目前在轨道交通领域已开始大规模投入应用。当我们还在等待 Wi-Fi6 大范围普及时，Wi-Fi7 技术初步投入商用，理论速度可高达 30Gbps，是 Wi-Fi6 最高理论速率 9.6Gbps 的 3 倍之多（图 9.2-13）。部分轨道交通建设公司也在与移动运营商合作洽商，租用运营商的高速率 5G 无线网络来满足车地通信需求。

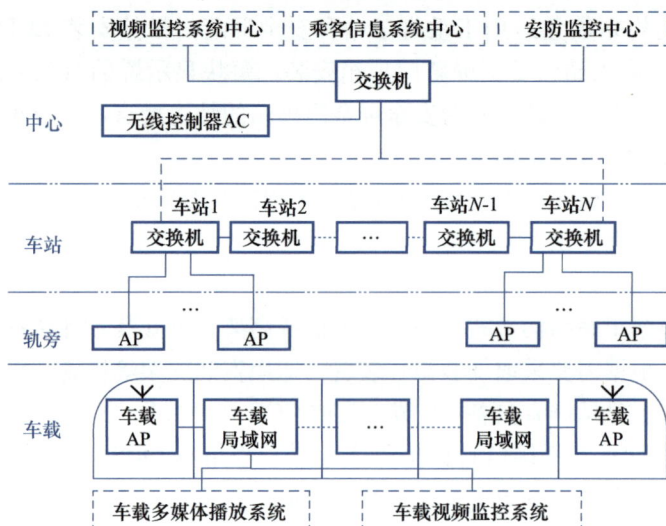

图 9.2-13　无线局域网系统架构图

目前，部分轨道交通也应用了我国自主研发宽带移动无线通信技术。典型的代表是超高速无线通信（EUHT）技术，它来源于"新一代宽带无线移动通信网"国家科技重大专项（03 专项），是我国自主研发的全球首个能够解决移动宽带一体化的通信技术系统，是结合未来移动通信系统高可靠、低时延、高移动性等需求设计的无线通信系统（图 9.2-14）。EUHT 技术要求和功能要求应满足现行行业标准《城市轨道交通车地实时视频传输系统》CJ/T 500 的相关规定。

根据现行行业标准《城市轨道交通车地实时视频传输系统》CJ/T 500 的规定，EUHT 系统在列车移动速度 160km/h 的情况下，应符合下列要求：

1）每列车的平均吞吐率不低于 180Mbps。

2）EUHT 接入单元（EAU）在不同 EUHT 基站单元（EBU）之间的切换时延低于50ms。

3）空口延迟小于 20ms。

无线网络系统还应满足下列要求：

1）所选用的无线接入点和车载无线设备必须有工信部无线电管理局颁发的无线电发射设备型号核准证。

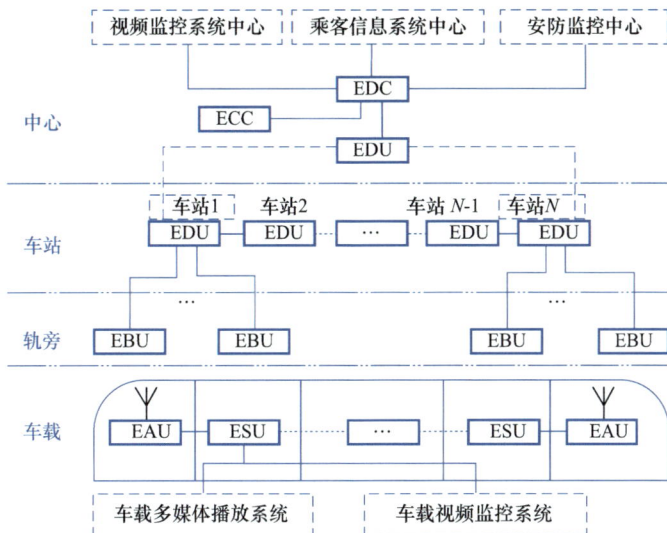

图 9.2-14　EUHT 系统架构图

2）无线网络系统宜采取管理机制，可以有效判断接口专业数据上传和下载过程中数据传输失败时的责任方。

3）系统无线带宽应有 QOS 分级控制；确保所传图像要顺畅清晰，不能出现画面中断或者跳播的现象；无线局域网的丢包率应控制在 1％以下。

4）无线网络系统应具备断点续传功能，能保证传输的连续性与实时性。

5）无线网络系统应与列车的车载局域网有效隔离，避免车载局域网与地面通信构成以太环网，避免广播风暴。

6）轨旁设备的防护等级应不低于 IP65。

7）车载设备的电磁兼容性应符合现行国家标准《轨道交通　电磁兼容　第 3-2 部分：机车车辆　设备》GB/T 24338.4 的要求，地面设备的电磁兼容性应符合现行国家标准《轨道交通　电磁兼容　第 4 部分：信号和通信设备的发射与抗扰度》GB/T 24338.5 的要求。

（4）安全保护

乘客信息系统安全应符合国家网络安全等级保护 2 级要求，并应符合《信息安全技术　网络安全等级保护基本要求》GB/T 22239-2019 中 7.1.4 的要求。

乘客信息系统安全设备应符合现行国家标准《信息安全技术　防火墙安全技术要求和测试评价方法》GB/T 20281、《信息安全技术　网络产品和服务安全通用要求》GB/T 39276 的规定，应取得公安部的计算机信息系统安全专用产品销售许可证或符合《网络关键设备和网络安全专用产品目录》要求的安全认证，选择的密码设施应获得国家密码管理局的认证证书，所采用的密码算法应符合国家密码管理局的规定，安全设备应优先选择来源可靠度高的产品。

乘客信息安全产品可采用硬件、软件或多功能一体化等形态，安全产品的可靠性、可用性及其他性能不应低于被保护对象相应要求。

云上的乘客信息系统与非云的乘客信息系统间应设置边界防护。

乘客信息部署在云平台上的部分，其安全措施应由乘客信息自身安全机制和云平台安全机制协同保障。云平台应能根据应用系统需求统一提供安全性计算环境、安全区域边界、安全通信网络和数据交换安全、入侵防范、虚拟层和平台层安全等，乘客信息应保障自身计算环境安全。

云平台和乘客信息的安全责任边界划分在虚拟机之上，操作系统之下，从操作系统往上的安全工作可由乘客信息自行负责，可根据实际项目需求，城市轨道交通云平台承担某些公共安全服务。

9.2.1.9　办公自动化系统

办公自动化系统一般分为线网数据中心和线路基础设施两部分。线路基础设施包含基础网络和综合布线两部分。

办公自动化系统的线网数据中心的软硬件平台宜依据"总体规划、分步实施"建设原则，系统按线网总体规划设计要求，在建设的线路中分步实施。

办公自动化系统宜在各线路控制中心、车站、车辆基地设置数据网络设备，在与地铁运营相关办公场所应设置用户终端设备。

办公自动化系统宜利用传输系统作为主干传输网络，用户终端设备可通过综合布线系统接入网络设备。

（1）数据中心

线网数据中心硬件设备和应用软件宜以业务需求功能为单位，采用模块化设计，分批分期分线逐步组织实施。

目前多城市轨道交通建设公司在建或已建城市轨道交通云，包含管理云和生产云等，并规划逐步将线网信息数据中心业务迁移至管理云。

管理云与生产云之间互联宜采用"网间分级隔离"的策略，根据业务特点、安全性和可靠性的需求，在生产网和管理网间设置双向安全网闸，实现生产网数据与管理网数据的交换，同时，在保障安全的前提下，支持城市轨道交通云逐渐迭代演进，未来多云之间将通过统一的云管理平台进行统一管理。

线网数据中心的网络规划也是数据中心重要组成部分，网络规划可根据数据中心功能分区划分，参考如服务器区域、存储区域、外联区域、互联网连接区域、线路接入核心区域等。

（2）基础网络

线路基础网络宜分为数据中心网络、车辆基地网络、车站网络。数据中心网络根据线网的整体规划，新建或扩容接入数据中心核心交换机。

车站网络：一般在车站设置若干接入交换机，各信息点接入对应交换机，其中主机房的接入交换机通过传输系统提供的传输通道与车辆基地/数据中心核心交换机连接，分散的接入交换机通过光缆直连主机房的接入交换机。

车辆基地网络：车辆基地主机房内设置核心交换机，单体楼设置汇聚交换机，各层楼分散设置接入交换机。接入层交换通过光缆直连接入汇聚交换机，汇聚交换机通过光缆连接直连至车辆基地核心交换机，该核心交换机通过传输网络或光缆资源接入数据中心。

网络设备需支持先进的网络技术，主要技术须符合 ISO、IEEE 和 IETF 建议标准，应具有对应型号的工业和信息化部 IPV4/IPV6 入网证。

系统采用的以太网交换机应根据用户业务需求具备足够的业务端口、交换容量及三层路由处理能力。

系统应具有网络管理系统，用于网络设备的设置、监视、管理和控制，网络通信流量和事件的收集和报告等。线路网络管理应遵循线网的统一网络管理策略。

（3）综合布线

综合布线系统宜统一为办公自动化系统、公务电话和专用电话系统用户提供标准化综合布线，实现任何一个信息点均可提供高速数据及语音的应用，并可以进行互相间的切换使用。综合布线系统设计应符合现行国家标准《综合布线系统工程设计规范》GB 50311的相关规定。

综合布线系统的基本构成包括建筑群子系统（一般车辆基地包含）、干线子系统和配线子系统。

综合布线系统工程的产品类别及链路、信道等级的确定应综合考虑建筑物的性质、功能、应用网络和业务对传输带宽及缆线长度的要求、业务终端的类型、业务的需求及发展、性能价格、现场安装条件等因素，并应符合《综合布线系统工程设计规范》GB 50311-2016 中表 3.4.1 的规定。

工作区信息点为电端口时，应采用 8 位模块通用插座；光端口应采用 SC 或 LC 光纤连接器件及适配器。

配线子系统信道由永久链路的水平缆线、设备缆线和跳线组成，同一布线信道及链路的缆线、跳线和连接器件应保持系统等级与阻抗的一致性。水平布线信道的永久链路则应由长度不大于 90m 水平缆线及最多 3 个连接器件组成，配线子系统信道的最大长度不应大于 100m。

配线子系统水平缆线采用的非屏蔽或屏蔽 4 对对绞电缆、室内光缆应与各工作区光电信息插座类型相适应。

干线子系统所需要的对绞电缆根数、大对数电缆总对数及光缆光纤总芯数，应满足工程的实际需求与缆线的规格，并应留有备份容量。主干电缆和光缆所需的容量要求及配置应符合下列规定：

1）对语音业务，大对数主干电缆的对数应按每 1 个电话 8 位模块通用插座配置 1 对线，并应在总需求线对的基础上预留不小于 10% 的备用线对。

2）对数据业务，应按每台以太网交换机设置 1 个主干端口和 1 个备份端口配置。当主干端口为电接口时，应按 4 对线对容量配置，当主干端口为光端口时，应按 1 芯或 2 芯光纤容量配置。

综合布线系统配线设备应根据支持的应用业务、布线的等级、产品的性能指标选用，并应符合下列规定：

1）应用于数据业务时，电缆配线模块应采用 8 位模块通用插座。

2）应用于语音业务时，水平布线侧配线模块应选用 8 位模块通用插座；干线布线侧配线模块应选用卡接式配线模块（多对、25 对卡接式模块及回线型卡接模块）。

3）光纤配线模块应采用单工或双工的 SC 或 LC 光纤连接器件及适配器。

（4）安全保护

办公自动化系统宜在线网层面统一规划网络安全标准，各线路接入需遵循线网网络标准执行。系统进行安全保护时采取技术和管理相结合的、整体的安全保密措施。

办公自动化系统可规划配备各类别安全组件，覆盖从远程接入、边界防护、入侵防护、病毒过滤、终端防护、堡垒机、数据库审计等全面的安全能力，不仅能够提供立体化的安全防护能力，还能满足各种合规标准中信息安全防护的要求。

9.2.1.10 电源系统及接地

电源系统应保证对通信设备不间断、无瞬变、安全可靠的交流供电，可根据需要提供直流供电。交流供电的通信设备，宜采用交流不间断电源方式集中供电；直流供电的通信设备，可采用高频开关电源方式集中供电（电压为−48V），也可通过子系统自身设置的交直流转换装置供电。通信设备应按一级负荷供电。

通信电源系统可按独立的电源设备设置，也可纳入综合电源系统。电源系统主要包括不间断电源（UPS）、蓄电池、交流配电、高频开关电源（可选）等设备。

（1）工作方式

当有两路外供输入交流电源时，系统应具有自动转换功能，应有短路保护性能，应有可靠的电气联锁和机械联锁装置。双路交流输入电源自动转换功能失效时，应具备手动转换功能。输入电源手动转换时，应有可靠的机械联锁装置。

当交流输入电源故障时，由交流输入电源供电切换至由蓄电池供电，切换时间应不大于1ms；当交流输入电源恢复正常后，由蓄电池供电切换至由交流输入电源供电，切换时间应不大于1ms。

当UPS主机过载、逆变器故障、交流输入回路故障时，通过电源旁路静态转换开关自动切换至交流旁路输入电源供电，切换时间应不大于5ms；当故障恢复后，自动切换至逆变输出供电，切换时间应不大于5ms。

当UPS主机需退出进行检修维护时，可闭合手动维修旁路开关为负载供电。

UPS主机应具有软启动功能。

在没有交流输入电源的情况下，UPS主机应具备蓄电池组启动功能，负载可由蓄电池组通过逆变器供电。

（2）UPS方案

根据现行行业标准《铁路通信电源 第1部分：通信电源系统总技术要求》TB/T 2993.1相关内容和工程应用情况，UPS设备主要有并联冗余（图9.2-15）、独立双总线（图9.2-16）、单机（图9.2-17）等工作方案。方框图（图9.2-15～图9.2-17）仅体现UPS主路输入输出。

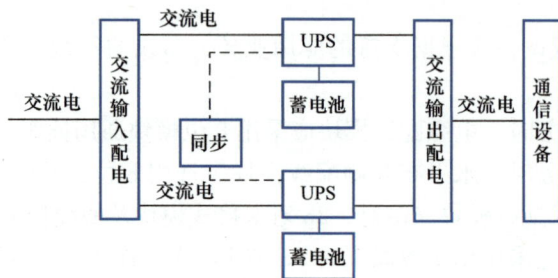

图9.2-15 并联冗余UPS供电系统方框图

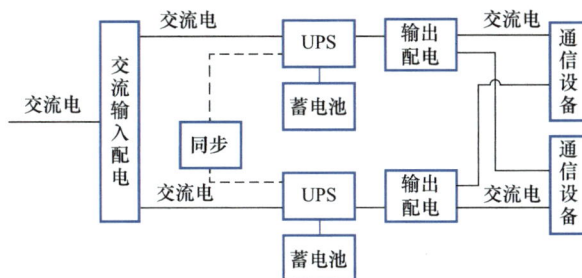

图 9.2-16　独立双总线 UPS 供电系统方框图

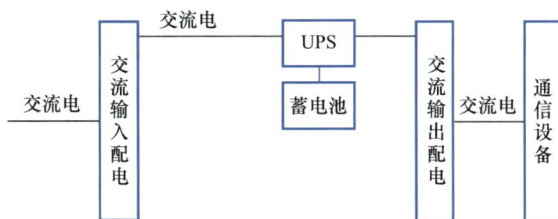

图 9.2-17　单机 UPS 供电系统方框图

UPS 主机应选择在线式，技术要求应符合现行国家标准《信息技术设备用不间断电源通用规范》GB/T 14715 的相关规定。

当装设 2 台 UPS 主机时，2 台 UPS 主机容量应一致。每台 UPS 主机应设置一组蓄电池，每组蓄电池的容量宜按总需要容量的 50％配置。UPS 并机的空载环流应小于 5％，UPS 并机负载电流不平衡度应小于 5％。

（3）负荷统计

电源系统负荷按最大运行方式计算，并应遵守下列原则：

1）连续运行的负荷应予以计算。

2）间歇性运行的负荷应予以计算。

3）互为备用的负荷只计算运行的部分。

4）当单相负荷分配到 UPS 三相上时，应分别计算每相负荷。

UPS 主机容量应根据负荷计算确定。蓄电池容量根据负荷、后备时间等计算确定。

（4）电池要求

蓄电池宜采用阀控式密封铅酸蓄电池，蓄电池应符合现行国家标准《固定型阀控式铅酸蓄电池　第 1 部分：技术条件》GB/T 19638.1 的相关规定，前置端子阀控式铅酸蓄电池还宜符合现行行业标准《通信用前置端子阀控式密封铅酸蓄电池》YD/T 2343 的相关规定，胶体铅酸蓄电池还宜符合现行行业标准《胶体铅酸蓄电池　技术规范》JB/T 14587 的相关规定。

蓄电池由正负极板、隔板、槽、盖、硫酸（或胶体）电解质、端子、安全阀等组成。蓄电池的正负极端子及极性应有明显标记，便于连接；蓄电池极板应符合现行国家标准《铅酸蓄电池用极板》GB/T 23636 的规定；蓄电池隔板应符合现行国家标准《铅酸蓄电池隔板》GB/T 28535 的规定；蓄电池槽、盖应符合现行国家标准《铅酸蓄电池槽、盖》GB/T 23754 的规定；蓄电池电解液应符合现行国家标准《铅酸蓄电池用电解液》GB/T 42391

的规定；蓄电池用水应符合现行国家标准《铅酸蓄电池用水》GB/T 42323 的规定；蓄电池外观不应有裂纹、污迹及明显变形；蓄电池除安全阀外，其他各处均要保持良好的密封性，应能承受 50kPa 正压或负压。

电源系统应具备分时下电功能。当采用弱电系统综合配电方案时，电源系统应结合各专业要求进行不同的后备时间设计。

根据现行国家标准《通信电源设备安装工程设计规范》GB 51194 的相关规定，蓄电池组的容量应按近期负荷配置，依据蓄电池的寿命，考虑远期发展；交流不间断电源设备（UPS）的蓄电池组每台宜设一组。当容量不足时可组并联，蓄电池组最多的并联组数不应超过四组；蓄电池组并联应符合以下规定：

1）不同厂家、不同容量、不同型号的蓄电池组不应并联使用。

2）不同时期的蓄电池组不宜并联使用。

蓄电池总容量计算应按规范《通信电源设备安装工程设计规范》GB 51194-2016 中第 5.2.4 条的规定执行。

蓄电池也可采用磷酸铁锂电池。

（5）配电要求

交流配电设备包括输入配电单元和输出配电单元。

交流配电设备对交流输入允许变动范围的要求应符合表 9.2-7 的规定。

输入电源允许变动范围　　　　　　　　　　　　　　　　表 9.2-7

序号	交流输入电源	允许变动范围
1	电压	220V（176～264V）
		380V（304～456V）
2	频率	(50±5)Hz
3	电压波形畸变率	≤5%

交流输出分路的数量和容量的配置应符合负载的需要，输出分路同时使用的负载容量之和不应超过配电设备的额定容量。

交流配电设备应设防雷保护装置；输入、输出配电回路均应装设断路器，各级保护装置可根据安装位置配置瞬时保护、短延时保护、长延时保护、接地保护等，各级保护装置的配置应保证上下级之间的选择性。

交流配电设备所用的印刷线路板的阻燃等级应符合《音视频、信息技术和通信技术设备　第 1 部分：安全要求》GB 4943.1-2022 中规定的 V-0 要求，塑胶导线应承受《电缆和光缆在火焰条件下的燃烧试验　第 12 部分：单根绝缘电线电缆火焰垂直蔓延试验　1kW 预混合型火焰试验方法》GB/T 18380.12-2022 中第 5 章规定的检验，其他绝缘材料的阻燃等级应符合《音视频、信息技术和通信技术设备　第 1 部分：安全要求》GB 4943.1-2022 中规定的 V-1 要求。

（6）网管要求

电源系统应能实现集中监控管理，网管宜具有设备性能管理、配置管理、安全管理、故障管理、统计分析等功能。发生故障时，宜能告警提示并实时显示故障设备、故障性质、故障时间和内容等信息。告警信息应能实时输出。

电源系统网管宜对蓄电池的温度、电压、电流等关键参数进行实时监测，达到超过门限等触发条件时应告警提示。

电源系统宜对通信系统外电输入的波动、缺相、断电等供电质量参数进行监测，并可在网管设备显示和查询。

（7）电缆要求

电缆的选择和敷设应符合现行国家标准《电力工程电缆设计标准》GB 50217 的相关规定。

电缆应选用铜芯电缆。电缆截面应满足电缆长期允许载流量和回路允许电压降的要求，且其热稳定电流应与断路器配合。

UPS 三相输入输出回路应采用五芯电缆，单相输入输出回路应采用三芯电缆。

根据现行国家标准《建筑防火通用规范》GB 55037 的规定，地铁工程应采用燃烧性能不低于 B_1 级的电缆或阻燃型电线。

（8）接地要求

通信设备的接地系统设计，应满足人身安全要求和通信设备的正常运行。地铁车站、控制中心与车辆基地宜采用综合接地方式，车辆基地也可采用分设接地方式。设备机房设置统一的接地母排，接地电阻值不大于 1Ω。

防雷与接地系统的设计应符合现行国家标准《通信局（站）防雷与接地工程设计规范》GB 50689 的相关规定。

9.2.1.11　集中告警系统

（1）总体要求

根据现行国家标准《地铁设计规范》GB 50157 的相关要求，集中告警系统总体要求如下：

1）通信系统宜设置集中告警子系统。

2）集中告警系统设备宜设置于控制中心或维护中心，利用通信各子系统具有的自诊断功能，采集通信各子系统的设备运行状态及故障信息并进行记录。

3）集中告警子系统与通信各子系统的网管间应采用通用标准、通用硬件接口和通信协议。

根据《城市轨道交通通信系统运营技术规范（试行）》的要求，集中告警系统宜实现告警管理、性能管理、资源管理和系统管理。

（2）告警管理

集中告警系统的告警管理宜满足下列要求：

1）具备告警分析功能。能对多项告警进行时间相关性、链路相关性和设备相关性的分析，便于快速定位故障源，尽量避免同一故障源产生重复告警。

2）具备告警分级功能。告警信息至少包括等级、日期和时间、内容、设备、原因等，告警等级按照对业务影响程度可从高到低分为四级：

① 一级告警是指涉及行车安全或直接影响行车指挥的告警，如传输系统主控板卡故障、专用电话系统调度台故障、无线通信系统服务器故障、电源子系统交流配电柜故障等。

② 二级告警是指可能影响行车指挥的告警，如传输系统业务板卡故障、专用电话系统值班台故障、无线通信系统车载台故障、时钟系统母钟故障、电源系统不间断电源设备

（UPS）故障等。

③ 三级告警是指不影响行车指挥，但影响客运组织和乘客服务的告警，如无线通信系统固定台故障、乘客信息系统播放控制器故障、广播系统功率放大器故障、视频监视系统编解码设备故障等。

④ 四级告警是指其他异常事件告警。

⑤ 通信各子系统具体故障分级分类另行规定。

3）具备告警监视功能。告警显示界面实时显示告警信息，并可在相应的拓扑图中显示故障定位的管理对象，并具有告警声光提示，声音和灯光颜色可按告警级别配置。告警显示界面和拓扑图中，一级告警可用红色显示，二级告警可用橙色显示，三级告警可用黄色显示，四级告警可用蓝色显示。

4）具备告警级别列表管理功能。包括创建和删除级别列表、修改列表表项、更改级别设置、查询列表内容等。

5）具备告警过滤功能。包括创建、修改、查询、删除过滤条件和设定过滤有效期，以及挂起、恢复过滤控制，支持一个或多个组合的告警过滤条件设置。过滤条件包括系统名称、设备名称、告警级别、告警类型、告警时间等。被过滤的告警信息应在数据库中保存，便于查阅。

6）具备告警信息处理功能，满足下列要求：

① 告警查询功能，实现根据告警级别、状态、类型、时间等组合条件或关键字进行过滤或模糊查询并能导出查询结果。查询条件参数应包含所属系统、告警设备、告警故障单元、告警级别、告警类型、告警时间（即发生、确认、清除等时间）、告警处置状态（未确认、已确认、已清除等）、告警说明等。

② 告警存储功能，实现告警信息的存储、备份、导出和转存等。

③ 告警统计功能，根据告警对象、告警类型、告警级别、告警时间等条件，能以报表、图形等形式分类统计和比较告警信息。

④ 信息注释功能，对告警信息故障处理措施进行记录和存储，用于指导故障处理。

（3）性能管理

集中告警系统的性能管理宜满足下列要求：

1）支持授权用户对性能参数进行门限设定，并可对性能门限进行创建、修改、查询和删除。超出门限范围应产生告警，并提示用户处理。门限设定可包括性能参数名称、性能参数监测门限、超出门限时告警级别等。

2）具备性能数据处理功能，实现对所采集的性能数据进行统计和分析。支持以表格、直方图等形式生成统计分析结果并支持导出；支持按照时间、系统、设备、对象等条件对历史和当前性能数据进行查询，并能以表格等形式显示查询结果；支持对性能数据进行存储、备份、导出、转存等管理。

（4）资源管理

集中告警系统的资源管理宜满足下列要求：

1）根据系统名称、设备名称、板卡型号、业务名称等对所接入各子系统资源数据进行查询、统计和分析。

2）根据统计周期、统计类别等创建统计任务并支持以表格、直方图、饼图等形式生成统计报表。统计任务能修改和删除。

3）支持手动输入、批量导入等方式增加资源信息，并能对资源信息进行删除、修改和导出。可根据需要提供与资产管理、维护工单管理等系统的接口。

（5）系统管理

集中告警系统的系统管理宜满足下列要求：

1）支持用户管理功能，能设置不同角色的用户处理权限和设备管理范围。

2）支持访问日志和操作日志的查询、删除、备份，记录用户名称、登录终端名称与IP 地址、登录和退出时间等登录信息以及操作时间、操作内容等操作信息。

3）具有对系统资源、告警信息、性能及自身配置数据的存储、备份及恢复功能。

（6）安全保护

集中告警系统需收集通信各子系统的网管信息通信，也成为连通各子系统及外部对接的桥梁，可通过该系统统一部署安全管理平台、运维审计堡垒机、防火墙、入侵检测设备、终端安全防护软件、防病毒软件等，以满足安全保护等级第 2 级的要求。

9.2.2　信号系统

9.2.2.1　总体要求

（1）连续式列车控制方式，其可达行车间隔通常小于 110s，满足地铁的客运量需求。而非连续式系统，如点式系统，其可保证的行车间隔多大于 180s。因此，大运量、高密度运行的地铁线路，均选用连续式列车控制系统。信号系统制式选择应符合现行国家标准《地铁设计规范》GB 50157 的要求：ATC 系统应采用连续式列车控制方式，宜选用移动闭塞或准移动闭塞制式。

（2）作为行车安全系统，信号系统应符合现行国家标准《地铁设计规范》GB 50157 的要求：信号系统具有高安全性、可靠性和可用性。

（3）信号系统应符合现行国家标准《城市轨道交通工程项目规范》GB 55033 的要求：信号系统具有行车指挥与列车运行监视、控制和安全防护功能及道岔、信号机、区段联锁功能，以及降级运用的能力。涉及行车安全的系统、设备应符合"故障—安全"原则。应符合现行国家标准《地铁设计规范》GB 50157 的要求：ATP 系统、设备及电路应符合故障导向安全的原则。采用的安全系统、设备应经过安全认证。

（4）信号系统提供的列车驾驶模式应结合工程对自动化等级的运营需求选择对应驾驶模式，并可实现高自动化等级系统向下兼容低自动化等级的功能，应符合《城市轨道交通信号系统通用技术条件》GB/T 12758-2023 中 6.4.2 及 6.5.1 中对自动化等级的划分和驾驶模式的定义。

（5）信号系统基本信号显示，应符合《城市轨道交通信号系统通用技术条件》GB/T 12758-2023 的相关规定。

（6）列车自动运行系统应符合现行国家标准《城市轨道交通工程项目规范》GB 55033 的要求：列车自动运行系统应具有列车自动牵引、惰行、制动、区间停车和车站定点停车、车站通过及折返作业等控制功能。控制过程应满足控制精度、舒适度和节能等要求。

（7）系统的配置应有利于行车组织和运营管理，实现行车指挥及列车运行的自动化、维护管理的科学化、地铁服务的现代化。设备结构应紧凑，便于安装、维护、测试、更换。

（8）系统应具有安全、可靠的降级运营控制模式，系统控制模式应符合现行国家标准《地铁设计规范》GB 50157 的要求：包括控制中心自动控制、控制中心自动控制时的人工介入控制、车站自动控制及车站人工控制。其控制等级应遵循车站人工控制优先于控制中心人工控制，控制中心人工控制优先于控制中心的自动控制或车站自动控制。符合《城市轨道交通信号系统通用技术条件》GB/T 12758-2023 中 7.1.2.2 的要求：主要设备应采用冗余技术，主、备设备应实现无扰自动切换；宜具备多级控制能力。

（9）遵循右侧行车制原则，正线、折返线、停车线、出入段场线、段/场内及与其他线路的联络线均按双方向运行设计。正常情况下，正线单方向运营，特殊情况下可以组织反方向运行，反向运行进路至少具有 CBTC 模式下 ATP 防护功能。

（10）列车速度控制方式采用连续的速度－距离控制模式曲线，在确保追踪列车之间的安全行车间隔的同时，有效缩短追踪间隔、提高线路的通过能力、保证旅客的舒适性及线路旅行速度，符合现行国家标准《地铁设计规范》GB 50157 的要求：ATP 系统应采用连续式控制方式，宜采用一次性速度－距离控制模式。

（11）信号系统应符合《城市轨道交通信号系统通用技术条件》GB/T 12758-2023 中 5.10 的要求：信号系统应实现列车安全运行，并在系统最不利条件下，当前方处于紧急停车时，后续列车应能安全停车。

（12）信号系统应能适应不同编组长度列车的混合运行，可支持列车在线联挂和解编，符合《城市轨道交通信号系统通用技术条件》GB/T 12758-2023 中 5.11 及 7.2.2.7 的要求：具有灵活编组功能的线路，系统应能对列车联挂或者解编作业安全防护，对联挂及解编状态进行监督。

（13）信号系统能力应按照远期线路规模、最大在线列车数以及最高运行速度设计，预留不小于 30% 的系统处理能力，满足现行国家标准《城市轨道交通信号系统通用技术条件》GB/T 12758 及《地铁设计规范》GB 50157 的要求。

（14）信号系统采用区域控制方式，控制范围和设备集中站的设置应综合考虑 ATS、ATP、ATO、CI 子系统设备的控制要求、车站配线、故障影响范围等因素，并兼顾系统运营维护的便利性原则和系统接口的有利性原则。正线区段的室内信号设备尽可能设于设备集中站。

（15）当列车配置列车自动防护设备、车载信号装置时，应以车载信号为主体信号；未配置时，应以地面信号为主体信号。当地面主体信号显示熄灭时，应视为禁止信号，符合《城市轨道交通工程项目规范》GB 55033-2022 中 6.3.8 的要求。

（16）信号系统网络应连通中心、正线车站、车辆段/停车场、维修中心，联锁、ATP/ATO、ATS 子系统有线网络及车地通信子系统的无线网络应采用安全、可靠、冗余的传输通道，单点故障不应影响信息传输的实时性和连续性，符合《城市轨道交通信号系统通用技术条件》GB/T 12758-2023 中 7.5.2.2 的要求：有线网络、无线通信网络应采用冗余设计，单点故障不应影响信息传输的实时性和连续性。

（17）地下区段的室内外电缆必须采用低烟、无卤、阻燃型、防腐蚀材料，阻燃等级为 B 级，燃烧性能不低于 B_1 级，符合现行国家标准《建筑防火通用规范》GB 55037 要求；地面线路明敷的电缆还具有抗太阳辐射、抗老化的能力。

（18）系统应按有关规范统筹设计防雷装置。控制中心、正线车站、车辆段/停车场及培训中心的室内外信号系统地线应接入综合接地系统，该综合接地系统接地电阻值不大于 1Ω，符合《地铁设计规范》GB 50157-2013 中 17.7.6 的要求；信号设备室内应设综合接地箱；当采用综合接地时，应接入综合接地系统弱电母排，接地电阻不应大于 1Ω。未设置综合接地系统的地方，应分散接地，接地电阻值应不大于 4Ω，符合《地铁设计规范》GB 50157-2013 中 17.7.6 的要求；车辆基地内未设综合接地系统或局部未设时，信号设备可分散接地，分散接地电阻值不应大于 4Ω。

（19）系统应具有良好的电磁兼容性，在供电系统、牵引供电所产生的电磁干扰条件下，信号系统应安全可靠正常工作。在设计、制造信号技术装备时，应保证电磁干扰不影响其安全性和可靠性。符合《城市轨道交通基于通信的列车自动控制系统技术要求》CJ/T 407-2012 中第 9 章的要求。

（20）信号系统应满足国家信息安全 3 级等级保护相关标准和规定的要求，信号系统的信息安全防护应满足《信息安全技术　网络安全等级保护基本要求》GB/T 22239 的要求。

（21）信号系统设备必须满足使用的自然环境要求，符合《地铁设计规范》GB 50157-2013 中 17.1.10 的要求。车载设备不得超出侵入车辆限界，安装于轨旁的室外设备不得超出侵入设备限界。设置于站台区域的设备在满足运营要求的前提下，应与车站的装修布置相协调，设于地面线路的信号设备应与城市景观相协调。

（22）信号系统须满足在限定的线路、车站配线、轨道、限界、牵引方式、停站时间及车站建筑等现场条件下实现所有运营能力指标的要求。在全线任何的正线车站、折返线、安全线和停车线、线路终端、出入段/场线、车辆段/停车场，信号系统对列车运行安全防护，符合《城市轨道交通信号系统通用技术条件》GB/T 12758-2023 中 7.2.2.5 的要求。列车停车位置的控制应满足土建规模对列车保护区段/安全防护距离长度的限制要求，同时确保实现运营能力指标、满足运营行车组织的要求。

9.2.2.2　子系统要求

（1）ATS 子系统

ATS 子系统具备的基本功能要求应符合《城市轨道交通信号系统通用技术条件》GB/T 12758-2023 中 7.1.2 的规定。

1）控制模式

正常情况下，线路上列车的运行及运营调度由控制中心行车调度统一指挥和控制。在某些条件下，需要现场确认或现场处理作业时，车站值班员可通过控制模式转换获取控制权限进行本地处理。待处理完成后，将控制权交还控制中心。

根据《城市轨道交通基于通信的列车自动控制系统技术要求》CJ/T 407-2012 中 6.3.3 的规定，ATS 子系统应支持中心控制、车站控制两个等级，控制等级切换过程不应影响系统正常工作及列车运行；当控制中心故障时，应能切换至车站控制。需要注意的是，根据《城市轨道交通信号系统通用技术条件》GB/T 12758-2023 中 7.1.2.2 的规定，ATS 子系统宜具备多级控制能力，如中心自动控制、中心调度员人工控制等，人工控制应优先于自动控制。

2）进路办理

ATS 子系统作为列车运行管理的监控系统，需要有系统或人工为列车办理指定的进路,允许列车在进路的防护下安全运行,因此,ATS子系统提供了丰富的进路操作功能,以应对不同条件下的运营组织需要。

根据《城市轨道交通基于通信的列车自动控制系统技术要求》CJ/T 407—2012中6.3.3的规定,ATS子系统可具有设置自动进路的功能,宜具有设置折返模式的功能。同时,根据《城市轨道交通信号系统通用技术条件》GB/T 12758—2023的规定,ATS子系统应满足列车运行交路的需要,并应根据运行时刻表、列车识别号和联锁表所规定的进路等条件,实现列车进路自动控制及人工操作。

(2) ATP子系统

ATP子系统具备的基本功能应符合《城市轨道交通信号系统通用技术条件》GB/T 12758—2023中7.2.1的规定。

1) 测速定位

列车在运行过程中,信号系统需要持续不断地对自身在线路上的位置进行计算和确认。信号系统车载设备包含了用于测速测距的速度传感器、加速度计、雷达,通过测速测距算法,对自身走行距离进行计算。同时,通过获取地面应答器的位置信息,对自身位置进行校准。

根据《城市轨道交通基于通信的列车自动控制系统技术要求》CJ/T 407—2012中的6.1.1和附件B的规定,列车进入CBTC区域或从故障状态恢复时,列车应能够实现定位自动初始化;应实现列车速度和位置测量误差修正;应实现轮径补偿。其系统性能指标应满足:列车位置分辨率不大于6.25m;列车位置最大测量误差不大于2%;用于ATP功能的列车测速分辨率不大于2km/h;用于ATP功能的列车测速误差±3km/h。

2) 超速防护

信号系统的车载设备根据自身测速测距情况和移动授权等信息,实时计算用于列车追踪及安全防护的速度距离曲线。根据实时计算所得到的速度距离曲线,信号系统车载设备对列车的运行速度进行严格监控,若列车的运行速度超过推荐速度曲线,设备将发出声光报警提示司机;若列车运行速度继续上升触及紧急制动触发曲线,则设备将立即实施紧急制动,保证列车在安全防护范围内停车。

根据《城市轨道交通基于通信的列车自动控制系统技术要求》CJ/T 407—2012中6.1.3的规定,ATP子系统应确保任何情况下列车实际速度不超过限制速度,应根据限制速度计算ATP曲线,实时监督列车运行。当测定的列车速度超过ATP曲线速度时,CBTC车载设备应立即实施制动,以保证列车运行安全。其中,对于限制速度考虑的因素应符合《城市轨道交通基于通信的列车自动控制系统技术要求》CJ/T 407—2012中6.1.3.3的规定,考虑如下最严格的限制条件:

① 线路限速。

② 线路临时限速。

③ 列车限制速度。

④ 与CBTC车载设备驾驶模式相关的限制速度。

⑤ 保证列车前端进入限速区段时,列车速度低于该区段的限制速度。

⑥ 保证列车末端出清限速区段前,列车速度低于该区段的限制速度。

⑦ 保证列车在移动授权终点前安全停车。

3）移动授权

移动授权是信号系统根据列车位置及其前方线路上区段占用情况和障碍物的状态，为列车计算的可安全停车的最远位置。

根据《城市轨道交通基于通信的列车自动控制系统技术要求》CJ/T 407-2012 中6.1.4 的规定，移动授权应根据下列因素的最严格限制条件确定：车辆、线路、道岔等限制速度；移动闭塞下，前方装备 CBTC 车载设备列车的尾部位置及其定位误差；固定闭塞和准移动闭塞下，闭塞分区的边界；未装备 CBTC 车载设备的列车或 CBTC 车载设备失效列车所占用区域的边界；轨道的尽头；当进路办理未锁闭时联锁区段的入口；反方向运行区段的边界。

4）列车安全制动模型

信号系统根据移动授权，依据速度—距离曲线列车安全制动模型计算紧急制动触发速度，并将列车速度与最高允许速度进行比较，提供列车运行全过程的超速防护。该安全制动模型保证列车不会超过最具限制的速度，且列车将在防护点的前方停车。

根据《城市轨道交通基于通信的列车自动控制系统技术要求》CJ/T 407-2012 中6.1.5 的规定，列车安全制动模型的计算应至少包括：前行列车位置的不确定性；本车跟踪位置的不确定性；列车长度；列车编组；CBTC 车载设备测速误差；CBTC 车载设备的响应时间；列车的最大加速度；系统在检测到超速时，从切除牵引到紧急制动施加并生效前的最大响应时间；最不利条件下的列车制动率；线路坡度。

5）溜逸和退行防护

在列车运行过程中，信号系统不但监控列车的运行速度，也会监控列车的运行方向。若列车的运行方向与期望运行方向不相符，系统将判定列车进行了溜逸或者退行。系统允许列车在一定范围内有限的溜逸或者退行，但超过范围后会实施紧急制动提醒司机谨慎操作。

根据《城市轨道交通基于通信的列车自动控制系统技术要求》CJ/T 407-2012 中6.1.6.2 的规定，当溜逸距离和速度超过容许量时，系统应立即采取紧急制动。对于溜逸防护指标的指标要求，应满足退行距离 0.5～5m 或退行速度不小于 5km/h。

6）开门防护

信号系统实时监控列车车门。当列车在车站区域执行乘降作业时，系统需要对开门地点、列车速度等相关条件进行检查，以保证列车车门打开可以满足车上和站台乘客的需要。

根据《城市轨道交通基于通信的列车自动控制系统技术要求》CJ/T 407-2012 中6.1.7.1 的规定，信号系统在允许打开车门前，应检查：列车应以规定停车精度在车站内指定的停车点停车；确定靠近站台一侧的车门；检测到零速度信息；列车处于保持制动已施加状态；列车处于牵引已切除状态。

7）车门状态检查防护

列车在区间运行时，信号系统需要实时监视列车车门的状态。若系统监测到车门处于开门状态时，需要提醒司机确认车门状态，保证乘客安全。

根据《城市轨道交通基于通信的列车自动控制系统技术要求》CJ/T 407-2012 中6.1.8.2 的规定，列车运行过程中，信号系统当检测到车门为开门状态时，宜采取下列措施之一：切除牵引但不实施制动；不切除牵引，也不实施制动，列车运行至下一座车站。

（3）ATO 子系统

ATO 子系统的基本功能应符合《城市轨道交通信号系统通用技术条件》GB/T 12758-2023 中 7.3.1 的规定。

列车进站停车过程中，考虑到运行舒适度与效率，ATO 子系统需要计算出既高效且冲击率较小的一次性制动曲线。ATO 子系统根据进站停车制动曲线，控制列车采用连续制动和恒定的制动率，一次性制动至停车点并精准停在指定范围内，满足车上和站台的乘客乘降。

根据《城市轨道交通信号系统通用技术条件》GB/T 12758-2023 中 13.1.3.10 的规定，ATO 子系统宜采用一次连续控制模式制动，自动控制列车在站台精确停车，其停车精度的指标应满足停车精度范围 ±0.3m 内的概率不应小于 99.99%；停车精度范围 ±0.5m 内的概率不应小于 99.9998%。

（4）联锁子系统

联锁子系统的基本功能应符合《城市轨道交通信号系统通用技术条件》GB/T 12758-2023 中 7.4.1 的规定。

1）进路锁闭

进路锁闭是指当进路选出后，在确定进路在空闲状态、道岔位置正确以及敌对进路没有建立的条件下，把与进路有关的道岔和敌对进路进行锁闭，使他们不能扳动和建立，是在铁路车站内为保证列车运行安全的一种必要手段。

根据《城市轨道交通信号系统通用技术条件》GB/T 12758-2023 中 7.4.2.11 的规定，进路锁闭应分为预先锁闭和接近锁闭。进路解锁应分为进路一次性解锁方式和逐段解锁方式。锁闭的进路可随列车运行自动解锁或人工办理取消进路解锁，并应防止错误解锁。当接近锁闭时，取消进路应延时解锁或收到停车保证信息后立即解锁。延时解锁时间应保证列车能在进路解锁前安全停车。

2）道岔锁闭

道岔锁闭是指将道岔可移动的部件（如尖轨或心轨）固定在某个开通位置，防止其在外力作用下改变位置，确保列车按照预定的进路安全通过道岔。

根据《城市轨道交通信号系统通用技术条件》GB/T 12758-2023 中 7.4.2.10 的规定，道岔锁闭应能实现进路锁闭、区段锁闭及人工锁闭，应能实行单独操纵和进路选动；影响行车效率的联动道岔宜采用同时启动方式。

（5）数据通信子系统

数据通信子系统的基本功能应符合《城市轨道交通信号系统通用技术条件》GB/T 12758-2023 中 7.5.1 的规定。

1）车—地无线通信传输技术要求

数据通信子系统的车—地无线通信传输通过车载天线接收数据，并通过以太网连接把数据传递给车载 ATP/ATO 设备；车载 ATP/ATO 设备通过以太网口将发送数据传递给无线单元，无线单元将数据通过车载天线发送给地面目标设备。车—地无线通信是信号系统的重要基础，其性能需要满足列车运行控制的需要。

根据《城市轨道交通基于通信的列车自动控制系统技术要求》CJ/T 407-2012 中

5.7.3 的规定，车—地通信传输性能应满足：信息传输速率不应低于 1Mbps；信息传输的丢包率应小于 1%；越区切换时间应小于 100ms；报文经有线和无线网络传输延迟应小于 200ms。

2）地面有线网络通信技术要求

数据通信子系统的各个部分通过冗余的光纤骨干网互相连接起来。骨干节点和骨干网接入交换机构成了轨旁网络的一部分，该轨旁网络通过光纤沿线路延伸，构成整个信号系统的有线网络系统。

根据《城市轨道交通信号系统通用技术条件》GB/T 12758-2023 中 13.1.3.12 的规定，地面有线网络信息传输性能不应小于 100Mb/s，信息传输端到端延迟时间不应大于 150ms。并且，在《城市轨道交通信号系统通用技术条件》GB/T 12758-2023 中 13.1.3.13 规定，数据通信骨干网应采用双向自愈的环形拓扑结构，当环网中一个节点故障时，环网自愈时间应小于 50ms。

（6）维护监测子系统

维护监测子系统的基本功能应符合《城市轨道交通信号系统通用技术条件》GB/T 12758-2023 中 7.6.1 的规定。

（7）其他设备

1）轨道电路

轨道电路的基本功能应符合现行行业标准《轨道电路通用技术条件》TB/T 2852 中的规定。

2）计轴设备

计轴设备的基本功能应符合《城市轨道交通计轴设备技术条件》CJ/T 543-2022 中 6.2 的规定。其中，由于计轴安装在轨旁，需要对环境有良好的适应能力，外壳防护等级应符合：车轮传感器外壳防护等级不应低于 IP67；轨旁电子检测器外壳防护等级不应低于 IP65；计轴主机的外壳防护等级不应低于 IP20。

3）信号机

信号机应符合现行行业标准《LED 铁路信号机构通用技术条件》TB/T 3242 中的规定。

4）转辙机

转辙机应符合现行国家标准《铁路道岔转辙机　第 1 部分：通用技术条件》GB/T 25338.1 中的规定。

9.3　工程及验收要点

城市轨道交通通信信号工程建设应合理利用资源，贯彻国民经济可持续发展战略，做好环境保护、安全文明等工作。

通信信号工程质量检验、检测所用的方法应符合国家现行标准的规定；施工机械、仪器仪表应检定合格并在有效期内。在系统开通前宜由具有相应资质的第三方检测单位进行系统测试。

通信信号工程的施工和验收应符合现行国家标准《地下铁道工程施工标准》GB/T

51310、《地下铁道工程施工质量验收标准》GB/T 50299、《城市轨道交通通信工程质量验收规范》GB 50382 和《城市轨道交通信号工程施工质量验收标准》GB/T 50578 的相关规定，尚应符合国家现行其他有关标准的规定。

通信信号工程施工前，应与各相关专业确认接口内容，进行接口核实，并配合关联系统的调试。

通信信号工程施工安装时，区间设备安装不应侵入设备限界，车载设备安装不应超出车辆限界，否则不得验收。

9.3.1 通信系统

通信工程应为一个独立的单位工程。通信工程的子单位工程、分部工程、分项工程、检验批划分和检验项目应符合现行国家标准《城市轨道交通通信工程质量验收规范》GB 50382 的规定。

结合通信系统的主要设备、材料组成，本节将通信工程划分为通信线路、机柜设备及配线、各类终端设备。

9.3.1.1 通信线路

参考现行国家标准《地下铁道工程施工标准》GB/T 51310 的相关内容，通信线路包括管路及桥架安装、光（电）缆敷设、天馈系统和漏泄同轴电缆（漏缆）敷设等工程内容。通信线路工程的施工和验收应符合现行国家标准《通信线路工程设计规范》GB 51158 和《通信线路工程验收规范》GB 51171 的相关规定。

（1）管路及桥架安装

管路及桥架安装包括支架、吊架、桥架（含线槽、走线架）、保护管和管道安装等工程内容。

支架、吊架、桥架、管及配件到达现场应进行检查，其型号、规格和质量应符合设计要求。切口处不应有卷边，表面应光洁、无毛刺。镀锌件的镀锌厚度应符合设计要求。

当支架、吊架安装在有坡度、弧度的建筑物构架（如盾构区间壁）上时，其安装坡度、弧度应与建筑物构架的坡度、弧度相同。

支架、吊架安装应横平竖直、整齐美观，安装位置偏差不宜大于 50mm。在同一直线段上的支架、吊架应间距均匀，同层托臂应在同一水平面上。

安装电缆支架、吊架间距应符合设计要求；当设计无要求时，水平敷设时宜为 0.8～1.5m，垂直敷设时宜为 1.0m。

支架接地可采用镀锌扁钢或镀铜圆钢连接，并牢固固定。接地网的接地电阻不应大于 4Ω，镀铜圆钢接地材料镀铜层厚度宜不少于 0.254mm。接地施工和验收应符合现行国家标准《电气装置安装工程 接地装置施工及验收规范》GB 50169 的相关规定。

桥架应接地，接缝处应有连接线或跨接线做电气连通。桥架安装在经过建筑沉降缝或伸缩缝时应预留变形间距。当桥架的直线长度超过 50m 时，宜采取热膨胀补偿措施。当桥架拐直角弯时，其弯头的弯曲半径不应小于槽内最粗电缆外径的 10 倍。

当供电电缆与信号电缆在同一径路用线槽敷设时，宜分线槽敷设。当需敷设在同一线槽内时，应采用带金属隔板的线槽分开敷设。供电电缆与信号电缆也应分管防护。

保护管撖管弯成角度不应小于 90°，弯曲半径不应小于管外径的 6 倍，弯扁度不应大于该管外径的 1/10；弯曲处应无凹陷、裂缝，单根保护管的直角弯不应超过 2 个；金属保护管应可靠接地，金属保护管连接后应保证整个系统的电气连通性。

线槽敷设截面利用率不宜大于 50%，保护管敷设截面利用率不宜大于 40%；缆线在管内或线槽内不应有接头和扭结。槽口和管口应做防火密封处理。

通信管道的施工和验收应符合现行国家标准《通信管道与通道工程设计标准》GB 50373 和《通信管道工程施工及验收标准》GB/T 50374 的相关规定。通信管道人孔和手孔的实施可参考现行行业标准《通信管道人孔和手孔图集》YD/T 5178。

（2）光（电）缆敷设

光（电）缆敷设应包括径路复测、光（电）缆单盘检验、光（电）缆敷设、光（电）缆接续引入及成端和光（电）缆线路测试等工程内容，具体要求应满足《地下铁道工程施工标准》GB/T 51310-2018 中第 24.2 节的相关规定。

敷设时光缆弯曲半径不应小于光缆外径的 15 倍，光缆接头处的弯曲半径不应小于护套外径的 20 倍。大对数对绞电缆的弯曲半径不应小于电缆外径的 10 倍。光纤收容时的弯曲半径不应小于 40mm。

光缆引入室内时，室内外金属护套及金属加强芯应断开，并应彼此电气绝缘。电缆引入室内时，室内外两侧的屏蔽钢带及金属护层应电气绝缘；外线侧的屏蔽钢带及金属护层应可靠接地；设备侧的屏蔽钢带及金属护层应悬浮；市内通信电缆应在配线架上进行绝缘。

光缆线路在一个区间内，每根光纤的背向散射曲线应平滑，应无阶跃反射峰，1310nm、1550nm 波长时单模光纤接续损耗平均值不应大于 0.08dB，多模光纤接续损耗平均值不应大于 0.02dB。

光（电）缆宜每隔 100m 挂设标识标牌，并在电缆井、电缆间、人防门孔洞两侧、过轨处、区间设备终端等处加设标识标牌。

（3）天馈和漏缆敷设

天馈和漏缆敷设应包括漏缆单盘检验、漏缆敷设、漏缆线路测试、天馈安装和天馈测试等工程内容，具体要求应满足《地下铁道工程施工标准》GB/T 51310-2018 中第 24.2 节的相关规定。

漏缆夹具的安装位置、间隔、强度及距钢轨面的高度应符合设计要求。漏缆敷设不应急剧弯曲，弯曲半径应符合该型号规格漏缆产品的工程应用指标要求。

馈线进入机房前应有防水弯，防水弯最低处应低于馈线窗下沿。馈线拐弯应圆滑均匀，弯曲半径应大于或等于馈线外径的 20 倍（软馈线的弯曲半径应大于或等于其外径的 10 倍）。

馈线、漏缆连接后，驻波比在工作频段内应小于 1.5。

（4）现场效果示例（图 9.3-1～图 9.3-3）

图 9.3-1　区间线缆敷设示例

9.3.1.2　机柜设备及配线

（1）机柜设备安装

参考现行国家标准《地下铁道工程施工标准》GB/T 51310 的相关内容，机柜（架、

图 9.3-2 走线架安装示例

图 9.3-3 线槽安装示例

箱）设备安装包括机柜（架）底座安装、机柜（架、箱）安装、子架及机盘安装等工程内容。

机柜（架、箱）安装应满足《综合布线系统工程设计规范》GB 50311-2016 中第 7.7 节的相关规定：机柜单排安装时，前面净空不应小于 1000mm，后面及机列侧面净空不应小于 800mm；多排安装时，列间距不应小于 1200mm。在公共场所安装机箱时，暗装箱体底边距地面不宜小于 1.5m，明装式箱体底面距地面不宜小于 1.8m，具体安装高度视现场条件和检修需求而定。机柜（架、箱）等设备的安装宜采用锚栓固定。在抗震设防地区，设备安装应采取减震措施，并应进行基础抗震加固。

机柜（架）安装应牢固垂直，调节其偏差不应大于机柜（架）高度的 1‰；当相邻机柜（架）相互靠拢时，其间隙不应大于 3mm；相邻机柜（架）正立面应平齐。

机柜（架）底座应直接固定在建筑结构地面上，不得固定在架空地板上。

金属机柜（架、箱）、基础型钢应保持电气连接，并应可靠接地。

子架插入机柜（架）或机盘（单元板）插入子架时应用力适度、顺滑导入，接触应良好。

（2）设备线缆敷设

参考现行国家标准《地下铁道工程施工标准》GB/T 51310 的相关内容，设备配线包括线缆布放、线缆终接、配线检查等工程内容。

缆线布放时，电源线与通信线、控制线应分开布放；各种线缆应均匀绑扎固定，按顺序出线；布放应顺直；配线电缆、光跳线的芯线应无错线或断线、混线，中间不得有接头；设备电源配线中间不得有接头，电源端子接线应正确，配线两端的标志应齐全；配线电缆的屏蔽护套应可靠接地。

综合布线安装完成后，应对布线系统进行调测，链路长度、链路性能和信道指标应符合现行国家标准《综合布线系统工程验收规范》GB/T 50312 的相关规定。

敷设好的缆线两端应贴有标签，标明型号、长度及起止设备名称等必要的信息。

（3）现场效果示例（图 9.3-4～图 9.3-9）

9.3.1.3 终端设备

通信系统终端设备类型繁多，主要包括电话安装、司机监视器安装、广播扬声器安装、乘客信息显示屏安装、时钟子钟安装、无线天线安装、车载设备安装等工程内容。

图 9.3-4   机柜安装示例

图 9.3-5   蓄电池架安装示例

图 9.3-6   柜内设备及接线示例

图 9.3-7   上走线架敷线示例

图 9.3-8   电缆标牌示例

图 9.3-9   网线标牌示例

（1）终端设备安装

车载设备、终端、天线的安装位置、安装方式应符合设计文件及车辆安装要求，固定必须牢固；车载无线操作盘（盒）及手麦的安装应便于司机操作。

终端设备的位置定测应与其他系统/专业终端设备无冲突，显示和监控面不受遮挡。

吊挂支架安装钻孔时应避开结构的伸缩缝、渗水漏水部位；采用壁挂安装方式时，支架安装还应避开预埋管线。

公共区终端采用嵌入式安装时，需配合装修专业按照终端安装尺寸预留安装孔；采用落地式安装时，需配合装修专业在地面预留出线孔。

摄像机安装采用吊装方式时，宜选用可调节高度的支架。

（2）现场效果示例（图 9.3-10～图 9.3-15）

图 9.3-10　司机监视器安装示例
（高架站）

图 9.3-11　站台 LCD 条屏安装示例
（嵌入顶箱）

图 9.3-12　车控室子钟安装示例

图 9.3-13　平面扬声器安装示例（嵌入导向）

图 9.3-14　球机安装示例（独立吊挂式）

图 9.3-15　枪机安装示例（吊挂式 U 形架）

9.3.1.4　系统调试与验收

通信系统的调试应按单机调试、系统调试的顺序进行；通信系统调试宜按电源系统与接地、传输系统、公务电话系统、无线通信系统、其他各子系统的顺序进行。

设备调试宜在设备开机通电 30min 后进行；设备电源报警时不应对设备送电；系统调试前，应确认单机设备等正常、网管数据配置正确。

通信各子系统的调试内容应符合《地下铁道工程施工标准》GB/T 51310-2018 中第

24.4 节的相关规定。

通信各子系统验收的功能检验、性能检验和网管检验应符合《城市轨道交通通信工程质量验收规范》GB 50382-2016 第 7 章～第 15 章的相关规定。

通信工程质量检测和验收宜参考国家现行标准《智能建筑工程质量验收规范》GB 50339 和《智能建筑工程质量检测标准》JGJ/T 454 等智能建筑工程类标准及国家其他相关标准。

9.3.2　信号系统

信号工程为一个独立的单位工程，应划分为正线信号工程、车辆基地（非 ATC/ATC）信号工程两个子单位工程。其单位工程、子单位工程、分项工程、分部工程、检验批划分和检验项目应符合《城市轨道交通通信工程质量验收规范》GB 50382-2016 中表 3.2.3 的规定。

根据信号设备的安装特点，本节将信号工程划分为设备安装、光（电）缆线路、防雷与接地。

9.3.2.1　设备安装

参考现行国家标准《地下铁道工程施工标准》GB/T 51310 的相关内容，设备安装包括室外设备、室内设备、车载设备等工程内容。设备安装工程施工和验收应符合现行国家标准《城市轨道交通信号工程施工质量验收标准》GB/T 50578 的相关规定。

（1）室外设备安装：

1）信号机安装应符合下列要求：

① 信号机的安装位置、灯光配列、显示方向应符合设计要求。

② 信号机安装在混凝土基础上时，混凝土基础强度及基础埋深应符合设计要求。基础螺栓应垂直，螺栓间距应符合设计要求，外露的丝扣部分应涂机械油，基础表面应平整光洁且无明显缺棱掉角现象。

③ 信号机最下方灯位中心距轨面的高度为 1500mm 左右，采用立柱或者侧墙支架安装方式，立柱安装时应设维修平台。信号机安装在路基地段时应采用混凝土基础；在高架桥、隧道地段时可采用热镀锌金属基础支架；支架安装应牢固，螺栓应紧固、无松动。

④ 在路基地段的信号机基础顶面应高于钢轨顶面 200～300mm，在桥梁地段和隧道地段信号机安装高度应避开建（构）筑物。

⑤ 信号机构门、电缆盒盖应严密，密封应良好。

2）发车指示器在站台地面上安装时，机柱与地面应垂直，并应安装牢固；发车指示器在站台顶棚下、隧道壁或高架梁体上安装时，支架应安装牢固。

3）站台紧急关闭按钮装置的安装位置、安装高度应符合下列规定：

① 站台紧急关闭按钮装置在建筑体上安装时，宜采取嵌入安装方式；关闭装置在圆形柱体上安装时，应采取使箱体与柱体圆弧相吻合的措施；安装位置、安装高度应满足设计要求。

② 安装在站台上的按钮箱不得妨碍旅客通行，按钮箱封印应完整。

4）电动转辙机安装应符合下列规定：

① 基础角钢应与基本轨固定牢固，并应垂直于道岔的直股基本轨或复式交分道岔中

心线。

②整体道床预埋基础螺栓位置应准确，混凝土应浇筑密实。

③绝缘配件安装应齐全，固定螺栓应拧紧。

④动作杆与密贴调整杆应在一条直线上，并应与表示杆、道岔第一连接杆平行。

⑤道岔应转换灵活，固定装置不得松动。

⑥转辙设备施工验收时，基坑不得有积水。

5）应答器安装应符合下列规定：

①应答器至钢轨顶面安装高度应符合相关产品技术标准的要求。

②有源应答器接线盒应安装牢固，引线口应密封良好。

6）无线接入单元的电子箱安装位置应符合设计文件要求；电子箱应密封良好，底部防水接头应安装牢固；电子箱体接地应采用 $25mm^2$ 多股铜缆地线与接地扁钢相连接。

7）天线的安装位置、方式应符合设计文件要求；天线传输范围内应无障碍物阻挡；天线支架与混凝土墙壁或基础连接应牢固。漏缆敷设的要求，详见本书 9.3.1.1 通信线路的相关内容。

8）计轴磁头安装应符合下列规定：

①计轴磁头应安装在两枕木之间钢轨（单轨条）的轨腰处，发送器应装在钢轨的外侧，接收器应装在钢轨的内侧。

②磁头的接收器和发送器与 2 个屏蔽板（与钢轨型号配套）应一起固定在轨腰上，连接螺栓的扭矩应符合产品技术文件要求。

③磁头安装应平稳、牢固，螺栓应紧固、无松动。

9）计轴电子盒安装应符合下列规定：

①计轴电子盒安装应根据现场情况选择地面支架安装或墙面安装，设备边缘不得侵限。

②电子盒内部配线应连接正确、排列整齐。

③计轴电子盒体应采用 $25mm^2$ 的多股铜缆进行接地。

④电子盒安装应与地面保持垂直，安装应平稳、牢固，螺栓应紧固、无松动。

（2）室内设备安装

1）机柜（架）安装应牢固垂直，调节其偏差不应大于机柜（架）高度的1‰；当相邻机柜（架）相互靠拢时，其间隙不应大于 3mm；相邻机柜（架）正立面应平齐。机柜（架、箱）等设备的安装宜采用锚栓固定。机柜底座应有防振装置且与机架电气隔离，机架应与车体可靠连接，应保证接地良好。柜内各元器件应安装端正、牢靠，各种接插件应插接紧密、无松动。

2）机柜（架、箱）安装间距应满足现行国家标准《地铁设计规范》GB 50157 的规定。

3）电源屏各输出电源对地绝缘良好，其绝缘电阻应符合相关产品技术标准或设计要求。

4）蓄电池安装应符合下列规定：

①蓄电池应排放整齐，前后位置、间距应适当；每列外侧应在一条直线上，其偏差不应大于 3mm；电池单体应保持垂直和水平，底部四角应均匀着力。

②电池间隔偏差不应大于 5mm；电池之间的连接应平整，连接螺栓、螺母应拧紧，外罩塑料盒盖不得缺失。

③ 各组电池应根据馈电母线走向确定正负极出线位置。

④ 用电压表检查电池端电压和极性，应保证极性正确连接；对于端电压偏低的电池应筛选剔除。

5）信号电缆引入信号设备室应符合下列规定：

① 室外引至信号设备房屋的电缆余留量不应小于 5m；电缆间的电缆余留量应呈"U"或"Q"形布放，不应盘成环状；电缆转弯及余留量的布放应均匀圆滑、整齐美观，不得有硬弯或背扣现象，并应符合电缆弯曲半径的要求。

② 楼层间电缆应分段固定，分段间距不宜大于 2m。

③ 电缆引入口应用防火材料封堵严密。

④ 终端应加挂铭牌，并应标明电缆编号及去向。

（3）车载设备安装

车载天线及测速设备安装，其安装技术指标、允许范围应符合设备技术条件的规定，且应符合设计文件对电气干扰、抗振及密封的要求。

车载设备配线敷设径路、固定方式应符合设计文件要求，并应避免与大电流线缆平行布放；线缆的屏蔽应按照设计文件要求可靠接地；配线应正确；车体外部敷设线缆应用金属管固定在车体上。

（4）现场效果示例（图 9.3-16～图 9.3-19）

图 9.3-16　信号机安装示例

图 9.3-17　转辙机安装示例

图 9.3-18　计轴安装示例

图 9.3-19　设备房机柜安装示例

9.3.2.2 光（电）缆线路

光（电）缆敷设前应核对光（电）缆的规格、型号，并应符合设计文件要求，确认电缆端别，对电缆线间绝缘、对地绝缘、直流电阻等特性应进行测试。具体要求应满足《地下铁道工程施工标准》GB/T 51310-2018 中第 25.2 节的相关规定。

（1）光（电）缆敷设

电缆敷设时不应出现背扣现象。在拐弯处、余留量存放处应有自然弯曲，综合护套信号电缆不应小于电缆外径的 15 倍，内屏蔽数字电缆、应答器数据传输电缆不应小于电缆外径的 20 倍。

信号光（电）缆敷设时应留有余量，引至室内的光（电）缆余留不应小于 5m；室外设备端光（电）缆余留不应小于 2m；光（电）缆过桥，在桥两端余留不应小于 2m；光（电）缆接续，接续点两侧余留不应小于 1m；经过隧道内防淹门时余留量应符合设计文件要求。

土质地带光（电）缆埋设深度不应小于 700mm，石质地带光（电）缆埋设深度不应小于 500mm，并均应在冻土层以下。

（2）箱、盒安装及内配线

混凝土箱盒基础、电缆槽及盖板基础不应有断裂现象；基础螺栓应垂直，距离应正确，外露的丝扣部分应涂机械油；混凝土电缆槽不应露筋。

中间接续的终端电缆盒、方向电缆盒宜与轨道平行安装（基础与轨道平行）。

电缆引入箱盒后引入胶室内应用绝缘胶灌注（包括无电缆引入的备用胶室），绝缘胶灌注深度宜为 30mm，表面应平整。绝缘胶面低于电缆护套切剥口宜为 5~10mm。

箱盒内电缆配线每根芯线应留有能做 2~3 次线环的余量；备用芯线的长度应能够保证与最远端端子进行配线连接；芯线线环应按顺时针绕制，在端子上芯线线环间及线环与螺母间应垫垫圈。

（3）现场效果示例（图 9.3-20～图 9.3-23）

图 9.3-20　区间光（电）缆敷设示例

图 9.3-21　箱盒内配线示例

9.3.2.3 防雷与接地

（1）设备防雷与接地

1）信号室内设备接地前应按电源防雷接地、电缆屏蔽接地、等电位安全接地和传输通道防雷接地进行分类，各类接地不得混用。

2）走线架、金属线槽应接地，走线架、线槽接缝处应进行电气连接。

3）防雷接地应优先采用综合接地系统。信号室内设备接地应接入房建单位预留的综合接地箱；无综合接地系统时，可按接地性质的不同分别接地。

4）分散接地时信号设备接地体与其他设备的接地体距离不应小于 15m。

5）采用综合接地时，接地电阻不应大于 1Ω；分散接地电阻不应大于 4Ω。

6）若采用贯通地线，室外设备接地均应采用并联连接方式，设备集中处宜设置分支接地引接线。接地引接线应与贯通地线连接，有预留端子时宜采用拴接方式连接，与分支接地引接线连接宜采用 T 型压接方式连接。

7）贯通地线在每个车站上下行区间分别接入车站站台板下弱电电缆井所设置的弱电接地母排。

8）室外设备在接入综合接地扁钢时，两相邻接地线在扁钢上的连接距离不应小于 200mm。

（2）现场效果示例（图 9.3-24、图 9.3-25）

图 9.3-22 室内下走线敷设示例

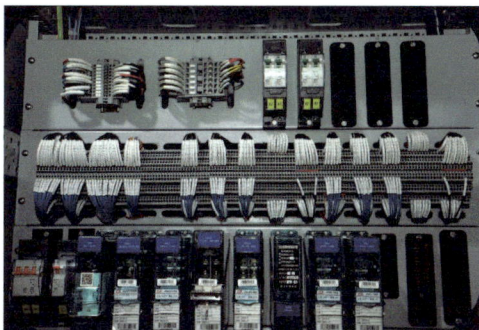

图 9.3-23 室内机柜内配线示例

图 9.3-24 电缆二次成端示例

图 9.3-25 防雷分线柜示例

9.3.2.4 系统调试

信号系统的调试应按单机调试、系统调试的顺序进行，系统调试按照先静态调试、再动态调试的顺序进行。

设备电源报警时不应对设备送电；系统调试前，应确认单机设备等正常、数据配置正确。

信号各子系统的调试内容应符合《地下铁道工程施工标准》GB/T 51310-2018 中第25.5 节的相关规定。

信号各子系统验收的功能检验、性能检验应符合现行国家标准《城市轨道交通信号工程施工质量验收标准》GB/T 50578 的相关规定。

信号工程质量检测和验收宜参考现行国家标准《地下铁道工程施工质量验收标准》GB/T 50299、《城市轨道交通信号工程施工质量验收标准》GB/T 50578 等国家其他相关标准。

9.3.2.5　工程验收要点

（1）施工安装验收

1）每台设备现场安装后，需进行自检，合格后提供相关功能、调试资料，配合预验收检查工作。

2）自检工作包括按照有关标准对工程质量和系统功能进行自检，确认工程质量符合有关法律、法规和工程建设强制性标准，符合设计文件及合同要求，不存在影响开通运营安全的问题。

3）对通过安装测试的每一台设备出具安装验收文件。

4）安装验收须根据合同相关条款和验收计划的规定进行并完成。

（2）系统验收

1）信号系统在综合联调结束后、试运行之前，需进行项目工程验收，确认系统是否达到设计文件及标准要求，是否满足试运行要求。

2）车载信号设备根据车辆出厂情况进行车地联调和综合调试合格后，逐一进行车载设备的验收。

3）项目工程验收具备以下条件：

① 信号各子系统均已完成设计及合同约定的内容。

② 信号系统在之前调试阶段发现的问题已全部整改完毕。

③ 信号系统经综合联调符合运营整体功能要求，并已由相关单位出具证明文件。

④ 是否已提交初步安全评估报告和空载试运行安全授权。

⑤ 是否已通过对试运行有影响的相关专项验收。

（3）竣工验收

1）竣工验收是在初期运营之前，结合试运行效果，确认信号系统是否达到设计目标及标准要求的验收。

2）竣工验收前完成下列工作：

① 所有建设项目按照批准的设计方案要求全部完成，并满足使用要求。

② 项目工程验收合格，项目工程验收发现的问题整改及复验完成。

③ 试运行中发现的问题整改完毕，有试运行总结报告。

④ 各种技术文档和验收资料齐全，符合合同的要求。

⑤ 各子系统设备运行状态正常。

⑥ 提交最终安全评估报告和载客初期运营安全授权。

⑦ 培训工作已完成，售后服务计划已落实。

第 10 章　典型工程应用案例分析

10.1　通信系统工程案例

10.1.1　案例工程概况

杭州地铁 3 号线一期工程主支线全长 52.8km，共设车站 35 座。杭州地铁 3 号线一期工程为由西向东北走向的轨道交通骨干线，控制中心共享接入位于七堡控制中心。依据现行国家标准《地铁设计规范》GB 50157 和《城市轨道交通公共安全防范系统工程技术规范》GB 51151，杭州地铁 3 号线专用通信系统有：

(1) 传输系统；

(2) 公务电话系统；

(3) 专用电话系统；

(4) 无线通信系统；

(5) 广播系统；

(6) 时钟系统；

(7) 乘客信息系统；

(8) 办公自动化系统；

(9) 电源系统；

(10) 安防系统（含视频监视、周界入侵报警）；

(11) 集中告警系统。

除上述系统外，根据现行国家标准《地铁设计规范》GB 50157 的要求，依据规范内专用电话系统中录音功能要求，设置独立的录音系统满足所有语音系统的录音需求。电源系统采用弱电综合的设计方式（不含信号系统），符合《地铁设计规范》GB 50157-2013 中第 16.10 节对电源的要求，同时也满足自动售检票、综合监控和设备与环境监控等系统的配电需求。

10.1.2　系统方案与标准使用情况

(1) 传输系统

本工程传输系统采用 OTN 产品进行网络组建。全线以控制中心和车辆段作为交点，组建 3 个 100Gbps 自愈保护环。根据现行行业标准《分组增强型光传送网（OTN）设备技术要求》YD/T 2484 的要求，本工程 OTN 设备除满足 ITU-T G.872 和 ITU-T G.709 定义的光、电层体系结构，还满足 MPLS-TP 等以太网业务，实现了杭州地铁 3 号线 TDM、以太网等业务的承载需求。

传输网通信链路方面，采用不同路由的单模光缆实现传输节点设备之间的连接，确保环形网络不会因光缆单点故障而产生多点故障，满足《地铁设计规范》GB 50157-2013 中第16.2.4条关于系统和通信链路冗余的要求。

（2）公务电话系统

本工程公务电话系统采用软交换技术方式，其产品遵循现行行业标准《软交换设备总体技术要求》YD/T 1434。公务电话系统在控制中心共享杭州地铁既有软交换核心设备，在每座车站、车辆段和停车场新设软交换接入网关设备，接入设备通过传输系统提供的业务通道进行承载，同时通过接入既有软交换设备实现与杭州地铁其他线路公务电话系统和市话的互联互通，满足《地铁设计规范》GB 50157-2013 中第16.4节的相关要求。

（3）专用电话系统

与公务电话类似，本工程专用电话系统采用软交换技术方式，其产品遵循现行行业标准《软交换设备总体技术要求》YD/T 1434。系统主要由设在控制中心和车辆段的主、备软交换中心设备（各包含1套软交换服务器、信令服务器、会议服务器等功能在内的核心服务器，调度台及交换机等），设在车辆段、停车场及各车站的接入设备、终端设备（电话机、值班台等）等组成，主、备控制中心的软交换服务器通过传输提供的以太网通道连接，形成负荷分担、冗余控制与软件授权，构成"双中心、冗余"的中心冗余远程异地容灾备份。根据现行国家标准《地铁设计规范》GB 50157 的要求，依据该规范内专用电话系统中录音功能要求，设置独立的录音系统满足所有语音系统的录音需求。

通过此系统，向运营人员提供满足《地铁设计规范》GB 50157-2013 中第16.5节相关功能。但考虑无线通信技术的发展，对于《地铁设计规范》GB 50157-2013 中第16.5节区间电话的要求，本工程均采用无线通信系统实现相关功能，从功能上降低了重复投资。

（4）无线通信系统

本工程在控制中心和星桥车辆段新设数字集群无线交换控制设备，两个无线交换控制设备与各基站均采用传输系统提供的冗余的以太网通道连接，完成不同基站覆盖区内用户的交换和接续，2个交换中心之间通过传输系统提供的光纤连接。

本工程无线数字集群产品依据《数字集群通信工程技术规范》GB/T 50760-2012 中对窄带集群技术制式相关要求进行网络组建，其频率使用国家规定的专用频段（800MHz），产品在800MHz频段工作时，频道序号和频道中心频率按照《数字集群通信工程技术规范》GB/T 50760-2012 中第4.4.16条公式计算，天馈安装符合《数字集群通信工程技术规范》GB/T 50760-2012 中第5.7节的要求。通过此系统，向运营人员提供满足《地铁设计规范》GB 50157-2013 中第16.3节的相关功能，针对《地铁设计规范》GB 50157-2013 中覆盖要求，在实施阶段参照《城市轨道交通通信系统质量验收规范》GB 50382-2016 中第11.5.4条测试相关要求进行测试和验证。

（5）广播系统

本工程广播系统主要用于地铁运营时中心调度人员和车站值班员对乘客进行语音广播，通告列车运行及安全、向导等服务信息，向工作人员发布作业命令和通知；发生灾害时兼做救灾广播。

本工程广播系统由正线广播、车辆基地/停车场广播系统组成，其中正线广播分为中心级和车站级广播系统。控制中心广播系统与各车站广播系统通过传输系统提供的以太网传输通道连接。全线广播设备均采用数字广播控制设备和模拟扬声器网,实现基于数控的灵活、便捷等功能。同时,模拟扬声器网最大限度地延伸了无有源中继情况下音频的传输距离。系统在正常运营和救灾状态下,满足《地铁设计规范》GB 50157-2013 中的功能和性能要求。

(6) 时钟系统

时钟系统为控制中心调度员、车站值班员、各部门工作人员及乘客提供统一的标准时间信息,为地铁的通信系统及其他系统(信号、AFC、ISCS 系统等)提供统一的时钟信号。

本工程时钟系统主要由一级母钟、二级母钟、系统网管、子钟、传输通道组成。一级母钟设在控制中心通信设备室,沿线各车站、车辆段、停车场设置二级母钟和子钟。时钟系统对外接口采用 NTP 和 PTP 方式,分别满足 RFC1305 和 IEEE 1588V2,系统功能满足《地铁设计规范》GB 50157-2013 中第 16.8 节的要求。针对卫星同步授时功能,优选基于《北斗卫星授时终端技术要求》GB/T 37937-2019 的北斗卫星作为时钟源。

(7) 乘客信息系统

杭州 3 号线工程 PIS 系统由分线中心、车站、车辆段、车载系统设备、控制中心至各车站、车辆段的有线传输系统及车—地无线通信系统构成。3 号线工程 PIS 系统分线中心接入杭州地铁既有线网编播中心实现统一编播控制。全线控制中心、车站和车辆段/停车场设备采用基于以太网构建的网络,该网络通过传输系统提供的以太网通道进行承载。

对于分线中心,主要实现系统的编辑、播放、管理及控制等功能。其编码后的 TS 流由线网编播中心统一实施发送,编码方式满足 IEC 14496-10 (H.264) 要求。在车站,采用 4K (3840×2160) 分辨率的显示屏对节目进行显示。编播中心同样将编码后的直播片源传送至列车上,车地通信网络符合 IEEE802.11ax 标准。

通过上述设备,本工程构建的系统符合《地铁设计规范》GB 50157-2013 中第 22 章的相关功能要求。

(8) 办公自动化系统

本工程建设时,杭州地铁已经建设了办公系统软件平台,因此本工程仅实现网络接入即可实现工作人员访问办公自动化平台资源功能。

本工程采用基于以太网的设备进行网络组建,通过传输系统提供的以太网通道进行承载。通过综合布线实现信息点到房间,符合《地铁设计规范》GB 50157-2013 中第 16.9 节软件系统、网络和综合布线的相关要求。对于网络安全设备,由于本工程接入杭州地铁既有办公网络并与之融合成一张网,因此信息安全对于外网接口、数据库审计、行为审计、入侵检测与防御等功能由既有办公网络统一实现。

(9) 电源系统

本工程电源系统采用整合方案,即电源系统为除了信号和火灾自动报警之外的所有弱电控制系统进行供电。根据《地铁设计规范》GB 50157-2013 中第 16.10 节的要求,电源系统设置 UPS (含电池组) 和配电设备。配电设备采用分时下电的技术方式,针对不同的用电要求,在市电中断时,对不同系统采取不同的后备时间。

(10) 安防系统

根据《城市轨道交通公共安全防范系统工程技术规范》GB 51151-2016 的要求,安防系统包括视频监视、入侵报警、安检、出入口控制、电子巡更和安防集成平台等系统。本工程结合《地铁设计规范》GB 50157-2013以及杭州地方惯例，将视频监视、入侵报警和安防集成平台纳入通信系统。

1）视频监视系统

本工程运营和公安视频监视系统采用统一平台，由公安通信系统统一建设，视频监视系统采用数字高清视频监视的标准，在车站、车辆段、停车场、控制中心提供运营所需的网络设备、存储设备、服务器、视频监视终端、监视器等设备。在控制中心、车站、车辆段、停车场部署安全设备将视频监视网络与职能部门、其他专业网络进行隔离防护，公安分局利用既有网闸设备将视频监视网络与公安的内部网络进行隔离。

视频监视系统采用全高清（1920×1080）摄像机设备，H.265（符合MPEG-H Part 2）编码方式。录像存储采用分布式方案，按照《中华人民共和国反恐怖主义法》要求，设置的存储时间不少于90d。在派出所和地铁控制中心，采用相同编码标准对视频解码后，视频图像可在拼接屏上显示。

视频监视系统功能符合《地铁设计规范》GB 50157-2013和《城市轨道交通公共安全防范系统工程技术规范》GB 51151-2016要求。

2）周界入侵报警系统

本工程在车辆段和停车场分别采用振动光缆和张力围栏方案。即在段场园区周界围墙设置振动光缆，当有人违规闯入时，其行为引发的振动会被光缆探测，探测信号在管理人员的工作站上形成位置告警，并联动最近的摄像机对现场画面进行显示。

周界入侵报警系统功能符合《地铁设计规范》GB 50157-2013和《城市轨道交通公共安全防范系统工程技术规范》GB 51151-2016的要求。考虑周界入侵报警系统采用一级负荷用电，其电源后备时间参照《城市轨道交通公共安全防范系统工程技术规范》GB 51151-2016规范解读和实施指南内容，按2h设置。

3）安防集成平台系统

安防集成平台系统采用中央级、车站（段场）级和现场设备三级结构，中央级设置在地铁控制中心，内设系统服务器、维护管理终端和磁盘阵列等；车站级设置车站服务器和维护管理终端；现场设备由视频监视系统、入侵报警系统、安全检查及探测系统、出入口控制系统、电子巡更系统等其他系统所提供并安装的设备组成。

安防集成平台系统功能参照《城市轨道交通公共安全防范系统工程技术规范》GB 51151-2016中第4.8节执行。

（11）集中告警系统

本工程集中告警相关功能由综合监控系统实现。综合监控系统根据《地铁设计规范》GB 50157-2013中第16.11节的功能要求，通过接口方式与通信系统网管互联并实现相关功能。

10.1.3 案例分析

根据上述案例实际情况，目前《地铁设计规范》GB 50157-2013和《城市轨道交通公共安全防范系统工程技术规范》GB 51151-2016中的相关功能要求，可以作为对城市轨道交通通信系统的指导，能够依据规范开展设计、采购和实施工作。

但放眼全国，杭州地铁 3 号线的案例仅能够代表杭州城市轨道交通建设工作在一个阶段内的技术解决方案，其具有时间性和地方惯例性。对于其他城市，各城市的成功案例可能提供的解决方案各不相同。例如 LTE 网络综合承载的应用、云计算的大规模应用、5G 公专网的应用、PON 网络的应用，这些在不同的城市使用模式各不相同。而针对这些新技术的应用，目前尚没有行业标准和国家标准进行设计标准化、实施标准化或验收标准化。

10.2　信号系统工程案例

10.2.1　案例工程概况

杭州地铁 3 号线一期工程全长 52.8km，共设车站 35 座，由主线和支线组成。主线起点文一西路站，终点星桥路站，线路长 44.2km，全为地下线，设车站 31 座。支线起点西湖区小和山站，终点百家园路站，线路长 8.6km，全为地下线，设车站 5 座（含百家园路站）。全线设置 1 座车辆基地，2 座停车场。控制中心利用 1 号线的七堡控制中心。最高运行速度为 80km/h，采用 Ah 型车 6 辆编组，于 2022 年年底通车运营。

10.2.2　系统方案与规范使用情况

（1）本工程采用基于通信的移动闭塞 CBTC 系统，实现车地间双向实时的数据传输来检测列车位置，符合《地铁设计规范》GB 50157-2013 的要求：地铁信号系统闭塞方式可包括移动闭塞、准移动闭塞、固定闭塞；ATC 系统应采用连续式列车控制方式，宜选用移动闭塞或准移动闭塞制式。

（2）依据《地铁设计规范》GB 50157-2013 的要求，信号系统包括 ATC 系统及车辆基地信号系统。ATC 系统应包括列车自动监控子系统（ATS）、列车自动防护子系统（ATP）、列车自动运行子系统（ATO）。

（3）数据通信系统骨干网采用完善有效的网络自愈保护方案，从而根据不同的网络拓扑实现灵活可靠的自愈保护倒换，符合《城市轨道交通基于通信的列车自动控制系统技术要求》CJ/T 407-2012 中 5.7.4 的要求：数据通信系统骨干网应采用双向自愈的环形拓扑结构，当单个设备故障时，不应导致与任何网络设备的通信中断。

（4）降级系统方案采用基于点式和联锁两级控制方式，符合《城市轨道交通基于通信的列车自动控制系统技术要求》CJ/T 407-2012 中 4.7 的要求：系统宜实现基于通信的列车控制（CBTC）、点式列车控制、联锁控制三种等级。点式列车控制可通过地面配置点式超速防护所需设备，CBTC 车载设备兼容点式超速防护功能的方式实现。

（5）采用计算机联锁系统，符合《城市轨道交通信号系统通用技术条件》GB/T 12758-2023 中 7.4.2.1 的要求：联锁可分为继电联锁和计算机联锁，宜采用计算机联锁。

（6）正线和车辆段采用交流转辙机，符合《地铁设计规范》GB 50157-2013 中第 17.7.2 条的要求：ATC 系统控制区域内的道岔宜采用交流转辙机，车辆基地等其他线路可采用直流转辙机。采用三相交流电源控制的电动转辙机或电液转辙机，应设置断相保护和相序检测装置。

（7）在正线车站、车辆段及试车线设置电源设备，符合《城市轨道交通基于通信的列车自动控制系统技术要求》CJ/T 407-2012 中 8.2 的要求：系统地面设备应采用专用的电源屏及配电屏供电，宜选用不间断电源（UPS），并应具备主、副电源自动和手动切换装置，切换时不应影响用电设备正常工作。

10.2.3　案例分析

该工程信号系统设计方案符合《地铁设计规范》GB 50157-2013、《城市轨道交通基于通信的列车自动控制系统技术要求》CJ/T 407-2012、《城市轨道交通信号系统通用技术条件》GB/T 12758-2023 的规定。

设备选型符合《地铁设计规范》GB 50157-2013、《城市轨道交通基于通信的列车自动控制系统技术要求》CJ/T 407-2012 的要求。

施工安装符合《地下铁道工程施工标准》GB/T 51310-2018 的要求。

工程验收按照《城市轨道交通信号工程施工质量验收标准》GB/T 50578-2018、《地下铁道工程施工质量验收标准》GB/T 50299-2018 进行验收。

第 11 章　通信信号专业展望与标准需求

11.1　专业展望

11.1.1　通信系统

目前，城市轨道交通的通信系统正向着更高效、更安全、更智能的技术方向发展。这将极大地提升城市轨道交通的运营效率和服务水平。

11.1.1.1　更大带宽的传输系统应用

随着信息技术的发展，城市轨道交通系统中各类业务正向着多样化、大带宽化、低延迟化的方向发展。例如智慧城市轨道交通中的智慧客服、智能检修机器人，超高清视频在监控和乘客信息系统中的应用，都对传输系统提出了更大带宽、更低延迟的要求。

当前，城市轨道交通的传输系统主要为 OTN、PTN、SPN 等制式。未来，随着以太网标准发展（400Gbps）的带动，传输设备在用户接口层面也必将从现在的万兆接口升级为 100Gbps，甚至更高。在此条件下，一个融合型的传输网络将可以承载更多样的业务，各系统可考虑避免自行组建传输网络，更大限度地实现设备复用、资源共享。

大带宽传输系统在城市轨道交通中的应用前景非常广阔。以下是一些主要的应用前景和优势：

（1）支持高清视频监控：

随着监控技术的发展，高清甚至超高清视频监控正在成为标配。大带宽传输系统能够支持大量高清视频数据的实时传输，为轨道交通的安全监控提供强有力的技术支持。

（2）增强乘客信息系统（PIS）：

乘客信息系统需要实时更新列车到站信息、运行状态等，大带宽传输系统可以保证信息的即时更新，提升乘客的乘车体验。

（3）推动智能化发展：

城市轨道交通的智能化发展，如智能调度、智能维护等，都需要大量的数据支持。大带宽传输系统可以快速传输这些数据，为智能化系统的运算和分析提供基础。

（4）应对大客流数据需求：

在高峰期，轨道交通的客流量巨大，产生的数据量也非常大。大带宽传输系统能够有效处理和传输这些数据，保证系统的稳定运行。

（5）支持 5G 技术应用：

随着我国 5G 技术的快速发展，大带宽传输系统可以与 5G 技术相结合，为城市轨道交通带来更低的时延、更高的连接密度和更广泛的业务支持。同时，随着无线电技术的发展，更高频率无线电系统可以提供更大、更丰富的业务承载能力，未来的无线通信可供选择的技术将更加丰富。

（6）促进信息化与互联网＋交通：

大带宽传输系统有助于推动城市轨道交通的信息化建设，实现互联网＋交通的模式，通过大数据、云计算等技术进一步提升服务质量和运营效率。

11.1.1.2　5G 网络多业务承载的应用

5G 技术的发展，为我国通信带来速率更快、时延更低的用户体验。5G 网络以其高速度、低延迟和大连接的特性，为城市轨道交通提供了多业务承载的强大能力。未来 5G 网络在城市轨道交通中的应用预计如下：

（1）远程控制：

利用 5G 网络稳定性好、延迟低的特性，使得列车自动驾驶系统更加可靠。通过 5G 网络，可以实现列车与控制中心之间的实时数据交换，进行远程控制和紧急情况下的快速响应。

（2）实时视频监控：

5G 网络的高带宽能够支持高清视频的实时传输，使得轨道交通监控系统能够实时监控列车和车站的安全状况，及时响应各类安全事件。

（3）乘客信息系统（PIS）：

5G 网络能够为乘客信息系统提供快速的数据传输，确保列车到站信息、运行状态、紧急通知等信息能够实时更新，提升乘客的出行体验。

（4）多业务数据传输：

5G 网络能够同时承载多种业务数据，如运营管理数据、维护数据、乘客服务数据等，实现数据的集成管理和高效利用。

（5）智能维护与故障诊断：

通过 5G 网络，可以实现列车和轨道设施的在线监测和远程故障诊断，提前发现潜在问题并进行维护，减少故障发生率和维护成本。

（6）应急通信：

在紧急情况下，5G 网络的稳定性和高速率可以保证应急通信的需要，使得救援指挥和现场通信更加高效。

（7）物联网（IoT）应用：

5G 网络可以连接大量的物联网设备，如传感器、摄像头等，实现轨道交通设施的智能化监控和管理。

（8）虚拟现实（VR）和增强现实（AR）应用：

5G 网络的高带宽和低延迟特性，使得在轨道交通领域应用 VR 和 AR 技术成为可能，可用于员工培训、维修指导等方面。

11.1.2　信号系统

11.1.2.1　智能化

2019 年 9 月，中共中央、国务院印发《交通强国建设纲要》，明确提出建设交通强国是服务人民的根本需要、是服务国家的战略需要、是抢抓机遇的时代需要、是推动行业高质量发展的内在需要。同时明确了交通强国发展目标，即到 2035 年，基本建成交通强国。为贯彻"交通强国战略"、指导我国城市轨道交通发展高质量、健康发展，住房城乡建设部发布了《关于全面推进城市综合交通体系建设的指导意见》。

全自动运行系统已是轨道交通建设的发展方向，提升列车运行场景下的列车运行净空内障碍物自动安全感知和监测能力，提升列车编组在线动态自动灵活改变的控制能力，并提高以行车为核心的智能调度指挥决策和应急处置水平，是进一步提高轨道交通运行安全性和可靠性、提升系统韧性和可持续性、促进运力—运量匹配、提高乘客服务质量并实现轨道、车辆、人员、能源等资源的全方位优化配置，成为城市轨道交通智能化的下一步重要着力点和发展方向。

11.1.2.2　绿色化

随着城市轨道交通大规模、快速发展，城市轨道交通建设和运营耗能不断攀升，其用电能耗主要为列车运行能耗和运营系统设备能耗两大部分，约各占轨道交通总耗能的 50% 左右。其中，运营系统设备耗能取决于列车运行能力需求、运营管理模式、设备配置以及本身技术水平，属于相对固定能耗；而列车运行能耗与客流分布、客运需求和行车组织以及与其配套的列车运行控制策略等关系密切，属于相对动态能耗。系统性开展列车运行节能控制策略研究，在保障城市轨道交通安全、效率、服务的前提下，提出列车运行节能控制策略和评估方法，降低运营成本，实现绿色运输，保持城市轨道交通可持续发展。

11.1.2.3　网络化

随着我国经济快速发展，城市化进程的加快，人们对城市交通出行模式需求也发生了深刻的变化，为更好满足人们的出行需求，从城市规划和建设方面，需要不断完善城市轨道交通网络，提高城市轨道交通的覆盖率和便利性。传统的城市轨道交通线路一般采用单线独立运营，存在换乘不便捷、运行效率不高、线网内资源无法共享的不足，难以适应乘客多样化出行的目的，一定程度上影响城市轨道交通乘客服务水平。实现列车在城市轨道交通线路间互联互通运行，对提升网络化运营水平具有重要意义。

2019 年颁布的《交通强国建设纲要》中提出，推进干线铁路、城际铁路、市域（郊）铁路、城市轨道交通融合发展。兼容不同信号制式，实现列车在不同线路设备下的跨制式区域互联互通运行，是实现四网融合的关键所在，是更好服务城市群、都市圈健康可持续发展的重要支持。

11.2　标准需求

11.2.1　通信系统

（1）梳理标准间内容不一致的问题，提出修编内容

目前城市轨道交通除遵守本行业国家标准、行业标准的同时，通信系统设计和实施标准还应遵循智能化工程、安防、公安等标准要求，而对于不同标准中针对同样产品的功能、性能上的内容，存在标准内容不一致的问题，例如不同标准中对于电缆或阻燃型电线性能要求不一致，不同标准中对入侵检测系统后备电源性能要求不一致，进一步梳理通信系统在设计、实施阶段所需不同标准之间的内容，提出亟需修编的标准内容。

（2）进一步完善通信系统产品标准体系

随着通信技术的快速发展，结合信号系统对通信系统提出的要求，进一步完善通信系

统产品标准体系。

在通用标准层，针对各通信子系统实现方式，完善通信系统为实现各子系统功能的基本要求。

在专用标准层，为满足通信系统综合承载信号、传输、视频、广播、电话等多业务的需求，针对综合承载业务下通信系统的传输带宽、延时、业务优先级等参数，通过制定标准进行规定。通过梳理与其他标准内容，为与其他标准内容相适应，需制定相关标准。

11.2.2 信号系统

（1）进一步完善信号系统产品标准体系

在现有信号系统标准体系基础上，结合信号系统建设和运营经验以及发展趋势，进一步完善信号系统产品标准体系。

在通用标准层，不断夯实《城市轨道交通信号系统通用技术条件》GB/T 12758、《城市轨道交通　全自动运行系统通用技术条件》（国家标准，编制中）和《城市轨道交通基于通信的列车运行控制系统技术要求》（国家标准，编制中）3 个国家标准组成信号通用标准的内涵，在《城市轨道交通信号系统通用技术条件》GB/T 12758 和《城市轨道交通　全自动运行系统通用技术条件》（国家标准，编制中）基础上，将采用车地信息传输和采用车车信息传输架构的信号系统纳入《城市轨道交通基于通信的列车运行控制系统技术要求》（国家标准，编制中）中，分别针对采用车地信息传输和采用车车信息传输的信号系统，重点从架构、功能需求、性能需求、接口需求角度去提出技术要求。

在专用标准层，依托通用标准层中标准内容牵引，分析采用车地信息传输和采用车车信息传输的产品异同点，分别完善采用车地信息传输和采用车车信息传输的子系统产品标准，同时，也应考虑在 2 种信息传输方式下，功能保持独立的标准。同时，结合互联互通要求，明确 2 种信息传输下的子系统之间接口标准。

分别从外部接口和内部接口 2 个角度去完善。外部接口完善的目的是明确信号系统与车辆、通信、站台屏蔽门等与行车相关专业的接口关系；内部接口完善的目的是满足信号系统互联互通的需要。

制定标准用来规范车载和地面设备的人机操作界面，以及全自动运行下车辆的人机操作界面。

制定维护监测子系统的标准，更好提升信号系统维护水平。

（2）加快推进标准"走出去"

中国城市轨道交通的建设、运营里程已稳居世界第一，具有我国自主知识产权的信号系统技术水平已经在国际上处于领先水平，并且具有丰富的建设和运营经验。在加大国家标准英文版编制的同时，也积极与"走出去"的企业合作，积极推动在国际上使用中国的信号系统标准。

同时，加强与国际标准化组织的交流和活动，积极参加相关信号系统国际领域标准制定，积极拓展参与国际标准化组织活动的深度和广度，增强国际交往，扩大国际影响。

附录 现行城市轨道交通国家和行业标准

城市轨道交通现行产品标准统计

序号	标准名称	标准编号
1	城市公共交通标志 地下铁道标志	GB/T 5845.5-86
2	地铁车辆通用技术条件	GB/T 7928-2003
3	城市轨道交通直流牵引供电系统	GB/T 10411-2005
4	城市轨道交通信号系统通用技术条件	GB/T 12758-2023
5	城市轨道交通车站站台声学要求和测量方法	GB/T 14227-2024
6	城市轨道交通车辆组装后的检查与试验规则	GB/T 14894-2005
7	城市轨道交通照明	GB/T 16275-2008
8	城市轨道交通客运服务标志	GB/T 18574-2008
9	城市轨道交通自动售检票系统技术条件	GB/T 20907-2024
10	城市轨道交通接触网检测车通用技术条件	GB/T 20908-2007
11	城市轨道交通内燃调机机车通用技术条件	GB/T 23430-2009
12	城市轻轨交通铰接车辆通用技术条件	GB/T 23431-2009
13	城市轨道交通安全防范系统技术要求	GB/T 26718-2024
14	城市轨道车辆客室侧门	GB/T 30489-2024
15	城市轨道交通直线电机车辆通用技术条件	GB/T 32383-2020
16	城市轨道交通机电设备节能要求	GB/T 35553-2017
17	城市轨道交通用电综合评定指标	GB/T 35554-2017
18	城市轨道交通能源消耗与排放指标评价方法	GB/T 37420-2019
19	城市轨道交通再生制动能量吸收逆变装置	GB/T 37423-2019
20	跨座式单轨交通单开道岔	GB/T 37531-2019
21	城市轨道交通市域快线 120km/h～160km/h 车辆通用技术条件	GB/T 37532-2019
22	城市轨道交通安全防范通信协议与接口	GB/T 38311-2019
23	城市轨道交通无砟轨道技术条件	GB/T 38695-2020
24	城市轨道交通车辆永磁直驱转向架通用技术条件	GB/T 39425-2020
25	城市轨道交通永磁直驱车辆通用技术条件	GB/T 39426-2020
26	城市轨道交通中低速磁浮车辆悬浮控制系统技术条件	GB/T 39902-2021
27	城市轨道交通六轴铰接转向架轻轨车辆通用技术条件	GB/T 40075-2021
28	城市地铁与综合管廊用热轧槽道	GB/T 41217-2021
29	城市轨道交通车辆 空调系统	GB/T 44288-2024
30	城市轨道交通分类	GB/T 44413-2024
31	城市轨道交通车辆耐撞性要求及验证	GB/T 44511-2024

续表

序号	标准名称	标准编号
32	城市轨道交通车辆 电空制动系统	GB/T 44853-2024
33	城市公共交通经济技术指标计算方法 地铁	CJ/T 8-1999
34	城市轨道交通站台屏蔽门	CJ/T 236-2022
35	φ5.5m～φ7m 土压平衡盾构机（软土）	CJ/T 284-2008
36	城市轨道交通浮置板橡胶隔振器	CJ/T 285-2008
37	城市轨道交通轨道橡胶减振器	CJ/T 286-2008
38	跨座式单轨交通车辆通用技术条件	CJ/T 287-2008
39	城市轨道交通直线感应牵引电机技术条件	CJ/T 311-2009
40	城市轨道交通车辆贯通道技术条件	CJ/T 353-2010
41	城市轨道交通车辆空调、采暖及通风装置技术条件	CJ/T 354-2010
42	自导向轮胎式车辆通用技术条件	CJ/T 366-2011
43	高速磁浮交通车辆通用技术条件	CJ/T 367-2011
44	城市轨道交通直流牵引供电整流机组技术条件	CJ/T 370-2011
45	中低速磁浮交通车辆通用技术条件	CJ/T 375-2011
46	地铁与轻轨车辆转向架技术条件	CJ/T 365-2011
47	城市轨道交通设备房标识	CJ/T 387-2012
48	聚氨酯泡沫合成轨枕	CJ/T 399-2012
49	梯形轨枕技术条件	CJ/T 401-2012
50	城市轨道交通基于通信的列车自动控制系统技术要求	CJ/T 407-2012
51	中低速磁浮交通车辆电气系统技术条件	CJ/T 411-2012
52	中低速磁浮交通道岔系统设备技术条件	CJ/T 412-2012
53	中低速磁浮交通轨排通用技术条件	CJ/T 413-2012
54	城市轨道交通钢铝复合导电轨技术要求	CJ/T 414-2012
55	城市轨道交通车辆防火要求	CJ/T 416-2012
56	低地板有轨电车车辆通用技术条件	CJ/T 417-2022
57	泥水平衡盾构机	CJ/T 446-2014
58	地铁隧道防淹门	CJ/T 453-2014
59	中低速磁浮交通车辆悬浮控制系统技术条件	CJ/T 458-2014
60	城市轨道交通桥梁盆式支座	CJ/T 464-2014
61	城市轨道交通桥梁球型钢支座	CJ/T 482-2015
62	城市轨道交通桥梁伸缩装置	CJ/T 497-2016
63	城市轨道交通车地实时视频传输系统	CJ/T 500-2016
64	城市轨道交通车辆车体技术条件	CJ/T 533-2018
65	有轨电车信号系统通用技术条件	CJ/T 539-2019
66	城市轨道交通计轴设备技术条件	CJ/T 543-2022
67	城市公共交通经济技术指标综合统计报表 地铁	CJ/T 3046.4-1995

城市轨道交通现行工程标准统计　　　　　　　　　　　附表 2

序号	标准名称	标准编号
1	地铁设计规范	GB 50157-2013
2	地下铁道工程施工质量验收标准	GB/T 50299-2018
3	城市轨道交通工程测量规范	GB/T 50308-2017
4	城市轨道交通自动售检票系统工程质量验收标准	GB/T 50381-2018
5	城市轨道交通通信工程质量验收规范	GB 50382-2016
6	盾构法隧道施工及验收规范	GB 50446-2017
7	跨座式单轨交通设计标准	GB/T 50458-2022
8	城市轨道交通信号工程施工质量验收标准	GB/T 50578-2018
9	跨座式单轨交通施工及验收规范	GB 50614-2010
10	城市轨道交通综合监控系统工程技术标准	GB/T 50636-2018
11	城市轨道交通地下工程建设风险管理规范	GB 50652-2011
12	地铁工程施工安全评价标准	GB 50715-2011
13	城市轨道交通建设项目管理规范	GB 50722-2011
14	城市轨道交通安全控制技术规范	GB/T 50839-2013
15	城市轨道交通结构抗震设计规范	GB 50909-2014
16	城市轨道交通工程监测技术规范	GB 50911-2013
17	城市轨道交通客流预测规范	GB/T 51150-2016
18	城市轨道交通公共安全防范系统工程技术规范	GB 51151-2016
19	城市轨道交通无线局域网宽带工程技术规范	GB/T 51211-2016
20	城市轨道交通桥梁设计规范	GB/T 51234-2017
21	轻轨交通设计标准	GB/T 51263-2017
22	城市轨道交通给水排水系统技术标准	GB/T 51293-2018
23	地下铁道工程施工标准	GB/T 51310-2018
24	城市轨道交通通风空气调节与供暖设计标准	GB/T 51357-2019
25	盾构隧道工程设计标准	GB/T 51438-2021
26	城市轨道交通工程项目规范	GB 55033-2022
27	地铁杂散电流腐蚀防护技术标准	CJJ/T 49-2020
28	地铁限界标准	CJJ/T 96-2018
29	城市轨道交通自动售检票系统检测技术规程	CJJ/T 162-2011
30	盾构隧道管片质量检测技术标准	CJJ/T 164-2011
31	城市轨道交通直线电机牵引系统设计规范	CJJ 167-2012
32	城市轨道交通站台屏蔽门系统技术规范	CJJ 183-2012
33	浮置板轨道技术规范	CJJ/T 191-2012
34	盾构可切削混凝土配筋技术规程	CJJ/T 192-2012
35	城市轨道交通接触轨供电系统技术规范	CJJ/T 198-2013
36	直线电机轨道交通施工及验收规范	CJJ 201-2013
37	城市轨道交通结构安全保护技术规范	CJJ/T 202-2013
38	盾构法开仓及气压作业技术规范	CJJ 217-2014
39	中低速磁浮交通运行控制技术规范	CJJ/T 255-2017

续表

序号	标准名称	标准编号
40	中低速磁浮交通供电技术规范	CJJ/T 256-2016
41	中低速磁浮交通设计规范	CJJ/T 262-2017
42	城市轨道交通梯形轨枕轨道工程施工及质量验收规范	CJJ 266-2017
43	自动导向轨道交通设计标准	CJJ/T 277-2018
44	城市轨道交通工程远程监控系统技术标准	CJJ/T 278-2017
45	城市轨道交通架空接触网技术标准	CJJ/T 288-2018
46	城市轨道交通隧道结构养护技术标准	CJJ/T 289-2018
47	城市轨道交通桥梁工程施工及验收标准	CJJ/T 290-2019
48	城市轨道交通预应力混凝土节段预制桥梁技术标准	CJJ/T 293-2019
49	城市有轨电车工程设计标准	CJJ/T 295-2019
50	地铁快线设计标准	CJJ/T 298-2019
51	城市轨道交通高架结构设计荷载标准	CJJ/T 301-2020
52	中低速磁浮交通工程施工及验收标准	CJJ/T 303-2020
53	跨座式单轨交通限界标准	CJJ/T 305-2020
54	城市轨道交通车辆基地工程技术标准	CJJ/T 306-2020
55	直线电机轨道交通限界标准	CJJ/T 309-2020
56	高速磁浮交通设计标准	CJJ/T 310-2021
57	市域快速轨道交通设计标准	CJJ/T 314-2022
58	悬挂式单轨交通技术标准	CJJ/T 320-2024